심미적 사회와 혐오의 문화

심미적 사회와 혐오의 문화

1판 1쇄 찍은날 2023년 2월 20일
펴낸날 2023년 2월 25일
지은이 김종갑
펴낸이 전영재
편집 임경희
펴낸곳 건국대학교출판부
등록 / 제 4-3 호(1971. 6. 21)
주소 / 05029, 서울특별시 광진구 능동로 120
전화 / 편집팀_(02) 450-3891~2 영업팀_(02) 450-3893
팩스 / (02)457-7202
홈페이지 / http://press.konkuk.ac.kr
e-mail / press@konkuk.ac.kr
찍은곳 네오프린텍(주)

정가 18,000원

ISBN 978-89-7107-772-6 03100

*** 본 책자는 교육부의 「대학혁신지원사업」 사업비로 제작되었습니다.**

심미적 사회와 혐오의 문화

김종갑 지음

Aesthetic Society
and
the Culture of Resentment

건국대학교출판부

머리말

우리나라는 수많은 사회 · 정치 · 경제적 문제와 씨름하고 있다. 그 가운데는 유난히 해결하기 어렵거나 더욱 악화되고 있는 것이 난제이고, 그러한 난제의 하나가 혐오이다. 언제부턴가 양성간의 차이가 혐오로 악화되고 소수사에 내한 자별이 혐오 발언으로 분출되고 있다. 혐오의 시대, 혐오의 문화라는 말도 인구에 회자되고 있다. 이와 같이 범람하는 혐오를 어떻게 극복할 수 있을 것인가? 혐오의 극복이 국가적 아젠다가 되었다. 이를 위한 교육의 역할은 아무리 강조해도 지나치지 않을 것이다. 중요한 것은, 혐오는 기쁨처럼 심미적인 감정이라는 사실이다. 그리고 현대사회는 도덕적인 사회가 아니라 심미적인 사회이다.

필자는 혐오의 악순환을 기쁨의 선순환으로 바꿔야 한다는 생각에서 건국대학교의 심화교양 교과목 개발에 응모하게 되었고, 이 과목 수업을 위해서 이 책을 집필하게 되었다. 이 책이 혐오의 악순환에서 벗어나는데 조금이라도 도움이 되면 좋겠다. 이 책이 완성되기까지 도움을 주셨던 많은 분들에게 감사의 마음을 전한다.

2023년 1월

김종갑

차례

감정과 행복, 혐오

사촌이 땅을 사면 배가 아프다는 속담이 있다. 왜 머리가 아프지 않고 배가 아플까? 생각이 많아지면 머리가 복잡해진다. 나는 불행하고 가난한데 그렇지 않아도 잘 나가던 사촌이 땅까지 사다니 하고 생각하면 억울한 마음이 들기 시작한다. 그러나 배가 아픈 것은 아니다. 머리가 아프다. 그렇다면 어떨 때 배가 아플까? 배는 위장과 창자 등의 소화기관이 있는 몸의 부위이다. 위염이나 소화성 궤양, 식중독이나 소화 불량에 걸리면 배가 아프다. 그런데 사촌이 땅을 샀다는 소식에 왜 배가 아플까? 그 소식이 속에 얹혀서 소화되지 못하기 때문이다. 위가 더부룩하고 불편하며, 증상이 심하면 먹은 것(소식)을 다 토해낼 수도 있다. 생각으로 삭히고 소화시키지 못하기 때문에 배가 아픈 것이다. 소화되지 못한 생각은 구토처럼 입 밖으로 혐오를 게워내기 시작한다. 인간은 생각하는 존재이다. 그런데 사촌이 땅을 사면 배가 아픈 사람도 생각하는 존재일까? 생각 대신 배가 아프다면? 혐오에 사로잡히는 순간에 우리는 내장(viscera)이 된다. 머리로 소화하지 못하고 폭발하는 강한 감정은 인간적이라기보다는 본능적이다. 본능적인 것을 내장적(visceral)이라고 한다. 혐오는 격세유전처럼 동물로의 퇴행이다.

그러나 사촌이 땅을 산다고 해서 모두 배가 아픈 것은 아니다. 오순도순 사촌과 사이가 좋다면 배가 아플 이유가 없을 것이다. 오히려 더불어서 기뻐해 줄 일이다. 그가 땅을 사면 나에게 콩고물이라도 떨어질 수가 있다. 그의 기쁨이 나의 기쁨일 수가 있는 것이다. 사촌이 땅을 샀다는 소식을 듣고서 배가 아프다면 나는 분명 그와 좋은 사이가 아닐 것이다. 땅을 사기 전에도 그는 나보다 공부도 잘했으며 인물도 훤하고 인기도 더 많았을 것이다. 그렇지 않아도 남몰래 시기하며 질투하고 있었는데 땅까지 더해졌으니 나는 더욱 우스꽝스럽게 된 셈이다. 그의 기쁨은 나의 슬픔이기 때문이다.

그런데 사촌이 아니라 팔촌이 땅을 사면 어떠할까? 팔촌이 땅을 하도 사촌이 땅을 산 것처럼 배가 아플까? 나는 그렇게 생각하지 않는다. 거리가 멀어서 볼 일이 없는 친척은 현실감이 나지 않는다. 비교할 생각도 나지 않는다. 우리는 소설 속의 허구적 인물을 자신과 비교하며 괴로워하지는 않는다. 현실의 인물이라도 내가 사는 동네와 너무나 멀리 떨어져 있으면 허구적 인물이나 마찬가지이다. 나와 신분의 차이가 너무나 큰 사람도 마찬가지이다. 학생이라면 다른 학생이 자신보다 학점이 좋으면 배가 아플 수 있다. 그렇지만 교수가 자신보다 아는 것이 많다고 해서 배가 아프지는 않다.

우리와 가장 가까운 나라가 일본이다. 사촌이 땅을 사면 배가 아프다는 속담은 일본에도 똑같이 적용될 수가 있다. 우리가 가까운 거리에 있기 때문에 일본의 일거수일투족이 우리의 감정을 여지없이 흔들어놓는다. 독일이나 프랑스처럼 멀리에 있는 나라라면 그럴 일도 없을 것이다. 물론 일본이 과거에 우리 영토를 자주 침략했으며 20세기 초에는 36년 동안 우리나라를 강점했다는 사실이 관계를 더욱 악화시킨다.

그렇다면 남자와 여자의 관계는 어떠할까? 남녀의 관계도 한쪽이 잘 되면 배가 아플 수 있는 관계일까? 생각해보자. 남녀의 관계는 나와 사촌의 관계보다 훨씬 가까운 사이이다. 땅을 사면 배가 아픈 사촌이라면 아주 방법이 없는 것은 아니다. 그의 소식이 들리지 않는 먼 도시로 이사를 가면 된다. 그렇지만 무인도가 아니라면 이 세상에서 남자와 여자의 관계로부터는 벗어날 마땅한 장소가 없다. 남혐과 여혐에 대한 이야기이다. 언제부터인가 남녀의 관계가 악화되기 시작하더니 급기야는 남녀 혐오의 차원으로 발전해버렸다. 남녀의 관계는 천국이 될 수도, 지옥이 될 수도 있다. 내가 좋아하면 천국이지만 싫어하면 지옥이 되어버린다.

인간은 사회적인 동물이다. 혼자서 살아가는 것이 아니라 더불어서 살아가는 존재이다. 여기에 인간의 영광과 비참, 천국과 지옥이 있다. 우리는 주위에 있는 사람으로부터 크고 작은, 긍정적이거나 부정적인 영향을 받는다. 만나서 기쁜 사람이 있는가 하면 만나면 고통스러운 사람도 있고, 나에게 보약인 사람도 있고 독약인 사람도 있다. 싫은 사람을 자주 만나면 나는 독으로 중독이 되어버린다. 만나는 사람에 따라서 매번 나의 피와 살이 바뀌는 셈이다. 주위 사람들에게 영향을 받지 않고 독야청청한 사람은 이 세상에 존재하지 않는다. 영향을 받지 않는다면 그것은 사람이 아니라 로봇이다.

분명 인간은 생각하는 동물이다. 그러나 이 말만큼 많은 오해를 조장하는 말도 찾기 어려울 것이다. 우리는 생각보다는 감정에 더욱 가까운 동물이기 때문이다. 자신의 생각을 표현한다고 하지만 실상은 화를 내는 경우가 얼마나 많은가. 친구와 말을 하다 보면 말에 가시가 돋고 어느새 말싸움으로 번지고는 한다. 결혼한 부부들은 '우리 얘기를 나눠보자'라는 말을 들으면 지레 겁을 먹기도 한다. 생각해보자. 사촌이 땅을 사면 배가 아플 이유가 없다. 그가 나에게서 돈을 빌려서 땅을 사는 것도 아니고 나의 땅을 빼앗는 것도 아니다. 자기가 번 돈으로 정당하게 값을 지불하고 땅을 구입한 것이다. 그런데도 나의 땅을 빼앗긴 듯이 배가 아픈 것이다.

생각이 따로 있고 감정이 따로 있는 것이 아니다. 생각 자체가 감정적이다. 감정에 착색되지 않은 무색무취의 생각이라는 것은 없다. "생각해보니까 화가 난다."는 말은 엄밀하게 말하자면 올바른 표현이 아니다. 생각이라는 원인에서 화라는 결과가 시차를 두고서 발생하는 것이 아니기 때문이다. 이미 생각 자체가 화이다.

이 책의 주제는 혐오이다. 과거의 어느 때보다도 더 많은 혐오의 표현들이 그악스럽게 주위에 범람하고 있다. 인터넷의 댓글은 두말할 나위도 없고 4대 일간지와 같은 공식 매체도 예외가 아니다. 필자는 《조선일보》를 대상으로 1990년과 2020년 각자 한 해의 신문에서 혐오라는 어휘의 빈도수를 조사해보았다. 1990년에 70건이었던 혐오 어휘가 2020년에는 255건으로 증가하였다. 혐오와 비슷한 개념인 분노는 어떠한가? 1990년에 163건이었던 분노가 2020년에는 794건으로 5배 증가하였다.

분노나 혐오는 강한 감정이다. 강한 감정이면서 동시에 타자를 향한 감정들이다. 그런데 우리가 그렇게 혐오하고 분노할 일이 많은 사회에 살고 있는 것일까? 사회가 개인에게 분노와 혐오를 강요하고 있는 것일까? 아니면 분노와 혐오가 개인들의 지나친 과잉 반응인 것일까? 자라 보고 놀란 가슴 솥뚜껑 보고도 놀란다는 속담이 있다. 한번 놀란 적이 있는 사람은 아주 사소한 일에도 식은땀을 흘리며 놀라는 것일까? 초중고 학생들이 욕을 입에 달고 산다는 이야기를 들어봤을 것이다.

필자는 이 책에서 혐오가 심미적인 반응이라는 사실에 착안하였다. 옳고 그름, 선과 악이 도덕적 판단이라면 좋고 싫음, 혹은 아름다움과 추함은 심미적인 판단이다. 옳고 그름에는 일반적으로 우리가 동의할 수 있는 사회적 규범과 기준이 작용한다. 그것은 "—해야 한다"라는 명제의 형식으로 표현될 수 있다. 예를 들어 우리는 지하철에서 노약자에게 자리를 양보해야 한다. 예의 바른 행동을 해야 한다. 그렇지만 심미적 판단은 그러한 명제의 형식으로 표현될 수가 없다. 심미적 판단이라는 것은 옳고 그름이 아니라 개인적 취향에 의한 판단이기 때문이다. 가령 나는 커피를 좋아한다. 이것은 나의 개인적 취향이다. 이 때문에 녹차를 좋아하는 사람에게 나의 커피 취향을 강요해서는 안 된다.

우리는 도덕적 규범의 사회에 살고 있는 것일까? 아니면 심미적 취향의 사회에 살고 있는 것일까? 물론 양자가 조화롭게 공존하는 사회가 이상적일 것이다. 사회적 규범의 보호막 안에서 개인들은 자신의 취향과 자유를 즐기는 삶을 살 수 있을 것이기 때문이다. 그런데 그러한 규범의 울타리가 무너졌다고 가정을 해보자. "— 해야 한다"라는 도덕률이 실종된 사회는 어떤 사회일까? 그것은 도덕적 명제들이 개인적 취향으로 전환된 사회를 의미한다. 앞의 예로 돌아가 "노약자에게 자리를 양보해야 한다"는 도덕적 언명은 "나는 노약자에게 자리를 양보하는 것을 좋아한다"나 "나는 노약자에게 자리를 양보하는 것을 싫어한다"라는 취향의 표현으로 바뀐다. 이때 노약자에게 자리를 양보하는 사람이 그렇지 않은 사람보다 더 훌륭하다는 것을 의미하지는 않는다. 양자의 차이는 취향의 차이에 지나지 않기 때문이다. 커피를 좋아하는 사람이 녹차를 좋아하는 사람보다 더 훌륭하다고 말할 수 없듯이 말이다.

취향이 서로 다른 사람들이 사이좋게 어울리기는 어렵다. 커피와 녹차와 같은 취향의 차이는 대수롭지 않을 수도 있다. 그렇지만 진보와 보수의 차이, 정치적 성향의 차이, 남성적 취향과 여성적 취향의 차이, 섹슈얼리티의 차이, 좋아하는 스포츠나 응원하는 팀의 차이 등은 두리뭉실하게 넘어가기에는 불편한 차이이다. 함께 공존할 수 있는 취향이 아니기 때문이다. 각기 다른 팀을 응원하던 관중들의 감정이 격화되면 패싸움으로까지 악화되기도 하는 이유이다. 그러한 이유로 취향의 차이를 중심으로 사회적 관계가 재편성되기 시작한다. 축구를 좋아하는 동호회가 있는가 하면 야구를 좋아하는 동호회가 생겨나는 식으로 말이다. 사회가 취향을 중심으로 파편화되는 것이다.

그렇다고 모든 취향이 가치중립적이며 평등한 것은 아니다. 축구 취향과 야구 취향, 커피 취향과 녹차 취향, 심지어 보수 취향과 진보 취향까지 서로 동등한 자격과 권리를 가질 수가 있다. 그러한 취향이 누군가의 자유를 침해하거나 위해를 가하지는 않기 때문이다. 그렇다면 소박하고 검소한 생활을 좋아하는 사람과 사치스럽고 호사스런 생활을 즐기는 사람의 차이는 어떠할까? 에너지를 많이 소비하는 사람과 에너지를 절약하는 사람의 차이도 단순한 취향의 차이로서 존중해주어야 하는 것일까? 여성의 인격을 중시하고 배려하는 사람과 그렇지 않은 사람의 차이는? 욕을 입에 달고 사는 사람과 그렇지 않은 사람의 차이는? 사소한 일에도 벌컥 화를 내는 사람과 자기감정을 잘 추스르는 사람의 차이는?

우리는 각자 좋아하는 것과 싫어하는 것이 다르다. 그렇지만 취향은 가지고 태어나는 본능이 아니다. 식욕과 성욕은 가지고 태어나는 본능이지만 좋아하는 음식과 섹슈얼리티는 성장 환경과 양육, 교육을 통해서 후천적으로 형성이 된다. 본능이 생물학적이라면 충동과 욕망은 사회적이다. 가령 100년 전에는 커피 취향이라는 것은 아예 존재하지를 않았다. 커피 취향은 두말할 나위가 없고 아예 취향 자체가 지극히 제한되어 있었다. 소수의 부유한 상류층이 아니라면 차를 마실 시간적 · 경제적 여유도 없었다. 그렇지만 이 글을 쓰는 2022년 현재에 우리나라에서 차를 즐길 여유가 없는 사람은 없다고 말해도 과언이 아니다. 잠깐 짬을 내서 믹스커피를 음미할 수도 있다. 일이 끝난 저녁에 한우를 사 먹을 여유가 없다면 삼겹살에 소주를 곁들여서 하루의 노고를 풀 수도 있다. 이와 같이 여유로운 시간을 즐기는 방식은 양육과 교육, 또래 집단의 영향에 의해 형성된 것이다. 그런데 우리가 그러한 취향에 무조건적으로 탐닉해도 좋은 것일까? 아무리 좋아하는 취향도 그것이 인류의 장래를 위협하는 것이라면 포기해야 하지 않을까?

우리가 기후변화의 시대에 살고 있다는 사실을 상기해보기로 하자. 지나친 자연의 난개발과 화석 에너지 사용으로 생태계의 균형이 깨지면서 지구의 온도가 숨 가쁘게 상승하기 시작했다. 이대로 온도 상승을 방치해 두면 곧 여섯 번째의 생물계 대멸종이 시작될 것이라는 경고음들이 울리고 있다. 그리고 우리는 자동차가 내뿜는 배기가스에 못지않게 소의 방귀나 트림에서 엄청난 이산화탄소와 메탄이 방출되고 있다는 사실을 잘 알고 있다. 기후위기를 완화하기 위해서는 자동차 운전, 육류의 섭취를 획기적으로 줄여야 하는 것이다. 이러한 상황에서 우리는 채식이나 육식의 차이, 배기량이 큰 자동차와 작은 자동차의 차이를 단순한 취향의 차이로 돌릴 수가 있을까?

취향은 단순히 개인적 호감과 비호감의 문제가 아니라 옳고 그름의 문제와도 무관하지 않다. 앞서 취향은 가지고 태어나는 본능이 아니라 양육의 환경 속에서 만들어지는 문화적 성향이라고 말했다. 이 점에서 취향은 몸만들기이다. 우리는 가지고 태어난 1차적 몸을 좋은 취향의 2차적 몸으로 재형성할 수가 있다. 이때 2차적 몸은 습관화된 몸, 아비투스로서의 몸이다. 녹차를 마시면 기쁜 몸이 있는가 하면 커피를 마시면 기뻐지는 몸이 있다. 사촌이 땅을 사면 배가 아픈 몸이 있고, 배가 편안하고 흐뭇한 몸도 있다. 타인을 비난하고 혐오하면서 즐거워하는 몸이 있는 반면에, 타인을 이해하고 배려해야만 즐거워지는 몸도 있다. 북을 두드리면 북소리가 나고 징을 두드리면 징소리가 나듯이 우리 몸도 성향에 따라서 각자 다른 소리를 낸다.

좋은 습관이 몸에 밴 사람은 노력하지 않아도 행복한 삶을 살 수 있다. 좋은 취향을 가진 사람도 그러하다. 습관이란 자동화된 행동, 의식하거나 생각하지 않아도 저절로 이루어지는 행동을 말한다. 아침 7시에 일어나는 것이 습관이 되면 누가 깨워주지 않아도 몸이 알아서 저절로 7시에 기상한다. 일어나자마자 물을 마시는 사람은 잠에서 깨자마자 자신도 모르게 손이 물컵으로 향한다. 다른 사람의 흉을 본 적이 없는 사람은 비난하지 않기 위해 노력할 필요가 없다. 꾀꼬리가 꾀꼴꾀꼴 우는 것은 꾀꼬리의 본능이듯이 흉을 보지 않는 것이 제2의 본능이 되었기 때문이다.

필자는 불행이 사회적 악의 원인이라고 생각하는 편이다. 행복한 사람은 자신의 존재에 대한 변명이 필요하지 않다. 행복이 존재의 충분한 이유이기 때문이다. 그러나 불행한 사람을 자신의 불행을 혼자서 견디지 못하기 때문에 그것을 끊임없이 타인들에게 전가하고 싶어 한다. 불행의 원인을 타인들에게 돌리고 또 타인들을 불행하게 만듦으로써 자신의 불행을 위로받고 싶어 한다. 타인의 불행을 자신의 행복의 미끼로 삼는 것이다. 그러나 행복한 사람은 자신의 행복을 다른 사람들과 나누고 싶어 한다. 다른 사람들도 자신과 더불어서 행복하기를 바란다. 그 결과 행복한 사람의 주위에는 행복의 공동체가 생겨나기 시작한다. 아름다운 삶은 그와 같이 행복의 공동체를 만드는 삶이다.

우리는 왜 타인을 혐오하는 것일까? 적어도 그것의 주된 원인은 본인의 불행에 있다. 생각해보자. 혐오는 자신의 안에 있는 것을 밖으로 뱉어내는 감정이다. 혐오의 가장 극악스러운 표현은 입 안의 침을 모아서 혐오의 대상에게 "퉤"하고 내뱉는 행동이다. 너무나 혐오스러운 대상을 보면 속이 메스꺼워지고 울컥하면서 내장에 있던 음식물까지 토해내기 시작한다. 입 안에 있는 것을 내뱉지 않고 삼키면 생명이 위험할 수도 있는데, 독약이나 상한 음식이 그렇다. 이것이 의미하는 것은 무엇인가? 우리는 혐오하는 사람들을 독약처럼 취급한다. 몸에 닿기만 해도 큰일이 난다는 듯이 비누로 손을 깨끗이 씻어야만 직성이 풀린다. 우리는 혐오스러운 사람의 곁으로 다가서는 것은 물론이고 아예 쳐다보고 싶어 하지도 않는다. 과거에 인종차별이 심했던 미국의 남부에서는 백인들이 흑인들을 동물처럼 취급하고 또 혐오하였다. 이러한 혐오의 감정의 반대에는 연민이 있다. 연민은 겉으로 보이는 허름하고 누추한 모습으로 사람을 판단하지 않는다. 어떤 사람이든 예외 없이 헐벗고 굶주리면 몸에서 고약한 냄새가 나고 외모가 초라해진다. 연민의 감정을 지닌 사람은 그런 사람을 혐오하는 대신에 목욕할 물을 건네주고 먹을 것을 대접한다. 다른 사람이 행복해야 자신도 마음 편안할 수가 있기 때문이다.

그렇다고 필자가 독자들에게 이타적인 사람이 되라고 권면하는 것은 아니다. 우리 주위에는 어려운 처지에 있는 사람들을 돕기 위해서 자신의 부와 안락, 명예를 포기하는 의로운 사람들이 있다. 필자는 독자들이 그와 같이 의로운 사람이 되어야 한다는 주장을 하고 싶은 생각은 없다. 필자 자신이 의로운 인물과는 거리가 멀다. 그리고 이타적이기에는 지나치게 개인주의적이다.

필자가 독자들에게 바라는 것은 단 하나 행복이다. 행복한 사람은 남을 시샘하거나 미워하지도 않는다. 이 점에서 행복은 선이다. 그렇다고 불행이 악이라는 것은 아니다. 그렇지만 불행한 사람은 행복한 사람을 시샘하거나 미워하고, 자기보다 못한 사람을 업신여기고 혐오하기가 쉽다. 물론 재물과 명예, 권력이 우리를 행복하게 만들지는 않는다. 행복의 비밀은 좋은 취향과 좋은 습관에 있다. 따라서 이 책은 두 가지의 목적을 가지고 있다. 하나는 혐오와 증오와 같은 감정에 대한 분석과 진단이다. 또 하나가 행복의 기술이다. 불행한 사람이 미움이나 혐오의 감정을 극복하기 위해서는 영웅적인 노력이 필요하다. 그러나 행복한 사람은 노력을 하지 않더라도 타인을 미워하거나 혐오하지 않는다. 미움과 혐오, 증오에 대한 해결책은 타인을 미워하지 말라는 도덕적 명령이 아니다. 너 자신이 행복하라는 주문이다.

중요한 것은 어떻게 살아야 하는가 하는 질문이다. 우리는 어떻게 살아야 하는가? 어떤 삶이 후회 없으며 자랑스럽고 아름다운 삶인가? 물론 하나의 정답은 없다. 다행히도 우리는 하나의 정답을 원하지도 않는다. 나에게는 나의 답이, 너에게는 너의 답이, 그에게는 그의 답이 있기 때문이다.

다행히도 우리는 이전 세대들처럼 성공과 명예, 재물, 출세에 집착하지 않는다. 젊음을 바쳐서 희생할 만큼 성공과 출세가 중요하다고 생각하지 않는다. 건물주가 꿈이라는 소문도 무성하지만 건물주가 되기 위해서 자신의 청춘을 희생할 사람은 없다.

과거에는 억울하면 출세하라는 속설이 있었다. 집안에 판사나 검사, 의사가 없는 사람은 서러워서 못 살겠다는 말도 있었다. 물론 출세하지 못하면 억울해서 살 수 없는 세상이라면 올바른 세상이 아니다. 지옥 같은 세상이다. 가족 가운데 아픈 사람이 있어도 의사 친척의 도움이 없으면 치료를 받을 수 없는 세상이라면 제대로 된 세상이 아니다. 그런 세상은 살 가치가 없는 세상인지도 모른다. 그런데 중요한 것은, 일제 강점기와 한국전쟁의 비극을 치르면서 그렇게 믿었던 사람들이 있었다는 사실이다. 학연이나 지연이 없으면 사람 구실을 할 수 없는 세상이라고 믿는 사람들이 있었다. 그러나 다행히도 지금은 그렇게 어리석은 사람은 없다. 출세하고 성공하지 못하면 떵떵거리거나 목에 힘을 주면서 살 수 없는지는 모른다. 그렇지만 우리가 출세하지 못하면 억울한 세상에 살고 있을까? 나는 그렇게 생각하지 않는다.

이 점에서 삼포세대니 오포세대, 엔포세대와 같은 신조어가 판을 치는 현실을 아주 부정적으로 볼 필요는 없다. 젊은 세대가 연애나 결혼, 출산을 포기할 수밖에 없게 만드는 각박한 현실을 좋게 보자는 이야기는 아니다. 자발적인 포기가 아니라 강요된 포기라는 사실을 모르는 것은 아니다. 그런데 연애나 결혼, 출산을 포기하면 사람대접을 못 받는 세상에 우리가 살고 있는 것일까? 나는 그렇지 않다고 생각한다. 우리는 결혼하지 못한 남자는 상투도 틀지 못하고 평생 아이처럼 괄시당하는 사회에 살고 있지 않다. 결혼하지 않아도 아무도 손가락질을 하지 않는다. 한편으로 포기로 보일 수도 있겠지만 다른 한편으로는 자발적인 선택이기도 하다. 비혼주의도 하나의 엄연한 라이프 스타일이다. 사람처럼 살기 위해서 꽉 짜인 기성의 틀 속에 자신을 가둘 필요는 없는 것이다.

돈과 권력이 특권이라면 젊음도 하나의 특권이다. 눈치 보지 않아도 되는 자유도 특권이다. 마찬가지로 무소유도 특권이다. 결혼하지 않아도 또 집이 없어도 괜찮다는 생각도 특권이다. 특권은 종류가 많으면 많을수록 좋다. 성공하고 출세를 해야 최고인 세상에서는 성공과 출세를 향한 단 하나의 길밖에 없을 것이다. 그 길이 아니면 가지 말라고 조언하는 목소리가 울려 퍼지고, 기나긴 경쟁의 줄이 일렬로 늘어설 것이다. 그렇지만 필자는 우리 사회에 하나의 길만이 '정통으로' 있다고는 생각하지 않는다. 대로(大路)보다 샛길을, 넓은 길이 아니라 오솔길, 잔디밭이 아니라 잡초밭을 더 좋아하는 사람들도 많다. 자유의 길이 있는가 하면 내 멋대로 사는 길, 영원한 아마추어의 길, 여행의 길 등 자기가 가는 곳이 곧 길이라고 믿는 사람들도 많다. 구르면서 닳아서 둥글어지는 돌이 아니라 모난 돌도 괜찮다는 것이다.

성공이나 출세, 돈보다 중요한 것은 잘 사는 것이다. 누구나 잘 알고 있는 사실, 삶을 푸는 하나의 열쇠만 있는 것은 아니다. 성공하거나 돈이 많다고 해서 행복해지는 것은 아니다. 물론 돈이 없는 것보다는 있는 것이, 그것도 많으면 많을수록 좋다. 그렇지만 돈을 벌기 위해서 불행과 고통을 감수해야 한다고 생각하는 사람은 그리 많지 않다. 돈보다 중요한 것은 나의 삶이라는 사실을 알고 있기 때문이다. 세상에서 가장 많은 돈을 가지고 있다고 하더라도 거기에 내가 없으면 아무런 소용이 없다고 생각하기 때문이다. 내가 있어야만 재물이든 성공이든 권력이든 의미가 있다.

생각해보자. 지금으로부터 30년 전, 1990년대의 이야기이다. 그 당시에 〈사랑과 결혼〉이니 〈사랑과 성공〉, 〈사랑과 야망〉과 같은 제목의 연속극들이 인기몰이를 했다. 이것 아니면 저것, 둘 중의 하나를 고르라는 양자택일의 논리를 앞세운 제목들로, 선택지는 지극히 상투적이었다. 남자 주인공에게는 사랑하는 여자가 있다. 문제는, 남자 주인공이 사랑뿐 아니라 출세와 성공도 동시에 원한다는 사실에 있다. 망설이던 그는 그렇지만 당연하게 재벌의 딸과 결혼을 한다. 그런데 여러분이 이러한 양자택일의 상황에 처한다면 어떻게 하겠는가? 성공이냐 사랑이냐 이리 재고 저리 재면서 저울질을 할 것인가? 나는 여러분이 이와 같이 이것이냐 저것이냐를 따지면서 망설이는 주인공을 경멸할 것이라고 생각하고 있다. 다른 이유가 아니다. 여러분이 보기에 그는 자기가 정말로 원하는 것이 무엇인지도 모르는 남자이기 때문이다. 달리 말해서 '자기'가 없는 남자이기 때문이다. 성공하면 없었던 '자기'가 생긴다고 믿는 사람이기 때문이다. 즉 출세하지 않으면 자기는 인간도 아니라고 생각하는 사람이기 때문이다. 얼마나 어리석은가?

필자는 이러한 연속극의 주인공과 달리 여러분은 적어도 자신이 무엇을 원하는지 알고 있다고 생각한다. 여러분에게는 '자기'가 있다. 자기가 좋아하거나 싫어하는 것이 무엇인지 이미 잘 알고 있다. 여러분은 자기가 정말로 좋아하는 것이 돈인지 아니면 사랑인지 잘 알고 있으며, 자신이 어떤 커피를 좋아하는지 자신만의 고유한 취향도 가지고 있다. 그래서 취향도 없는 사람은 무미건조한 사람으로 무시하는 경향도 있다. 돈이 없는 것도 문제겠지만 취향도 없는 사람은 최악이다. 취향이 없다니! 그것은 자기 자신이 없다는 말이지 않은가! 90년대 연속극의 주인공들에게는 자기 자신이라는 것이 없었다. 달리 말해서 그들은 촌놈이었다.

필자는 의도적으로 '촌놈'이라는 용어를 사용하고 있다. 사전에 따르면 촌놈은 "시골 남자를 낮잡아 이르는 말"이다. 그러나 필자에게 촌놈은, 도시에 가본 적이 없기 때문에 도시에 대해서 허황된 환상을 가지고 있는 사람이다. 무엇이든 서울(혹은 돈이, 출세가, 명예가)이 최고라고 생각하는 사람이라고 이해하면 된다. 31빌딩이 서울에서 가장 높다고 하면 그것이 지리산보다 더 높은 줄로 지레짐작하는 것이다. "말은 나면 제주도로 보내고 사람은 나면 서울로 보내라"는 속담이 있다. 한 번쯤 들어봤을 것이다. 서울로 가면 무조건 돈 벌고 출세한다는 믿음, 서울로 가지 않으면 제대로 사람처럼 살 수 없다는 믿음, 진짜 행복은 서울에 있다는 믿음이 바탕에 깔려 있는 것이다. 서울에 가보지 않아야만 이런 믿음이 유지될 수가 있다. 동화의 서울쥐와 시골쥐도 그렇지 않았던가. 서울에 가보면 서울도 별 볼일이 없다는 사실을 금방 깨닫는다. 지금 필자가 90년대 연속극의 주인공을 가리키기 위해서 일부러 촌놈이라는 표현을 사용하고 있다는 점을 다시 상기하기로 하자. 〈사랑과 성공〉의 주인공이 촌놈인 이유는 굳이 설명이 필요하지 않을 것이다. 그러한 연속극의 주인공들은 헐벗고 굶주리는 가난 속에서도 좌절하지 않고 꿈을 키워갔던 의지의 인물, 가난을 탈출할 수 있는 유일한 길이 성공이라고 믿으며 허리띠를 졸라매고 죽어라 공부를 했던 인물, 즉 반드시 성공해야 한다는 강박감으로 똘똘 뭉쳐진 인물이다. 그런데다가 가까이에서 돈 많고 성공한 사람들을 접할 기회가 없었기 때문에 그렇게 성공한 사람들은 행복하게 살고 있다는 환상을 가지고 있다. 지금 당장은 자신은 아무것도 아닐 수 있다(nobody). 그렇지만 성공하면 자신은 대단한 사람이 된다(somebody)고 믿는 것이다. 이때 '나'와 성공, 행복은 삼위일체를 이루고 있다. 그전에 없던 '나'도 성공하면 생겨나고 거기에 덤으로 행복의 아우라도 주어지는 것이다. 바로 그러한 이유로 인해서 가난한 자신은, 가난한 가족은 불행하다고 생각한다. 실제로 가족들과 더불어 화목하게 행복을 누리고 있으면서도 그것은 아무것도 아니라고 믿는 것이다. 드라마의 막바지에 이르러서 그가 뒤늦게 깨닫는 진리가 바로 그것이다.

필자는 요즘 젊은 세대에는 촌놈이 없다고 믿고 있다. 돈과 출세에 대한 환상이 없기 때문이다. 서울에서 태어나서 서울에서 자란 토박이도 번잡스러운 도시를 떠나 제주도에 가서 살고 싶어 하는 사람들이 많이 있다. 말처럼 자연친화적으로 살고 싶은 희망도 한몫할 것이다. 성공하고 출세한 사람들이 반드시 행복하지는 않다는 사실을 너무나 잘 알고 있기 때문이다. 자기가 원하는 것이 무엇인지 알고 있기 때문이다. 그에게는 자칫하면 잃을 수 있는 '나'가 있기 때문이다. 무엇이 자신의 취향에 맞는

지 알고 있는 것이다.

중요한 것은 성취가 아니라 삶의 기쁨이다. 기쁨은 성취에서 오는 것이 아니다. 복권이 당첨되거나 승진을 하고 노벨상을 받더라도 그러한 성취의 기쁨은 오래 지속되지 않는다. 기쁨은 예외적인 사건이 아니라 소소한 일상에서 온다. 아침에 일어나 창문을 열고 찬 공기를 들이키는 기쁨, 이부자리를 정돈하는 기쁨, 맛있게 아침을 먹는 기쁨, 커피를 음미하는 기쁨 등 기쁨은 일상의 사소한 행동들에서 온다. 급히 서두르지 않고 순간을 즐길 수 있는 여유가 없으면 그러한 기쁨은 불가능할 것이다. 이때 그러한 기쁨은 세련되고 문화적이라기보다는 지극히 동물적인 활동들이다. 동물들도 인간과 마찬가지로, 혹은 인간도 동물과 마찬가지로 잠자고 일어나고 먹고 마시고 걷는 활동을 한다. 신진대사 활동이라고 해도 좋다. 먹고 마시고 걷는 신진대사 활동으로도 충분히 행복할 수 있는 것이다. 행복하기 위해서 굳이 출세하고 성공할 필요가 없는 것이다.

우리는 왜 살까? 필자가 어린 시절에 국민교육헌장이라는 것이 있었다. "우리는 민족중흥의 역사적 사명을 띠고 이 땅에 태어났다"로 시작하는 선언문이었다. 그런데 민족중흥의 역사적 사명을 완수하기 위해서 산다고 생각하는 사람이 있을까? 필자는 과거에 그러한 인물들이 있었다고 생각한다. 그들은 삶의 목적을 자기 자신이 아니라 자기의 외부에서 찾으려고 하였다. 성공이나 출세와 같은 명분으로 자신의 삶을 정당화하고 합리화하려는 사람들이 있었다. 자신의 삶을 그러한 목적의 수단이나 도구로 생각했던 것이다. 그러한 명분이 없는 삶은 무의미하고 헛된 삶, 동물적 삶이라는 믿음도 있었다. '나'가 있어야 할 자리에 '나'는 없고 민족이나 성공, 돈과 같은 목적을 모셔두었던 것이다. 벼락부자가 거들먹거리고 판검사가 되면 목에 힘을 주는 이유가 거기에 있었다. '자기'는 없고 명예와 성공이라는 세속적 가치만 있었던 것이다. 내가 나를 증명하는 것이 아니라 타자의 시선이 나의 가치를 증명해 주어야 했다. 바로 이러한 이유로 인해서 90년대 연속극의 주인공들에게는 '나'라는 것이 없었다. 내가 즐기는 일상의 기쁨이라는 것이 없었다. 나를 위해서가 아니라 돈과 출세, 성공을 위해서 살았던 것이다. 촌놈의 전형적인 환상이었다. 그런데 우리는 더 이상 그러한 환상을 품고 있지 않다. 삶은 거대한 사건이 아니라 일상의 사소한 활동들로 이루어진다는 사실을 잘 알고 있기 때문이다. 그런 사소하다는 이유로 그러한 활동들을 솎아내거나 포기하면 삶 자체도 사라지는 것이다.

우리가 왜 살까? 어떻게 살아야 할까? 우리는 모두 이에 대한 대답을 나름대로 가지고 있다. 필자는 대답을 모르는 독자는 없다고 생각한다. 우리는 기쁨을 위해서 산다. 거창한 성취나 성공, 업적을 위해서가 아니라 먹고 마시고 숨 쉬고 걷는 것과 같은 아주 일상적이고 사소한 활동들을 즐기고 기뻐하기 위해서 산다. 그렇다면 어떻게 살아야 할까 라는 질문에 대한 대답도 분명하다. 사소하고 평범한 일상에서 자유롭고 행복한 사람은 이미 훌륭하게 잘살고 있는 사람들이다. 만약 그렇지 못하다면 행복할 수 있는 방법을 스스로 찾아야 한다. 스토아철학에 의하면 철학자란 자유롭고 행복하게 자신의 삶을 사는 사람들이다. 현학적이고 심오한 철학을 알고 있다고 해서, 혹은 그러한 철학서의 저자라고 해서 현명한 사람인 것은 아니다. 현명한 사람은 진리가 무엇인지 아는 사람이 아니라 진리를 사는 사람이다. 중요한 것은 일상의 진리와 지혜, 기쁨, 자유이다. 이솝우화에 허풍쟁이에 관한 이야기가 있다. 로도스섬을 여행하고 돌아온 화자는 자기가 그 섬에서 올림픽 선수보다 더욱 높이 뛰었다고 자랑을 했다. 그러나 그의 이야기를 들은 사람들이 "여기가 로도스다. 여기에서 뛰어라!"(Hic Rhodus, hic salta)라고 외쳤다고 한다. 로도스에서 높이 뛸 수 있는 사람이라면 지금 여기에서도 높이 뛸 수 있어야 할 것이다. 현명한 사람이라면 자기가 발을 디디고 있는 지극히 평범한 일상에서도 자유롭고 행복하게 살 수 있는 사람이다.

1장

심미적 사회와 아름다움, 추함

인간을 정의하는 수많은 용어들이 많이 있다. 우리에게 익숙한 호모 에렉투스(homo erectus), 호모사피엔스(homo sapiens), 호모 파베르(homo faber)를 비롯해서 호모 에코노미쿠스(homo economicus), 호모 콘수무스(homo consumus)와 같은 용어들도 있다. 인간을 보편적 성향을 다양한 관점에서 조명한 용어들이다. 이 책에서 필자가 조명하려는 것은 인간의 심미성, 호모 에스테티쿠스(homo aestheticus)이다. 호모 루덴스(homo ludens)와도 거리가 가까운 개념이 심미적 인간이다. 인간은 기쁨과 고통을 느끼는 감정적 동물일 뿐 아니라 그러한 감정을 사유하는 동물이기도 하며, 특히 미적 감정을 향유하는 동물이다. 인간은 아름다움을 느끼고 또 아름다움을 추구하는 동물이다. 물론 아름다움의 반대는 추함이다. 우리는 아름다움을 가까이 하면서 추함은 될수록 멀리하려는 성향을 가지고 있다. 아름다움에서 발생하는 감정이 기쁨이라면 추함이 야기하는 감정은 고통이다.

심미적 인간이라는 용어가 중요한 이유는, 우리가 살고 있는 사회가 심미적이기 때문이다. 인간의 다양한 자질 가운데서 심미성이 강조되는,

특히 몸의 아름다움이 강조되는 사회에 우리가 살고 있다. 아름다운 것이 최고라는 말도 우리에게 낯설지 않다. 우리는 아름다워지기 위해서 얼마나 많은 시간과 돈, 노력을 투자하는가? 뷰티산업과 성형산업, 미용산업의 규모는 폭발적으로 증가하였다. 아름다운 몸이 가장 잘 팔리는 상품이라는 말은 이미 상식이 되었다. 그만큼 우리는 아름다운 것에 매료되는 것이다. 물론 아름다움을 추구하고 향유하는 능력으로서 심미성이 외면의 아름다움으로 소진되는 것은 아니다. 세상에는 다양한 아름다움이 있다. 인간의 아름다움에 못지않게 자연의 아름다움과 동식물의 아름다움, 애완동물의 아름다움도 있다. 그리고 모든 사람의 심미적 취향이 모두 동일한 것은 아니다.[1] 제 눈에 안경이라는 말도 있지만 사람들에 따라서 자기가 아름답다고 느끼는 대상이나 특징이 각인각색으로 다양하다. 그리고 맛이나 멋에 대한 취향도 심미성의 영역에 속한다. 커피가 취향인 사람이 있는가 하면 녹차가 취향인 사람도 있다. 차 마시는 것을 예술의 차원으로 승화시킨 디도리는 것도 있다. 그러한 취향을 가진 사람은 목을 축이기 위해서 차를 마시는 것이 아니다. 그 맛을 즐기고 음미하기 위해서 차를 마신다.

극히 최근까지도 취향이라는 것은 극소수의 특권이었다. 취향을 즐길 수 있기 위해서는 두 가지의 조건이 충족되어야 한다. 하나가 경제적 재화라면 다른 하나는 시간적 재화이다. 돈만 많다고 해서 취향을 즐길 수 있는 것은 아니다. 시간적 여유도 있어야 한다. 풍요로운 사회가 아니라면 이와 같이 경제적 · 시간적 여유가 동시에 갖춘 사람들은 사회의 특권층

1 취향은 영어로 taste이다. 우리말 취미로 옮기기도 하는데 필자는 취향이 더욱 적합하다고 생각한다. 네이버 사전에는 취미를 3가지의 뜻으로 분류하고 있다. "① 전문적으로 하는 것이 아니라 즐기기 위하여 하는 일 ② 아름다운 대상을 감상하고 이해하는 힘 ③ 감흥을 느끼어 마음이 당기는 멋." 그런가 하면 취향에 대해서는 "하고 싶은 마음이 생기는 방향. 또는 그런 경향"으로 정의되어 있다. 필자는 미학적 개념으로서 taste는 단순히 좋아하는 대상이나 그것을 감상하는 일, 혹은 감상하는 힘뿐 아니라 그것을 좋아하고 즐기는 방향성이 전제되어 있다고 생각한다. 우리는 포스트모던한 취향을 가질 수도 있고 모던한 취향을 가질 수도 있다.

으로만 제한되게 마련이다. 우리나라 조선시대를 생각해보는 것으로 충분하다. 양반, 그것도 풍족한 양반들만이 차를 음미하며 마실 수가 있었다. 하루 세끼 먹고 사는 것도 힘이 들었던 평민들은 간혹 여유가 생기면 차가 아니라 마시고 취할 수 있는 술을 원하였다. 술에서 취향을 발휘하기는 어려웠다. 선택이 가능한 여러 종류의 다양한 술이 있다면 자신의 취향을 따질 수도 있었을 테지만 막걸리 한 가지밖에 없으면 취향이라는 말은 어불성설이 된다. 이제 우리가 살고 있는 21세기 현재로 시선을 돌리기로 하자. 일례로 커피전문점을 생각해보자. 거리에 널리고 널린 것이 커피전문점이며, 그중에 아무거나 발길에 차이는 가게로 들어갔다고 하자. 이후 헤아릴 수 없이 차의 종류가 많다. 과거에 막걸리 달라고 하듯이 그냥 커피 달라고 하면 안 된다. 어떤 종류의 커피인지 자기 취향을 말해주어야 한다.

아름다움과 맛이 왜 취향인가? 생명을 유지하기 위해서 반드시 마셔야 하는 음식물, 혹은 필수품은 아니기 때문이다. 밥은 먹지 않으면 생존이 불가능하다. 이때 밥은 기호식품이 아니다. 생존에 필요한 영양소로서 밥은 푸짐하게 많이 먹으면 먹을수록 좋다. 그렇지만 똑같은 밥을 먹으면서도 우리는 영양소가 아니라 맛과 멋을 위해서 밥에 모양을 내고 천천히 음미하며 먹을 수도 있다. 이왕이면 다홍치마라는 말도 있지 않은가. '이왕이면'이라는 말이 밥에도 품격을 가미해준다. 그렇지만 바람에 게 눈 감추듯이 밥을 재빨리 비우고 일어나서 일터로 나가야 한다면 '이왕이면'이라는 것은 사족이 돼버린다. 달리 말해서 먹고살기에 급급한 사회에서는 취향의 싹이 틀 수가 없다. 조금이라도 남은 자투리땅이 있으면 정원을 가꾸는 것이 아니라 야채와 채소라도 심어서 반찬에 보태야 한다. 그렇지 않으면 먹을 반찬도 없기 때문이다. 모든 시간과 재화, 노력, 정성이 먹고사는 일로 집중되는 것이다. 이와 같이 먹고 사는 일이 충족된, 즉 기본적인 생존의 욕구가 만족된 사회는 어느 정도 풍요로운 사회라고 할 수 있다. 물론 우리는 풍요로운 사회에 살고 있다. 생각해보라. 새로운 도시를 계획할 때 정부가 가장 먼저 고려하는 것이 공원과 산책로처럼 삶의 여유를 즐길 수 있는 공유시설들이다. 그냥 사는 것이 아니라 삶의 질과 여유가 최우선 순위가 된 것이다. 이러한 삶의 여유에서 취향의 문화라는 것이 생겨난다. 그냥 먹는 것으로 충분하지 않다. 보기에도 좋고 먹기에도 좋아야 한다.

취향과 반대되는 가치가 도덕이다. 도덕의 문화가 옳고 그름을 구별하는 문화라면 취향은 좋고 싫음을 따지는 문화이다. 쉽게 짐작할 수 있겠지만 인류 역사의 대부분은 취향이 아니라 도덕의 문화가 사회를 지배했었다. 도덕은 사회를 평화롭게 질서 있게 유지하기 위해 필요한 보편적 가치를 전면에 내세운다. 그것을 지키지 않으면 처벌이나 불이익, 왕따를 감수하지 않으면 안 된다. '거짓말을 하지 말라'나 '어른을 공경하라,' '진실하라'와 같은 도덕률은 모든 사람들에게 구속력을 가진다. 이러한 사회에서는 도덕적이고 이타적인 인물들이 환영을 받는다. 그러한 인물의 전형은 물론 어린이나 젊은이가 아니라 나이가 지긋한 어른이다. 혈기왕성한 젊은 사람은 세상 경험과 연륜도 짧기 때문에 삶에 필요한 지혜도 부족하고 감정도 다스릴 줄 모르며 충동적으로 행동함으로써 시행착오를 반복한다. 즉 도덕의 문화는 어른과 성숙의 문화이다. "성숙이 모든 것이다"(Ripeness is all). 이 말은 셰익스피어의 『리어왕』이 막을 내리면서 에드거(Edgar)가 했던 말이다. 사실 딸들의 거짓 장단에 놀아났던 리어왕은 성숙한 인물이 아니었다. 그는 어린애처럼 변덕이 심하고 토라지기 좋아하는 유치한 어른이었다. 그런데 우리의 사회가 그러한 어른의 문화일까? 아니다. 우리 사회에는 어른이 없다는 말을 심심치 않게 듣는다. 당연한 말이다. 우리 사회는 어른이 아니라 젊음, 아버지의 문화가 아니라 자식의 문화이다. 그러한 문화적 성격이 연쇄적으로 폭발했던 역사적 사건이 1960년대 말의 68혁명과 성혁명이었다. 볼프강 크라우스하르는 68혁명을 '최초의 전 지구적인 반란'이라고 명명하였다. 그것은 합법적인 아버지의 권위에 대한 도전으로 당시의 젊은이들은 모든 기존의 도덕적 가치들을 위선으로 매도하고 땅바닥에 밟고 침을 뱉으면서 아버지의 문화를 경멸하였다.[2] 옳고 그름의 차이와 도덕이라는 것은 고리타분한 취향에 지나지 않다고 생각했던 되었다. 그러면서 단색의 도덕적 삶이 아니라 쾌락과 도취의 울긋불긋한 삶, 쾌락주의적 개인주의가 과거의 근엄한 도덕주의를 대체하였다. 쾌락주의에는 옳고 그름이라는 보편적 기준이 존재하지 않는다. 내가 좋으면 좋은 것이다. 좋은 것이 옳음을 축출한 것이다. 근엄하고 점잖은 도덕군자가 아니라 개그맨처럼 재치 있고 재미있는 사람이 새로운 가치의 모델이 되었다. 언제나 올바르게 행동하지만 지루하고 따분한 사람보다는 차라리 신나고 재미있는 악인이 낫다. 이러한 세계에서 과거의 어른은 꼰대로 매도당한다.

그렇다고 필자는 21세기 현재 우리 사회가 68혁명 때처럼 젊은 열정의 피가 비등하며 들끓고 있다고 생각하지는 않는다. 그렇지 않다. 한때 뜨겁게 달아올랐던 피와 전복적 상상력은 이미 오래전에 소진되었다. 그리고 인구에서 젊은 층이 차지하는 비중도 획기적으로 줄어들었다. 반면 65세 이상의 인구가 천제 인구의 약 18%로, 머지않아 곧 초고령사회로 진입할 것이다. 반면 20~30대 젊은이들의 비중은 계속 감소하고 있으며, 더구나 세계를 갈아 마시겠다고 덤벼드는 겁이 없고 혈기왕성한 젊은이들은 찾아보기 어렵다. 삼포세대, 오포세대, 엔포세대 등의 신조어는 도전과 패기가 아니라 포기와 좌절에서 위안을 찾는 젊은 세대의 자화상이다. 그럼에도 불구하고 우리는 어른의 문화가 아니라 젊음의 문화, 도덕의 사회가 아니라 취향의 사회에 살고 있다는 말은 여전히 옳다.

2 1968년 이후 10년 동안만큼 15세에서 24세 사이 인구가 전체 인구 중 차지하는 비율이 큰 비중을 차지했던 적이 없었다. 미국에서 1950년대 중반에 11%까지 내려갔던 청년층 비중은 1970년대 중반에 17%, 라틴아메리카와 아시아에서는 20% 이상, 고등교육 확산(퍼거슨 390)

우리에게 어떤 사회가 가장 바람직한 것일까? 필자는 아름다움(기쁨)이 선이고 덕이며 진리인 사회라고 생각한다. 「희랍 항아리의 송시」에서 존 키츠는 "아름다움은 진리요, 진리는 아름다운 것"이라고 노래하였다. 이러한 사회에서 개인들은 도덕적 규범을 지키기 위해서 억지로 노력하지 않아도 된다. 좋아서 하는 일이 곧 선한 일이 되기 때문이다. 그렇지만 이와 같이 완벽한 아름다움 = 선의 조화는 현실에서 실현되기에는 너무나 이상적이다. 우리는 대부분 어느 한쪽으로 쏠리기 때문이다. 아름다움만을 추구하면 유미주의가 되고 이에 대한 반발로 선만을 추구하면 근엄한 도덕주의자가 된다. 도덕주의가 이성의 법칙을 강조한다면 유미주의는 감각적 쾌감을 우선시한다. 그럼에도 우리가 살고 있는 취향의 사회는 도덕주의보다는 유미주의에 훨씬 가깝다. 심미성, 감각적 쾌감을 연구하는 학문을 미학이라고 한다. 우리가 살고 있는 사회를 이해하기 위해서는 미학에 대한 지식이 필수적이다. 이 장에서 우리는 에드먼드 버크(Edmund Burke)와 프리드리히 실러(Friedrich Schiller)의 미학으로 대변되는 경험주의적 미학과 관념론적 미학의 두 전통을 살펴보겠다. 이를 통해서 어떻게 하면 우리가 취향의 향상을 통해서 아름다운 사회를 실현할 수 있는지 방법을 찾아보기로 하겠다. 결론은 심미적 교육, 심미적 도야에 있다. 공자의 종심(從心)은 그러한 심미적 삶이 추구하는 최고의 이상이다.

1 | 버크의 미학

서양의 철학사에서 미학이 하나의 새로운 학문 분야로 등장한 것은 18세기로, 미학이라는 학명은 바움가르텐(Alexander Baumgarten)이라는 독일 철학자의 저서 미학(Aesthetica)에서 비롯되었다. 미학(aisthētikós)은 감각이나 지각을 뜻하는 고대 희랍어로, 바움가르텐에게 그것은 감각의 학문이라는 의미를 가지고 있다. 그러나 미학의 역사에 결정적인 영향을 끼친 것은 바움가르텐의 저서가 아니라 영국의 문필가 에드먼드 버크의 『숭고와 아름다움의 이념의 기원에 대한 철학적 탐구』(*A Philosophical Enquiry into the Origin of Our Ideas of the Sublime and Beautiful*, 1757)와, 프리드리히 실러(Friedrich Schiller)의 『미적 교육론』(*On the Aesthetic Education of Man in a Series of Letters*, 1794), 그리고 칸트의 『판단력 비판』(*Critique of Judgment*, 1790)이었다. 필자는 이 저서들에 대해서 소개할 생각이 없다. 다만 나중에 우리의 논의를 위해서 필요한 기본적 개념들만을 실러와 버크, 칸트의 텍스트를 중심으로 간단히 소개할 작정이다. 그 이전에 왜 미학이라는 학문이 18세기에 등장했는지 이유를 간단히 짚어볼 필요가 있다.

고대와 중세의 철학에서, 그리고 미학을 제외한 근대 철학에서 감각은 탐구의 대상이 아니라 비판과 기피, 극복의 대상이었다. 중요한 것은 냉철한 이성이었으며, 감각이라는 것은 그러한 이성의 활동을 방해하는 악한 요소로 간주되었기 때문이었다. 이것은 플라톤의 『국가론』을 살펴보는 것으로 충분하다. 주지하듯이 그는 이상국가에서 문학과 예술을 추방해야 한다고 주장하고 검열제도의 필요성을 강조하였던 고지식한 철학자였다. 그가 예술을 거부했던 이유는, 그것이 감정을 자극하고 흥분시킴으로써 인간이 올바른 길에서 벗어나 잘못된 길로 타락하도록 유도한다고 보았기 때문이었다. 감정을 억제해야 함에도 불구하고 온갖 선정적이며 선동적인 표현으로 감정에 과잉 탐닉하도록 만든다는 것이었다. 플라톤에게 감정은 위험한 풍랑이나 마찬가지였다. 그럼에도 불구하고 그는 아름다움의 가치는 진리나 선과 마찬가지로 높게 평가하였다. 그가 감정을 백해무익한 것으로 간주하였다는 사실을 생각하면 이러한 아름다움에 대한 높은 평가는 자기모순적으로 보일 수가 있다. 그러나 그렇지 않다. 그에게 진정한 아름다움은 초감각적이며 관념적이고, 구체적인 것이 아니라 추상적이고 관념적인 것이었기 때문이다. 이때 아름다움은 사랑의 감정(혹은 인식)과 떼어놓을 수가 없다. 아름다움은 그것을 향해 다가가고 싶은 사랑을 야기하는 것이다. 아무튼 아름다움을 진정한 것과 그렇지 않고 관능적이고 감각적인 것으로 구분하였다. 이러한 구분은 『향연』의 유명한 '아름다움의 사다리'의 비유에서 단적인 예를 찾을 수가 있는데, 가장 낮은 단계는 이성의 아름다운 육체, 즉 성적 매력이다. 짝짓기하는 동물들도 성적 매력을 느끼지 않는가. 우리는 이성의 아름다움을 접하면 성적인 흥분과 더불어서 그것을 소유하고 싶은 욕구를 느낀다. 그렇지만 플라톤은 이러한 성적 욕망을 뿌리째 뽑아서 폐기해야 한다고 주장하지는 않는다. 그러한 욕망도 대상에 숨겨진 아름다움(의 이데아)의 발견과 이에 대한 인식에 의해서 촉발되었기 때문이다. 따라서 사금에서 순수한 금을 채취하듯이 아름다움의 인식으로부터 불순한 욕망들을 솎아내서 제거하면 아름다움의 인식이 정화될 수가 있다. 그러한 경우에 육체적 아름다움과 관능적 욕망은 진정한 아름다움으로 발전하기 위한, 즉 지양되어야 하는 계기로서의 의미를 갖는다. 플라톤은 감정이 배제된 탈신체화된 아름다움을 추구하였던 것이다. 감정은 올바른 인식의 훼방꾼에 지나지 않았다.

플라톤이 감정을 경계하였던 이유는 대중과 민주주의에 대한 그의 혐오에서 찾을 수 있다. 그는 대중은 흥청망청 먹고 마시며 즐기는 것 이외에는 아무런 관심이 없다고 판단했다. 철학적 훈련을 받지 못한 사람은 속수무책으로 본능과 감정에 따라서 움직인다고 보았던 것이다. 그렇다면 귀족들과 엘리트들은 그렇지 않았을까? 아무래도 지배계층은 평민들만큼 감정적이지는 않았을 것이다. 감정을 추스르지 못하면 통치가 불가능하기 때문이다. 그럼에도 루소의 고결한 야만인처럼 배운 것도 없고 가진 것도 없는 평민들이 선하고 순박할 수 있다는 가능성을 그는 인정하지 않았다. 그의 이상국가에서 평민들은 노새처럼 일하는 존재, 먹고 마시며 즐기는 것 이외에는 아무런 관심이 없는 자들이다. 이것이

의미하는 것은 무엇인가? 감정이 복권되기 위해서는 평범한 대중이 환영받는 시대가 도래하지 않으면 안 되었다. 먹고 마시며 놀고 즐기는 평범한 활동이 인정받는 시대를 기다려야만 했다.

앞서 말했듯이 바움가르텐의 『미학』은 감정에 관한 학문이다. 플라톤이라면 감정이 학문의 주제가 될 수 있다는 사실을 수용하지 못했을 것이다. 당시의 사회적 맥락에서는 고삐 풀린 감정의 위험성만이 경계의 대상으로 주목을 받았기 때문이었다. 사실 바움가르텐도 감정을 그 자체로서 가치 있는 것으로서 긍정하지는 않았다. 그는 라이프니츠(G. W. von Leibniz)의 관념론을 완성하기 위해서는 감각적 인식에 대한 연구도 필요하다고 생각하였기 때문에 미학이라는 이름으로 그러한 작업에 착수하였다. 라이프니츠에 따르면 명석하고 판명한 이성적 지식과 달리 감각적 정보는 애매하고 불확실하다. 그럼에도 바움가르텐은 그러한 감각적 정보를 순화시킴으로써 진정한 지식이 가능하다는 신념을 가지고 있었다. "미학의 목적은 감성적 인식 자체의 완전함이다. 그러한 완전함이 아름다움이다. 반면 피해야 할 것은 감성적 인식의 불완전함이다. 그것이 추함이다."[3] 바움가르텐에게 미학의 출발점은 감정을 통한 감정적 인식이다. 이때 인식은 완전한 지식으로 발전할 수도 있고 불완전한 지식으로 머물 수도 있다. 완전한 인식이 아름다움이며, 그것은 쾌감을 선사한다. 반면에 우리는 불완전한 인식을 추하다고 한다. 그리고 추의 인식은 불쾌감이다. 이러한 이유로 그는 철학과 마찬가지로 문학과 미술도 우리를 진리로 이끌 수 있다고 믿었다.[4]

감각적 인식이 아니라 취향의 학문으로서 미학의 전통은 18세기 영국의 문필가 에드먼드 버크와 더불어 시작한다. 나중에 근대적 의미의 최초의 보수주의자로서 평가되는 그는 28살의 젊은 시절에 『숭고와 아름다움

3 알렉산더 바움가르텐, 『미학』, 김동훈 옮김, 마티, 2019, 35쪽.
4 Monroe Beardsley, *Aesthetics from classical Greece to the present: a short history*. University of Alabama Press, 1975, p. 159.

의 이념의 기원에 대한 철학적 탐구』를 집필하였다. 이 책에서는 미학이라는 용어가 등장하지도 않는다. 그렇지만 바움가르텐과 마찬가지로 그의 논의의 중심은 아름다움과 추함, 그리고 숭고함에 있다. 아름다움이 쾌감을 준다면 추함은 불쾌감과 고통을 준다. 그러나 바움가르텐과 달리 그에게 아름다움과 추함의 차이는 지각적 인식의 완전성 여부와는 무관하다. 완전한 지각(지식)이 아름다움을 약속하는 것은 아니다. 버크는 진리가 아니라 기쁨과 고통이라는 심리적 경험을 통해서 아름다움과 추함의 차이를 해명하였다. 달리 말해서 그것은 취향의 문제이다. 인간은 모두 기쁨(아름다움)을 추구하고 고통(추함)을 피하려는 보편적 성향을 가지고 있다. 그러한 이유로 미학은 취향의 학문이 된다. 저서의 서두에 「취향의 소개」(Introduction on Taste)라는 제목을 붙였던 이유이다. 그는 모든 사람들에게 보편적으로 적용되는 간주관적 취향의 기준을 제시하는 것을 책의 목적으로 삼았다.[5]

버크의 미학은 인간이 감각 능력과 상상력, 판단력이라는 세 가지 역량을 가지고 있다는 사실에서 출발한다. 가령 우리는 꿀을 먹으면서 달콤함을 느끼는 감각 능력을 가지고 있으며, 나중에 이것을 재경험할 수 있는 상상력이 있으며, 달콤한 맛과 쓴맛을 구별할 수 있는 판단력도 가지고 있다. 꿀을 먹는 기쁨은 일회성으로 끝나지 않는다. 우리는 계속 그 맛을 상상하면서 기뻐할 수도 있고, 꿀을 묘사하는 글을 읽거나 꿀의 그림을 보면서 또 기뻐할 수가 있다. 이때 취향이라는 것은 그러한 맛을 느끼는 "감성적 능력, 혹은 상상력의 산물이나 고상한 예술작품에 대해 판단하는

5 그러나 데이빗 흄은 「취미의 기준에 대하여」에서 그러한 보편적 취향이라는 것은 존재하지 않는다고 주장하였다. "세상 어디서든 사람들의 견해뿐만 아니라 취향도 무척 다양하다는 것은 너무나 명백해서 누구나 다 아는 사실이다. (중략) 시야를 넓혀 먼 나라들과 먼 시대들을 살펴보면 사람들은 엄청난 모순과 불일치를 발견하고 훨씬 더 많이 놀라게 된다. 우리는 우리 자신의 취미나 이해의 범위를 많이 벗어난 것들은 무엇이든지 야만적이라고 부르는 경향이 있다. 하지만 우리는 곧 그러한 비난의 화살이 우리에게로 되돌아오는 것을 경험한다." 데이빗 흄, 『취미의 기준에 대하여 비극에 대하여 외』, 김동훈 옮김, 마티, 2019. 23쪽.

정신적 능력을 뜻한다."[6] 여기서 맛을 느끼는 능력만으로는 아직 취향이라고 할 수 없다. 맛을 판단하는 능력이 결합되어야 취향이다.

> 취향이라는 것은 가장 일반적인 의미로 파악할 경우 단순 관념이 아니며 일부는 최초의 감각적 쾌감의 지각이고 그다음은 이차적으로 상상력이 느끼는 쾌감, 다른 일부는 이들이 갖는 다양한 상호관계나 인간의 감정, 태도나 행위들에 대해 이성적 추론 능력이 내리는 결론으로 이루어져 있다고 나는 생각한다.[7]

만약에 꿀을 맛보고서 맛이 쓰다고 판단하는 사람이 있다면 그는 판단력의 오류를 범하고 있거나 미친 사람이다. 버크는 미치지 않았다면 "담배가 설탕처럼 달다고 말"할 수 없다고 주장했다. 미치지 않은 사람이라면 꿀에서는 단맛을, 담배나 독초에서는 쓴맛을 느낀다. 단맛이 우리에게 쾌감을 준다면 독초의 쓴맛은 우리에게 고통을 준다. 그 이유가 무엇일까? 버크는 쾌감과 고통이 주관적인 것이 아니라 보편적이라고 보았다. 생명을 유지하려는 노력은 인간의 보편적 본능인데, 그러한 본능이 충족되면 쾌감이고 그렇지 못하면 고통이 야기되기 때문이다. 생명 유지에 도움을 주는 감정이 쾌감이라면 고통은 생명을 위협하는 감정이다. 독약을 마시는 상상만 해도 우리는 고통스럽고 끔찍한 느낌에 소름이 돋는다. 위 인용문에는 '이차적'이라는 용어가 있는데, 그것은 두 가지 지각이 있다는 점을 가리키고 있다. 지각에는 일차적 지각과 이차적 지각이 있다. 우리가 직접 경험하는 단맛과 쓴맛이 일차적 지각이라면 차후에 그것을 상상하면서 느끼는 지각은 2차적이다. 상상력은 무에서 유를 창조하는 능력이

6 버크, 『숭고와 아름다움의 관념의 기원에 대한 철학적 탐구』, 김동훈 옮김, 마티, 2019, 38쪽. 참고로 원문은 다음과 같다. I mean by the word Taste no more than that faculty, or those faculties of the mind which are affected with, or which form a judgment of the works of imagination and the elegant arts. Edmund Burke, *A Philosophical Inquiry into the Origin of our Ideas of the Sublime and Beautiful*. ed. Adam Philips. Oxford: Oxford UP, 1990. p. 12.

7 버크, 『숭고와 아름다움의 관념의 기원에 대한 철학적 탐구』, 55-56쪽.

아니라 이전에 경험한 감각 경험을 재구성하는 능력인 것이다. 그렇다고 기억의 정확한 복원이나 재현을 의미하는 것은 아니다. 기억과 달리 과거의 감각 자료를 아름답고 즐겁게 배열하거나 변형하고 재구성하는 능력이기 때문이다.

버크에 따르면 가장 기본적인 감각은 쾌감과 불쾌감(고통)이다. 고통과 쾌감은 가장 단순하고 자연스러운 감각으로서 각자 "적극적(positive)이면서 독립적인 성격"을 가지고 있다. 이때 고통과 쾌감의 관계는 빛과 어둠의 관계와는 다르다. 빛의 없음이 어둠인 반면에 고통의 없음이 쾌감을 의미하는 것은 아니기 때문이다. 빛의 없음으로 정의되는 소극적인 어둠과 달리 고통과 쾌감은 각자 적극적으로 존재하는 감정이다. 그럼에도 고통과 쾌감에는 각자 정도의 차이는 있다.[8] 살을 도려내는 듯이 강렬한 고통이 있는가 하면 참고 견딜 만한 가벼운 고통도 있다. 그것은 쾌감에 대해서도 마찬가지이다. 고통과 쾌감은 끊임없이 변화하는 과정에 있다. 강렬했던 쾌감도 점차 약화되다가 나중에는 완전히 소멸할 수가 있다. 이와 같이 약화되는 단계에서 쾌는 무관심으로, 실망으로 나중에는 비탄(grief)으로 바뀐다. 기대했던 쾌감이 사라지고 다시 찾아오지 않기 때문에 비탄에 잠기는 것이다. 버크가 언급하지는 않았지만 장기적으로 지속되는 비탄은 우울증을 야기할 수 있다. 그런데 여기에서 우리가 주목해야 하는 것은 복합관념으로서 숭고이다. 단순관념에서 쾌(아름다움)는 쾌고 불쾌(추함)는 불쾌이지만 복합관념에서는 불쾌가 쾌로 바뀌는 역동적 변화로서 숭고(sublime)가 발생한다. 영어 숭고에서 lime은 문턱인데, 이 문턱을 넘어서는

8 What I advance is no more than this: first, that there are pleasures and pains of a positive and independent nature; and secondly, that the feeling which results from the ceasing or diminution of pain does not bear a sufficient resemblance to positive pleasure to have it considered as of the same nature, or to entitle it to be known by the same name; and thirdly, that upon the same principle the removal or qualification of pleasure has no resemblance to positive pain (Burke, A Philosophical Inquiry into the Origin of our Ideas of the Sublime and Beautiful. p. 33).

(sub) 변화가 숭고이다. 예를 들어 우리가 가파른 절벽의 가장자리에 서 있다고 하자. 위험천만한 순간이다. 잠깐만 방심해도 벼랑에서 떨어져 즉사할 수 있다는 생각에 등골이 오싹한 공포감에 사로잡힌다. 그렇지만 추락을 방지하는 울타리가 설치되어 있다는 사실을 발견하면 공포감이 사라지면서 안도감을 느끼고 그러면서 여유를 가지고 깎아지른 듯한 바위의 절경을 마음껏 즐길 수가 있다. 우리에게 도래하는 쾌감의 강도는 그러한 위험이 없이 절경을 감상하는 쾌감과 비교가 되지 않을 정도로 강렬하다. 죽음의 공포로부터 살아있다는 삶의 기쁨(아름다움)으로 건너뛰었기 때문이다. 이와 같은 강렬한 쾌감이 열락(delight)이다. 이처럼 숭고는 우리가 한쪽 극단으로부터 반대편의 극단으로 건너뛰는 순간에 발생한다. 공포영화를 보면서 쾌감을 느끼는 이유는 그러한 숭고의 감정 때문이다.

> "어떤 형태로든 고통이나 위험의 관념을 불러일으킬 수 있는 모든 것은 우리가 느낄 수 있는 가장 강한 감정인 숭고의 원천이다. (중략) 위험이나 고통이 너무 가까이에서 압박해 오면 우리는 아무런 안도감도 느낄 수가 없으며 그것들을 그저 공포의 대상일 뿐이다. 하지만 우리가 거기에서 일정한 거리를 두게 되어 그 압박이 어느 정도 완화되면 그런 고통이나 위험도 안도감을 줄 수 있고 실제로도 안도감을 준다는 사실을 우리는 매일 경험하고 있다."[9]

비록 심미적이라는 용어를 사용하지는 않았지만 버크가 언급한 일정한 거리는 심미적 거리를 가리킨다. 원근법이라고 해도 좋다. 지각의 대상과 일정한 거리를 유지하지 않으면 대상의 전체 모습을 볼 수가 없다. 낭떠러지의 가장자리에 설치된 울타리도 그러한 심미적 거리의 역할을 수행한다. 영화의 피비린내 나는 장면도 마찬가지이다. 현실에서 직접 일어나는 일이라면 우리는 그 엄청난 충격에 몸이 마비되고 말 것이다. 그러나 현실과 동떨어진 영화의 세계이기 때문에 가슴 두근거리는 스릴을 즐길

9 버크, 『숭고와 아름다움의 관념의 기원에 대한 철학적 탐구』, 74-75쪽.

수가 있다. 극장의 스크린도 그러한 심미적 거리를 유지시켜준다. 그렇지 않으면 폭력에 삼켜지고 말 것이다. 이 점에서 다음과 같은 마틴 제이의 말은 정당성을 가진다. "극장에서 관객이 불이야 소리를 지르면 큰일이 난다. 그렇지만 배우가 무대에서 불이야 소리를 지르는 것은 괜찮다. 현실에서 끔찍한 일도 미학의 형식을 빌면 괜찮다."[10]

우리는 앞으로 이 책에서 에드먼드 버크의 미학을 자주 언급하게 될 것이다. 그의 미학은 실러나 칸트의 관념론적 미학과 달리 지극히 경험적이며 직관적이기 때문에 일상의 다양한 경험과 감정들, 특히 현대사회의 심미화된 일상을 설명하기에 매우 효과적이다. 그에게 아름다움은 목적론적이다. 생존에 기여하는 현상이나 대상이 아름다움이며, 그러한 아름다움의 지각은 쾌감을 야기한다. 대상의 에너지와 모양, 크기, 밝기도 중요하다. 질퍽하게 대지를 뒤덮고 흐르는 안개처럼 형체도 불분명하고 모호하며 거대한 것은 기쁨이 아니라 불안감을 안겨준다. 그것의 정체가 무엇인지 파악할 수가 없기 때문이며, 모르는 대상에 대해서 우리는 두려움을 가지고 있다. 어떤 일이 발생할지 예상이 불가능하기 때문이다. 시야에 들어오지 않을 정도로 크기가 거대한 것도 마찬가지이다. 그것은 우리의 감각을 압도한다. 그것은 우리의 감각을 즐겁게 하는 것이 아니라 억압하고 짓누르듯이 압도한다. 쾌감이 아니라 고통을 느끼게 하는 것이다. 우리는 압도하는 권력과 폭력도 고통을 야기한다. 그러나 그러한 고통이 현실이 아니라 허구라는 사실을 발견하는 순간에 우리는 숭고의 감정으로 이동하게 된다. 극장에서 커다란 스크린에 펼쳐지는 그랜드캐니언의 깎아지른 절벽이나 창과 칼이 부딪치며 수많은 병사들이 풀잎처럼 쓰러지는 전쟁의 장면은 숭고하게 느껴진다. 물론 영화임에도 공포에 압도되어버리면 숭고함의 희열이 도래하지 않는다. 이와 같은 숭고함과 달리 거칠지

10 Martin Jay *Cultural Semantics: Keywords of Our Time*, Amherst: University of Massachusetts Press, 2012, p. 110, p. 111.

않고 부드럽거나 모나지 않고 쟁반처럼 둥그런 것은 기쁨을 준다. 숭고한 대상과 달리 아름다운 대상은 비교적 작고 귀여우며 아기자기하고 사랑스럽다. 이 점에서 버크의 미학은 성차별적이라는 비난을 면할 수가 없다. 숭고를 남성적인 것으로, 아름다움을 여성적인 것으로 정의하기 때문이다. 숭고가 공격적이고 적극적이라면 아름다움은 수동적이고 소극적이다. 전통적으로 남자는 공격해서 여성의 사랑을 쟁취한다면 여성은 마지못해서 응하는 역할을 행사한다. 이때 그러한 남성의 정복욕을 자극하는 것은, 작고 부드러우며 가볍고 가냘픈 여성의 특징들이다. 그러한 특징들이 아름다움으로 간주되는 것이다. 반면에 남성적인 특징은 숭고함에 가깝다.[11]

2 | 실러의 미학

버크의 미학이 개인의 심미적 취향에 초점을 맞추었다면 실러는 문명론적 관점에서 미적 경험의 문제에 접근하였다. 전자가 아름다움의 경험적 측면을 다루었다면 후자는 아름다움의 형식에 주안점을 두었다. 전자가 아름다움의 현상을 묘사하였다면 후자는 아름다움의 이상을 미래의 과제로 제시하였다. 버크가 보수주의적이라면 실러는 진취적이며 혁명적이었다. 버크와 실러의 저술 사이에 1789년의 프랑스 혁명이 있다는 사실은 무시할 수 없는 중요성을 갖는다. 실러는 실패한 프랑스 혁명의 이상을 실현할 수 있는 방법을 미학에서 찾았기 때문이다. 우리는 올바른 이념만 가지고는 바람직한 사회를 이룰 수가 없다. 우리 자신이 심미적으로 바뀌지 않으면 안 된다. 미적 교육론』에서 실러는 미래의 바람직한 인간상으로

11 여기에서 우리는 버크가 아름다움을 두 종류로 분류하였다는 사실을 말해두는 것이 좋겠다. 하나가 자연의 아름다움으로, 그것은 개체의 생존에 기여한다. 또 하나의 종류는 이성의 아름다움이다. 그것은 짝짓기, 즉 종의 유지에 기여한다.

서 심미적 인간을 제시하였는데, 그는 18세기 말에 괴테와 쌍벽을 이루었던 시인이며 극작가이자 사상가였다. 그는 칸트가 『판단력 비판』에서 구상하였던 심미적 개념들을 비판적으로 보완하고 놀이이론으로 완성하고 싶어 하였다.

실러의 미학의 주된 특징은 이상주의적 성향이다. 버크가 우리가 현실에서 느끼는 미적 감수성을 다루었다면 실러는 미래에 우리가 지향해야 하는 목표로서 미적 교육을 주장하였다. 예를 들어 이성에게 본능적으로 끌리는 성적 매력이 버크에게 당연한 것이라면 실러에게는 극복해야 할 본능이 될 수가 있다. 전자가 본능적인 충동에서 이성적인 것을 찾았다면 실러는 양자의 불일치와 충돌을 보았다. 본능은 인간적이기에는 너무나 동물적이고 조야한 것일 수가 있다. 이것은 실러의 인간관에서 분명하게 드러난다. 인간은 물질적 육체이면서 동시에 정신이고 본능이면서 동시에 이성적인 존재이다. 그에게 아름다움이란 이성과 본능의 조화와 균형에 있다. 그런데 인간은 본능이나 이성의 어느 한쪽으로 지나치게 편향됨으로써 야만적이 될 수도, 퇴폐적이 될 수도 있다. 심미적 교육이 절실한 이유이다. 그에게 형식과 내용의 통일은 유희로서 표현이 된다.

육체적 존재(자연적 인간)이면서 정신적 존재(이성적 인간)인 인간은 두 가지 기본적 충동을 가지고 있다. 하나가 육체적 충동으로서 물질충동이라면 다른 하나는 정신적 충동으로서 형식충동이다. 그의 물질충동은 버크의 생명 유지의 본능으로 이해해도 무방하다. 우리는 먹고 마시며 짝짓기를 하지 않으면 개체로서, 혹은 종으로서 자신을 유지할 수 없다. 그러한 충동은 물리적 자연법칙의 지배를 받고 있다. 우리는 먹지 않아도 살 수 있다고 자유롭게 생각할 수는 있지만 영양섭취를 하지 않으면 죽을 수밖에 없는 자연법칙에서 벗어날 수가 없다. 그럼에도 인간은 동물처럼 무조건적으로 먹고 마시고 짝짓기를 하는 것은 아니다. 그러한 활동에는 규칙과 질서, 예의범절, 즉 형식이 있다. 그냥 손으로 허겁지겁 먹는 것이 아니라 보기 좋게 요리를 한 다음에, 그리고 수저를 사용해서 음식이 흘리지 않게 먹고 마시는 것에도 격식이 있는 것이다. 이와 음식을 아름다운 모습의 요리로 만들고 싶은 충동이 형식충동이다. 물질충동이 구체적이며 감각적이라면 형식충동은 오성적이다.

실러에게 인간의 역사는 물질충동을 형식충동으로 다듬는 과정, 궁극적으로는 양자의 온전한 균형으로 완성되어야 하는 과정이다. 무질서하고 혼란스러우며 야성적인 자연 세계에 이성에 입각한 질서와 규칙, 도덕을 도입하는 것이다.[12] 그렇지만 형식충동이 무조건 바람직한 것은 아니다. 지나치게 형식화되고 문명화되면 원시적이기는 하지만 단순하고 건강했던 충동들이 억압되고 지나치게 인위적으로 될 수가 있다. 예를 들어 추위와 더위를 보호하기 위해 입었던 옷이 자신의 부와 지위를 과시하기 위한 옷, 사치스러울 뿐 아니라 행동하기에도 거추장스럽고 불편한 옷으로 변질될 수가 있다. 이것은 개인과 국가의 관계에도 적용될 수가 있다. 모든 개인은 자신의 욕심과 욕망에 따라서 누구의 간섭도 받지 않고 자발적으로 자유롭게 살고 싶어 한다. 그러나 그렇게 되면 폭력이 난무하는 무정부상태가 도래한다. 이러한 혼란에서 벗어나기 위한 비상수단으로 국가는 융통성 없는 강력한 법을 국민들에게 강요할 수 있다. 이 경우에 국민의 자발성과 자유는 실종되고 말 것이다. 그 결과 국민들을 합법적으로 행동하지만 허수아비처럼 무기력한 존재로 전락할 수가 있다. 실러는 자신이 살던 시대가 계층적으로 양극단을 오가고 있다고 판단하였다. 하위

12 물질과 형식의 관계는 다음과 같이 정리될 수 있다. Matter and Form. These two conceptions are at the foundation of all other reflection, being inseparably connected with every mode of exercising the understanding. By the former is implied that which can be determined in general; the second implies its determination, both in a transcendental sense, abstraction being made of any difference in that which is given, and of the mode in which it is determined. That which in the phenomenon corresponds to the sensation, I term its matter; but that which effects that the content of the phenomenon can be arranged under certain relations, I call its form. "Matter and Form" in "Vocabulary of Terminology" in Friedrich Schiller, *Aesthetical and Philosophical Essays*, Read Books, 2015.

계층이 물질충동을 대변한다면 상류계층은 형식충동을 대변한다.

> 수적으로 더 많은 하위 계층에서는 시민적 질서의 속박에서 풀려나고, 통제할 수 없는 분노를 가지고 그들의 동물적인 충동을 향해 달려가는 거칠고 무법적인 충동이 나타나고 있습니다. (중략) 다른 한편에서 문명화된 계층은 나태함과 문화 자체가 그 근원이기 때문에 더욱 불쾌한 성격의 타락이라는 모습을 보여줍니다.[13]

실러에 의하면 형식화되지 않은 물질충동보다 더욱 위험한 것은 물질충동이 결여된 형식충동이다. 전자가 야만이라면 후자는 타락이며 퇴폐이다. 삶의 강렬한 충동과 욕구, 에너지가 거세되고 공허한 형식만이 남아있기 때문이다. 공허한 이성은 의무를 위한 의무, 형식을 위한 형식에 지나지 않는다.

이와 같이 동물적 욕망과 공허한 형식으로 양분된 현실을 개탄하면서도 실러는 모든 인간이 양자가 조화롭게 결합된 '이상적 인간'을 내면에 간직하고 있다고 보았다. 그리고 "이러한 이상적 인간의 불변하는 통일성과 자신을 일치시키는 것이 모든 개인적 현존재의 커다란 과제"[14]라고 주장하였다. 육체적 인간은 남의 눈치를 보지 않고 먹고 마시는 욕망에 탐닉하는 변덕스러운 존재이지만 그럼에도 힘과 열정이라는 장점을 가지고 있다. 이상적 인간이라면 이러한 힘과 열정을 잃지 않으면서 혼란스러운 충동에 질서와 형식을 부여하여야 한다. 이성적 인간이 공허한 형식과 의무를 대변한다면 이상적 인간은 살아있는 형식, 자발적인 의무를 대변한다. 그는 국가나 도덕이 강요하기 때문에 의무감에서 억지로 올바른 행동을 하는 수동적 인간이 아니라 즐겁고 자유롭게 올바른 행동을 하는 능동적 인간이다. 마치 즐기며 유희를 하듯이 도덕적 행동을 하는 것이다.

13 윤선구 외, 『프리드리히 실러의 미적 교육론』, 대화문화아카데미, 2015, 55-56쪽.
14 같은 책, 47쪽.

이 점에서 실러의 이상적인 인간은 공자의 종심(從心)과 무관하지 않다. 내키는 대로 마음대로 행동하는 데도 도덕과 법에서 벗어나지 않는 것이다.

실러의 놀이충동은 물질과 형식, 성향과 의무, 특수와 보편, 야만적 힘과 세련된 무력감, 변덕과 필연의 대립이라는 대립이 통일된 단계이다. 이러한 대립의 통일을 예술가의 창작 활동에서 찾아볼 수가 있다. 예를 들어, 우리는 돌을 가지고 망치와 정으로 다듬어서 자기가 원하는 인물상을 만드는 로댕을 생각해볼 수가 있다. 주위에서 발견되는 아무 돌이나 집어서 작업실로 가져가 그러한 조각의 작업을 하는 것이 아니다. 돌은 그냥 돌이 아니다, 특정한 성향을 가진 돌이다. 그 돌에는 아직 완성되지 않은 이미지가 잠자고 있을 수 있다. 훌륭한 조각가는 그러한 돌의 잠재적 이미지를 구현하는 자이다. 자신이 이미 기획했던 특정한 형식을 무차별적으로 돌에 강요하는 것이 아니라 그는 돌이라는 물질이 스스로 이념화하도록 도와주는 자이다. 그럼으로써 돌은 더욱 돌답게 청동은 더욱 청동답게 빛나기 시작한다.

위에서 필자가 간단히 살펴본 미학의 기본 개념들은 서양 미학의 이론과 역사의 극히 작은 일부에 지나지 않는다. 보다 대표성을 기하려 했다면 칸트의 『판단력 비판』을 소개해야 했을 것이다. 그에게 미학은 한편으로는 『순수이성비판』에서 전개된 사유와 『실천이성비판』이 제시하는 윤리적 행동, 다른 한편으로는 이성과 감성을 매개해주는 중요한 기능을 가지고 있다. 그는 미학을 현실의 이해관계로부터 초연한 자유로운 상상력의 영역으로 정의하였다. 현대 미학의 논의에서 빼놓을 수 없는 초연성이니 무목적적 목적성(purposeless purposiveness), 조형적 상상력, 상상력의 자유 유희(free play of imagination) 등의 개념은 칸트의 것들이다.

위에서 언급한 실러의 미학의 많은 부분 칸트의 미학에 기대고 있다. 그렇지만 지면이 부족하기 때문에 양자의 영향 관계를 여기에서 논의할 수는 없다. 다만 칸트 미학의 특징을 간단히 요약하는 것으로 만족하기로 한다. ① 심미적 기쁨은 이해관계를 초월한 것이다. ② 우리는 아름다움의 대상에서 추상적 관념을 떠올리거나 이성적 범주를 적용하지는 않지만 그럼에도 그것은 보편적 기쁨의 대상이다. 주관적이면서 동시에 보편적이다. ③ 아름다움에는 목적이라는 것이 전제되어 있지는 않다. 그리고 우리는 어떠한 종류의 목적도 의식하거나 발견하지 않는다. 그럼에도 아름다움의 경험은 결과적으로 공동체적 기쁨과 행복의 목표에 기여한다. ④ 아름다움의 경험이 없으면 분리되어 있을 오성과 감성이 그러한 경험을 통해서 하나로 통일된다. 달리 말해서 아름다움은 개인적인 것이 아니라 공동체적이며, 아름다움의 경험은 궁극적으로는 사회적 평화와 질서, 행복에 이바지한다. 이 점에서 아름다움은 단순한 쾌감이나 즐거움과는 구별되어야 한다.

3 | 취향

앞에서 우리는 미학이 감각적 아름다움에 대한 학문이라는 사실을 버크와 실러를 중심으로 살펴보았다. 버크에 의하면 아름다움은 삶의 유지라는 목적론적 기능을 가지고 있다. 아름다운 것이란 일종의 보약과 같은 것이다. 이 때문에 우리는 아름다움을 거절하거나 기피할 이유가 없다. 그렇지만 과연 그러할까? 더불어서 그는 아름다움은 지역적이거나 특수하거나 역사적인 관념이 아니라 보편적인 것이라고 주장했지만 과연 그러할까? 버크는 식초보다 설탕을 더 좋아하는 우리의 취향이 바람직하다고 진단했다. 적어도 설탕이 값비싸고 흔치 않았으며 설탕 과다 섭취가 문제되지 않았던 18세기에는 그의 주장이 타당하다고 할 수 있지만 21세기 현재에는 어떠한가? 우리는 단맛의 설탕이 우리 몸에 해롭다는 사실을 잘 알고 있다. 더구나 덩치가 크고 역동적인 것을 남성적 숭고로, 덩치가 작고 정적이며 아기자기한 것을 여성적 아름다움으로 구분한 그의 입장은 매우 성차별적이다. 이외에도 아름다움이라는 그의 관념에는 인종차별적인 요소들도 적지 않다. 밝고 흰 것이 아름답다면 어둡고 검은 것은 추한 것으로 판단이 된다. 그러나 필자의 생각에 이러한 단점이 치명적인 것은 아니다. 우리는 그가 보편적이며 글로벌하다고 규정했던 아름다움을 역사화하고 국지화하며 계층화할 수 있다. 이번에는 설탕이 아니라 커피 취향에 대해 생각해보기로 하자. 불과 2, 30년 전까지만 하더라도 쓰디쓴 커피를 무슨 맛으로 마시냐고 푸념하면서 설탕을 잔뜩 집어넣었던 사람들이 이제는 아메리카노 커피로 돌아섰다. 악마처럼 독하고 쓰디쓰기 때문에 에스프레소가 아메리카노보다 더욱 맛있다고 말하는 사람들도 적지 않다. 이것이 말하는 것은 무엇인가? 취향이 다양화된 것이다. 이러한 취향의 다양화는 커피전문점의 메뉴판을 보면 알 수 있다. 특별히 시간을 내서 공부하지 않으면 그 많은 커피의 이름을 다 외울 수도 없다. 우리는 버크가 주장하듯이 커피가 몸에 좋아서 우리가 보약의 대용으로 블랙커피를 마시는 것일까? 그렇지 않다. 너무 많이 마시지 않으면 커피가 암을 예방한다는 의료 기사를 자주 접할 수 있지만 그렇다고 우리가 암 예방의 목적으로 커피를 마시는 것은 아니다. 커피는 영양을 챙겨주는 음식이 아니라 기호식품이다. 내가 좋아서 커피를 마시는 것이지 건강에 좋아서 커피를 마시는 것은 아니다. 여기에서 필자는 '나의' 취향과 '몸'의 건강을 구분하고 있다는 사실을 명심하기 바란다. 커피는 나의 정체성을 보여준다. 커피전문점이 우후죽순으로 생겨나기 전에 스타벅스 커피숍이 트렌드를 이끌었던 적이 있다. 잘 나가는 비즈니스맨들이 커피를 마시면서 노트북 작업도 하는 이미지가 세련돼 보였다. 이때 스타벅스 커피숍은 그러한 비즈니스 세계로의 멤버십을 약속하는 분위기를 풍겼다. 즉 우리는 단순히 커피만 마시는 것이 아니다. 자신의 정체성과 라이프 스타일도 보여준다. 한가하게 커피를 홀짝거리는 자신이 멋있다는 느낌이 드는 것이다.

18세기 중후반에 활동했던 에드먼드 버크는 이러한 기호식품 소비의 생리를 몰랐을 것이다. 그는 취향이 개체 보전과 종의 보전을 넘어서 사회적 상징으로서 작용한다는 사실을 알지 못했다. 우리가 맛이 좋아서만 커피를 마시는 것은 아니다. 분위기가 좋아서나 사진을 찍기 위해서 혹은 자신을 홍보하기 위해서 커피를 마실 수도 있다. 이와 같이 커피의 향기와 맛을 음미하는 행위는 그의 정체성과 무관하지 않다. 취향을 통해서, 즉 말이 아니라 행동으로 그는 자신의 개성을 증명하는 것이다. 말이 필요 없다. 몸으로 보여주기 때문이다. 조선시대에 원님이 가마를 타고 가면 아전이 앞서 걸어가면서

"원님 행차시오. 길을 비켜라" 하고 행인들을 향해 소리를 질렀던 사실을 생각해 보라. 커피숍이 그러한 아전의 역할을 해주는 것이다. 우리가 소비하는 기호식품이 우리의 정체성을 말해준다. 이러한 커피의 예시는 사소한 것이 아니다. 그것은 생활세계의 심미화를 증언하고 있다.

커피가 기호식품이라는 사실은 취향에 대해서 많은 것을 말해준다. 비타민이나 칼슘, 단백질, 탄수화물 등은 우리가 건강을 유지하기 위해서 반드시 섭취해야 하는 영양소이다. 반면에 기호식품은 없어도 무방한 것이다. 이러한 이유로 과거에 기호식품은 소수 엘리트 계층의 전유물이었다. 우리 사회가 풍요로워지면서 나타난 커다란 변화의 하나는 가계 지출에서 식료품이 차지하는 비중이 줄어들면서 기호식품의 비중이 급증하고 있다는 사실이다.

이 지점에서 우리는 심미적인 관점에서 식료품(생필품)과 기호식품의 차이를 조명해볼 필요가 있다. 취향이 보편적이며 글로벌하다는 버크의 주장은 양자의 차이를 구분하는 기준이 될 수 있다. 그의 주장처럼 생필품에 대한 우리의 취향은 보편적이다. 누구나 생명 유지에 필요한 영양분을 챙겨야 하기 때문이다. 이때 생명 유지의 주체가 과연 '나'일까? 생명을 유지하려는 욕구는 인간에게만 예외적인 것이 아니라 모든 존재에게 공통

된 본능이다. 이러한 본능의 주체는(주체가 있다면) 생명 일반이지 개별적인 존재가 아니다. A라는 개인이나 B, C, D라는 개별적 주체, 혹은 고양이나 강아지, 박쥐 혹은 인간 등으로 개별화된 종이 개입할 여지가 없다. '전주체적 상태'(실러의 vorsubjektiv)에 머물러 있는 것이다. 그러나 기호식품의 주체는 생명 일반이 아니라 개별적 존재이다. 적어도 먹고 마시는 행위에서 나를 나로 만들어주는 것은 생필품의 잉여로서 기호식품이다. 커피를 좋아하는 나와 달리 미스터 리는 홍차를 좋아하고 미스터 박은 녹차를 좋아하기 때문이다. 이 점에서 나와 박, 이는, 개별적 존재로서 개성과 정체성을 획득하는 것이다. 기호식품을 통해서 나의 고유한 라이프 스타일이 드러나는 것이다.

실러도 물질충동이 충분히 만족되지 않으면 놀이충동이 기회를 얻을 수 없다고 보았다. 생명 유지를 위한 기본적 욕구가 충족되지 않으면 놀이를 할 수가 없다. 사자나 고양이와 같은 동물도 예외가 아니다. 배가 고프거나 몸에 상처가 있으면 동물들의 모든 활동은 오로지 먹이를 구하거나 상처를 치료하는 목표로 집중이 된다. 기호식품과 달리 먹이의 결핍은 상대적인 결핍이 아니라 절대적인 결핍이다. 이러한 결핍이 충족되어야만 비로소 본능의 압박으로부터 해방되어 자유롭게 놀이를 즐길 수가 있다. 그런데 우리는 실러의 놀이(Spiel)를 잉여적 쾌락의 추구와 혼동하면 안 된다. 현대인들 가운데는 기본적 삶의 욕구를 채우기 위해서 하루종일 일해야 하는 사람은 많지 않다. 우리는 여유로운 시간에 생계와 무관한 활동들, 기호식품을 즐기고 취미를 개발하는 다양한 활동을 할 수도 있고 아니면 혼자서 음주를 즐길 수도 있다. 이러한 활동들이 우리에게 쾌락을 준다는 사실을 부정할 수는 없다. 실러는 진정한 의미의 유희는 한낱 유희(blosses Spiel), 즉 먹고 마시고 즐기면서 육체적 쾌락만을 추구하는 유희가 아니라고 못을 박는다.[15] 음주가무는 놀이가 아니다. 음주가무에는

15 하지만 당신은 벌써부터 제 의견에 이렇게 반박하고자 하셨을 것입니다. 아름다움을 단순한

단순한 잉여적 물질충동의 충족에 지나지 않는다. 여기에는 형식과 질서가 결여되어 있기 때문이다. 단순히 흥얼거리고 어깨를 들썩이는 움직임에 형식과 질서가 부여되면 그것은 음악과 무용이 된다. 음주가무가 놀이로 발전한 형태가 축제이다. 이때 우리는 혼자서 은밀하게 즐기는 것이 아니라 다른 사람들과 더불어서 공동체적으로, 그리고 무질서하게 즐기는 것이 아니라 축제의 의식에 따라서 즐길 수가 있다. 모든 종류의 놀이에는 형식이 있다. 바둑과 장기, 축구뿐만이 아니다. 문학과 미술, 음악에도 형식이 있다.

물질이 육체적 욕망을 충족시켜준다면 형식은 정신적 요구를 충족시켜준다. 먹고 마시고 즐기는 것은 본능적 활동이다. 그러나 놀이는 본능적 활동이 아니다. 모든 동물을 비롯해서 인간은 놀이충동을 가지고 있다. 그렇지만 그러한 충동만으로 축구나 악기 연주, 춤과 같은 예체능 활동을 할 수 있는 것은 아니다. 노력해서 배우고 반복적으로 훈련을 해야 한다. 그러한 시작의 단계에서 예술 형식은 외부에서 나에게 고통스럽게 강요된 압력으로 느껴질 수가 있다. 이때 우리는 우리 안에서 형식충동과 물질충동의 대립이나 갈등을 경험하게 된다. 잘하고 싶은데 마음대로 되지를 않는 것이다. 실러는 "인간 안에 있는 다양한 소질을 발전시키는 데에는 그 소질들을 서로 대립시키는 것 외에 다른 방법이 없습니다. 이런 힘들의 대립이 문화를 발전시키는 중요한 도구입니다."(6, 28/ 71)라고 말했다. 이러한 힘들의 대립이 완벽하게 해소되는 것은 불가능할 것이다. 아무리 연주를 잘하는 위대한 피아니스트도 자신의 연주에 완벽하게 만족하지 못하기 때문이다. 그럼에도 숙련된 연주자는 악기와 음악 형식을 자신의 몸의

유희로 만들어버림으로써 그 품위가 떨어지고 예전부터 이 명칭으로 표현되었던 경박한 대상들과 동일한 수준이 되어버리는 것 아닌가요? 아름다움을 단순한 유희로 제한하는 것은 문화의 수단으로 간주되는 아름다움의 이성 개념이나 아름다움의 품위와 모순되는 게 아닌가요? 그리고 이렇게 유희를 단순히 아름다움으로 제한하는 것은 모든 취향을 배제시켜도 계속 존재할 수 있는 유희의 경험 개념과 모순되는 건 아닙니까? 하고 말입니다(실러, 『프리드리히 실러의 미적 교육론』, 136쪽).

일부처럼 자연스럽게 느끼기 시작한다. 음악을 연주하는 연주자와 음악을 구분하기가 어려워지는 것이다.

이러한 이유로 놀이에서는 주체와 대상, 정신과 육체, 개인과 사회의 갈등이나 대립이 존재하지 않는다. 앞서 말했듯이 놀이에 임하는 주체는 충동적으로 자기 마음대로 노는 변덕스러운 주체가 아니다. 놀이의 규칙과 형식, 질서에 따라서 놀아야 하기 때문이다. 실러는 "감정이 원칙을 지배하는 미개인(Wilder)에게는 놀이라는 것이 존재하지 않는다."고 말했다.[16] 달리 말해서 우리는 놀이의 원칙에 따라서 놀아야 한다. 이때 무엇이 놀이의 주체냐 하는 질문이 제기될 수가 있다. 우리가 놀이를 노는 것인가? 아니면 놀이가 우리를 장기판의 졸처럼 데리고 노는 것인가? 우리는 놀이의 대상인가 아니면 놀이의 주체인가? 이러한 질문에 대해서 가다머(Hans-Georg Gadamer)는 놀이에는 주체가 없다고 대답했다. "비가 온다"라는 문장의 형식을 생각해보면 가다머의 대답을 이해하기 쉬워진다. 특히 영어 "It rains"에서는 더욱 의미가 분명해진다. 이 글의 형식적이 주어는 'it'이지만 it에 해당하는 주체는 존재하지 않는다. 이러한 이유로 이것은 능동태도 아니고 수동태도 아닌 중간태(middle voice)이다. 비가 내리는 것은 누구의 소관이나 의지, 행동의 결과가 아니라 다만 발생하는 사건일 따름이다. 이와 같이 놀이는 자동적으로 발생한다. 그러나 비와 달리 놀이를 가능하게 하는 놀이의 규칙은 자연발생적인 것이 아니다. 문화적이며 역사적이고 심미적인 것이다.

이 대목에서 우리는 현대인의 취향에 대해서 다시 생각해볼 필요가 있다. 운동이나 예술을 즐기는 때를 제외하고, 아니 그러한 활동에 있어서도 현대인 취향의 대부분은 소비를 통해서 이루어진다. 이때 우리가 소비하는 대부분의 상품은 단순히 우리의 생존 욕구만을 충족시켜 주는 것이

16 그러나 미개인에게 놀이가 없다는 실러의 말은 액면 그대로 받아들일 필요가 없다. 아무리 미개한 문화라고 할지라도 놀이가 없는 문화는 없다. 그리고 미개한 문화와 문명화된 문화의 구분이라는 것도 임의적이다.

아니라 심미적 욕구까지 충족시키려고 한다. 그렇지 않으면 상품이 팔리지 않기 때문이다. 아름다운 상품이 잘 팔리는 것이다. 달리 말해서 우리는 상품만 소비하는 것이 아니라 취향도 심미적으로 소비한다. 그렇다면 상품의 소비를 심미적 활동이며 놀이의 일종이라고 할 수 있을까? 그럴 수도 있다고 생각한다. 프로슈머(prosumer)라는 말도 있다. 수동적으로 소비하는 것이 아니라 능동적이며 주체적으로 소비하는 사람을 일컫는 말이다. 그러나 대부분의 소비는 수동적이다. 우리가 기업의 광고나 홍보, 마케팅에 의해서 상품을 구입하도록 설득당하기 때문이다. 우리는 소비를 하도록 일방적으로 강요당하는 위치에 있기 때문이다. 이러한 일방적인 관계는 놀이가 아니다. 진정한 의미에서 놀이의 주체는 없거나 놀이의 주체는 놀이이지만 상품에는 생산자(기업가, 자본가)가 있기 때문이다.

놀이와 달리 상품에는 주체가 있다. 그러하면 심미적 사회를 살아가는 우리는 자유롭게 취향을 즐긴다고 생각하고 있지만 기업에 의해서 취향 소비의 대상으로 전락할 수도 있다. 그렇다면 실러의 희망과 반대로 아름다움은 사회 전체의 조화와 행복, 성숙에 이바지하는 것이 아니라 기업가만 살찌울 수도 있다.

생활세계의 심미화

"보기 좋은 떡이 먹기에도 좋다"는 우리말 속담이 있다. "기왕이면 다홍치마"라는 속담도 있다. 이러한 속담은 일상의 심미화를 단적으로 보여준다. 그런데 이 속담에서 우리가 주목해야 하는 것이 있다. 떡이 부족하면 우리는 보기에 좋은지 나쁜지 따질 여유가 없다. 떡이 많아서 이것저것 재며 고를 수 있을 때만, 즉 선택지가 많을 때만 우리는 '기왕이면' 다홍치마를 찾는다. 간신히 하루 세끼 입에 풀칠할 형편에는 요리에 멋을 내고 테이블보를 깔 생각을 하지 못한다. 먹고 사는 절박한 문제로부터 어느 정도 해방되어야만, 즉 생활의 여유가 있어야만 멋과 아름다움을 따질 수가 있다. 그릇이 많아서 선택의 여지가 있어야만 라면을 어느 그릇에 담을지 스파게티는 어떤 그릇에 담을지 고민을 하게 된다. 옷이 많아야만 상의와 하의가 어울리는지 거울 앞에서 자신의 모습을 비춰보며 고민할 수가 있다. 즉 풍요로운 사회가 전제되는 것이다.

특히 후기 자본주의의 시대, 소비자본주의의 시대에는 아름다움이 최고의 관심사가 된다. 생산이 소비의 속도를 따라잡지 못했던 전기 자본주의의 시대에는 상품은 생산되면 팔렸다. 그러나 우리가 사는 사회에서는 소비가 생산의 속도를 따라잡지 못한다. 생산되는 상품은 넘쳐나고 재고는 쌓이는데 소비자가 선뜻 지갑을 열지 않는 것이다. 소비자가 손을 내밀도록 만드는 기술이 후기 자본주의의 총아인 광고와 홍보이다. 무엇보다 멋있고 매력적이며 아름답게 만들기(beautifucation)이다. 책의 표지를 보고서 내용을 판단하지 말라는 말도 있지만 책을 구입해서 읽어보지 않으면 내용을 알 수가 없다. 이런 상황에서 표지를 가지고서 책의 내용을 판단할 수밖에 없다. 더구나 기술력이 향상되고 제품들의 질과 성능이 비슷하게 표준화되었다면 '기왕이면' 보기에 좋은 제품을 선택하는 게 합리적으로 보이기까지 한다. 예쁘지 않으면 팔리지 않는 시대가 온 것이다.

심미적 고려는 상품 선택의 필수사항이 되었다. 냉장고나 TV와 같은 전자제품을 예로 들어보자. TV의 성능과 가성비를 무시할 수는 없다. 그러나 그것보다 더욱 중요한 것은 그것이 설치될 집의 구조와 분위기, 벽지의 색깔, 옆에 있는 가구와 얼마나 잘 어울리느냐 하는 문제이다. 자칫하면 그나마 괜찮던 거실의 분위기를 TV가 완전히 망칠 수가 있다. 이때 전자제품은 독립적 변수가 아니다. 종속 변수이다. 우리가 입는 상의와 하의도 독립 변수가 아니다. 심미적인 종속 변수이다. 설치될 장소와 어울리지 않으면 팔리지 않는 것이다.

현대사회에서 이러한 일상의 심미화가 스며들지 않는 공간이 없다.

회사는 단순히 좋은 상품만을 생산하는 것이 아니다. 좋은 이미지도 동시에 생산해야 한다. 생산하는 제품에 어울리는 건물의 디자인과 내부 설계, 직원들의 유니폼 등으로 자신의 이미지를 홍보해야 하는 것이다. 항공사에 근무하는 스튜어디스를 생각해보라. 승객의 눈에 번쩍 불꽃이 튀도록 아름답고 매력적인 유니폼을 개발하기 위한 항공사들의 경쟁은 눈물이 핑 돌 정도이다. 외모가 현실을 지배하기 시작하는 것이다.

현대사회에서 외양은 무시할 수 없는 위력을 발휘하고 있다. 텔레비전, 영화, 인터넷 등의 시각문화가 지배하기 때문에 더욱더 그러하다. 외양으로 보여지고 보여주지 않으면 존재하지 않는 것이나 마찬가지일 정도이다. 현대인이 외모에 집착하는 것도 무리가 아닌 것이다. 시각문화는 사회적 관계가 보이는 이미지에 의해서 매개되는 사회를 말한다. 포이에르바흐(Ludwig Feuerbach)의 『기독교의 본질』(*The Essence of Christianity*)에는 다음과 같은 구절이 있다. "우리 시내는 사물 자체보다는 그것의 이미지를, 원본보다는 복사본을, 실재보다는 재현을, 존재보다는 외양을 더욱 선호한다." 외모지상주의라는 말이 인구에 회자되는 것은 우연이 아니다. 외모가 아름답지 않으면 내면을 거들떠볼 생각도 하지 않기 때문이다.

외양의 아름다움을 무시하자는 것이 아니다. 외양은 중요하다. 외양이 없으면 아름다움도 없다.[17] 실러는 아름다움을 진리와 떼어놓을 수 없는 일체로 보았다. 외양은 그냥 외양이 아니라 진리의 체화이기 때문이다. 폴 세잔(Paul Cézanne)이 사과를 그린 정물화를 생각해보자.[18] 그림은 외양이다. 사과가 자연의 물질이라면 그림의 사과는 그러한 물질의 외양에 지나지 않는다. 그냥 외양이 아니라 물질에 묶이지 않고 물질로부터 독립되어

17 물론 플라톤은 진정한 아름다움은 관념이라고 주장하였다. 그에 따르면 물질화된 아름다움은 순수한 아름다움의 열등한 모사품에 지나지 않는다. 그러나 실러는 외양을 관념의 체화로 이해하였다. 체화되지 않은 아름다움은 실패한 아름다움일 따름이다.

18 https://en.wikipedia.org/wiki/The_Basket_of_Apples#/media/File:Paul_C%C3%A9zanne_-_The_Basket_of_Apples_-_1926.252_-_Art_Institute_of_Chicago.jpg

자유로워진 외양이다. 그렇게 자유로워지지 않았다면 세잔은 자신의 관념을 화폭에 옮기지를 못했을 것이다. 그의 그림의 사과는 물질 사과가 아니라 그의 이념이 외양으로 체화된 사과이다. 그림에서 우리는 물질과 이념의 통일과 조화로서 아름다움을 인식하고 음미할 수가 있다. 그러면서 그러한 반복적 예술 감상을 통해 우리는 아름다움의 취향을 개발하고, 동시에 내면의 정신적 자유, 욕망을 초월하고 이상을 실현할 수 있는 자유와 역량을 재확인할 수 있다. 동물이라면 사과를 식욕을 채우는 물질로밖에 경험하지를 못한다. 달리 말해서 물질로부터 외양을 독립시킬 수가 없는 것이다.

그렇지만 모든 외양이 감성과 이성의 통일을 성취하는 것은 아니다. 우리는 외양(이미지)에 둘러싸여 일상을 살아가고 있다. 상점에 진열된 물건만 외양인 것은 아니다. 길을 걸어가는 사람들도 외양이며 사방팔방으로 우리에게 달려오는 전광판과 간판의 메시지도 외양이다. 더구나 우리의 관심을 말초신경적으로 자극하기 위해서 온갖 선정적인 이미지로 표면화된 외양이다. 보들레르(Charles Baudelaire)는 대중의 시는 포르노라고 말한 바 있다. 이러한 선정적인 이미지들은 우리를 자유의 공간으로 초대하는 것이 아니라 상품을 소비하도록 물질충동을 부추기는 것들이다. 아름다운 외양은 소비하도록 유혹하는 미끼에 지나지 않는 것이다. 그러면서 우리의 취향도 향상되는 대신에 제어되지 않은 감정에 탐닉하는 미개인처럼 퇴화할 수가 있다. 우리의 주체성이 상품의 세력에 볼모로 붙잡히는 것이다.

우리는 도덕적인 사회가 아니라 심미적인 사회에 살고 있다. 옳고 그름이 아니라 좋고 싫음을 중심으로 삶의 궤도가 돌아가고 있는 것이다. 실러의 이상은 미적 교육과 체험을 통해서 우리가 좋아하는 것이 올바름과 즉, 기쁨이 진리와 결합되고, 감각적 욕망을 이성과 조화시킴으로써 양자의 분열을 봉합하고 놀이의 단계로 나아가는 데 있었다. 소외된 인간,

파편화된 인간에서 총체적 인간으로 성숙하는 것이다. 아름다움은 우리가 지향하고 성취해야 하는 미래의 이상이다. 반면에 보수주의자였던 버크는 우리의 미적 감각이 사적인 것이 아니라 사회적이며 보편적이라고 보았다. 아름다움은 각각 사적 개인으로 머물 수 있는 개인들을 사회로 묶어주는 역할을 한다. 즉 우리는 도덕적 규범이나 이성의 강제에 의해서가 아니라 자발적인 심미적 취향을 통해서 사회적 연대감과 질서, 평화를 이룰 수가 있다. 장미꽃을 보면서 느끼는 심미적 기쁨이 없어도 무방한 사소한 개인적 취향으로 끝나는 것은 아니다. 이러한 취향은 개인적인 것이 아니라 인간에게 보편적인 것이다. 달리 말해서 그것은 인간의 인간됨을, 인간의 사회적 소속감을 증명하는 것이다. 그래서 우리는 낯선 사람을 만나더라도 길가에 피어있는 장미꽃을 가리키면서 서로의 연대성과 동질감을 확인할 수가 있다. 커피를 좋아하는 사람은 자기처럼 커피를 좋아하는 사람을 만나면 반가워하며 기쁨을 나눌 수가 있다. 취향의 공동체가 이루어지는 것이다. 나중에 칸트는 이것에 공통감(sensus communis)이라는 이름을 붙였다.[19] 인간이라면 당연히 가지고 있는 인류에게 보편적인 감각이다. 더우면 덥고 추우면 춥다는 느낌은 객관적으로 증명될 수 있는 과학적인 사실이 아니다. 인간이기 때문에 느끼는 공통의 감정이다. 아름다움에 대해서도 마찬가지이다. 이 점에서 아름다움은 보는 사람의 눈에 있다는 말은 옳지 않다. 아름다움은 우리 모두의 눈에 있는 셈이다. 그런데 과연 그러한 것일까? 취향은 공통감을 보장해준다는 칸트의 주장이 전적으로 옳은 것은 아니다. 그의 공통감은 사람들이 사회를 이루어 살고

19 "우리는 sensus communis를 공통적 감각 이념의 의미로 이해하지 않으면 안 된다. 다시 말해 이를테면 모든 인간의 이성에 자신의 판단을 견주어 보고, 또 그렇게 함으로써 자칫하면 객관적이라고 오인되기 쉬운 주관적인 사적 조건들로 말미암아 그 판단에 해로운 영향을 줄는지도 무르는 착각에서 벗어나기 위해서, 자기의 반성작용에 있어서 다른 모든 사람들의 표상방식을 사고 가운데서 (선험적으로) 고려하는 하나의 판정 능력 이념의 의미로 이해하지 않으면 안 된다." 허유선. "칸트 미학에서 취미판단의 주관적 보편성과 공통감." 『칸트연구』 22.0, 2008, 47-70쪽; 60쪽에서 재인용. 이 글은 칸트의 『판단력 비판』의 40절 "On taste as a kind of sensus communis"의 한 대목이다.

접촉하며 소통을 하는 삶의 터전에서 자생적으로 생겨난 공동체적 감각을 의미한다. 여기에서 중요한 것은 특정한 지역의 사람들이 공유하는 삶의 방식과 습관, 태도, 상징적 질서이다. 지역이 달라지면 삶의 방식과 태도, 공통감도 달라진다. 칸트가 살았던 18세기 독일의 공통감은 당시 조선의 공통감과 같지 않았다. 다시 말해서 공통감은 글로벌하지 않고 로컬하다. 더구나 우리가 18세기가 아니라 후기 자본주의 시대 21세기에 살고 있다는 사실을 생각하면 더욱더 그러하다. 현대에는 18세기적 의미에서 자생적인 공동체나 지역사회라는 것이 존재하지 않는다. 그러한 지역사회가 아니라 대도시에 살고 있다. 대도시의 삶은 과거의 공동체와 달리 매개적인 삶이다. 대도시의 사람들은 자발적으로 이웃과 접촉하며 공동체적 관계를 형성하지 못한다. 이웃이 누구인지도 모르는 사람들이 대부분이다. 우리는 사람들과 직접적 관계를 통해서 세계를 이해하는 것이 아니라 대중매체를 통해서 간접적으로 우회해서 세계를 이해한다. 우리 주위에서 발생하는 사건에 대해서도 TV나 인터넷을 통해서만 알 수가 있다. 이것이 의미하는 것은 무엇인가? 우리 사회를 지배하는 공통감은 사람들의 관계에서 자생적으로 생겨난 것이 아니라 대중문화에 의해서 생산되는 공통감이다. 무엇이 아름다운가? TV와 영화에서 보이는 이미지가 아름다운 것이며, 성형산업이 규범화한 얼굴이, 헬스산업이 규범화한 몸매가 아름다운 것이다. 공통감이 자본화된 것이다. 자본이 아름다움을 생산하고 있다고 말해도 과언이 아니다. 취향이 민주주의가 아니라 취향의 자본주의라고 할 수 있다.

아름다움의 반대는 추함이다. 아름다움과 추함을 서로 떼놓을 수가 없다. 특히 대중매체에서는 아름다움이 없으면 추함도 없다. 문화산업이 즐겨 구사하는 전략의 하나는 대비 효과이다. 아름다움만으로는 아름다움을 증명할 수가 없기 때문에—이건 동의어 반복이다—추함과 대비시킴으로써 아름다움의 극적 효과를 생산하는 것이다. 아름다움이 하나 생겨

날 때마다 쌍생아처럼 추함도 동시에 생겨난다. 혐오의 문화가 범람하는 이유의 하나도 여기에서 찾을 수 있다. 아름다움에 열광하면 열광할수록 혐오의 대상도 증가하는 것이다.

앞서 말했듯이 아름다움은 개인과 개인을 묶어서 사회로 결속하고 유대감을 키워주는 긍정적인 힘이다. 자칫하면 분리되고 소외될 수 있는 감정과 이성을 하나의 통일체로 만들어주는 것도 아름다움이다. 달리 말해서 '우리는' 아름다운 것이다. 아름다움의 주체는 단수 개인이 아니라 복수 우리들이기 때문이다. 혹은 놀이의 주체가 놀이인 의미에서는 아름다움의 주체는 아름다움 자체이다. 그런데 문화산업이 아름다움과 추함을 생산하는 현대사회에서는 한편에는 아름다움의 집단으로, 다른 한편에는 추함의 집단으로 분열되어 있다. 아름다움이 우리를 자유롭게 하는 것이 아니라 우리를 억압하는 것이다. 이때 우리는 자신의 취향에 마음껏 탐닉할 수가 없다. 취향이 자기와 다른 타자를 억압할 수 있기 때문이다.

덧붙이는 말

1. 무엇이 심미적인 사회일까?

19세기 중반에 활동했던 시인 보들레르(Charles Baudelaire)는 「취하세요」(Enivrez-vous)는 그러한 심미적 사회의 이미지를 훌륭하게 보여준다. 입을 떼기가 무섭게 "취하세요"라고 독자에게 말을 건넸던 시인은 또한 "취하세요"라는 말로 마무리를 짓는다. 왜 취하라는 것일까? 맨정신으로 있으면 세상의 온갖 고민과 불행, 번잡스러운 일들이 의식을 짓누르며 스트레스를 강요하기 때문이다. 취하면 그러한 세상의 압력으로부터 자유로워질 수가 있다. 이 시는 다음과 같은 구절로 끝을 맺는다.

> 취할 시간입니다. 시간의 노예가 되고 싶지 않으면 취하세요. 깨지 말고 언제나 취하세요. 술이나 시나, 덕목에 마음 내키는 대로요.
>
> Il est l'heure de s'enivrer! Pour n'être pas les esclaves martyrisés du Temps, enivrez-vous; enivrez-vous sans cesse! De vin, de poésie ou de vertu, à votre guise.

필자가 이 구절에서 주목하는 것은, 그것이 무엇이 되었든 취하기만 하면 된다는 도취 지상주의적 태도이다. 술에 취해도 좋고 문학에 취해도 좋고 미덕에 취해도 좋다는 것이다. 이때 술과 문학, 미덕에는 가치의 차등이나 높낮이가 없다. 평평한 가치론이라고 해도 좋다. 도덕적으로 고결하게 사는 사람이라고 해서 술주정뱅이보다 더욱 훌륭한 것은 아니다. 왜? 「취하세요」는 목적론적 세계이다. 도덕이든 시이든 술이든 그 자체로서 고유한 가치가 있는 것은 없다. 우리를 취하게 만드는 효과에 따라서 그것의 가치가 매겨진다. 종교와 도덕도 예외가 아니다. 도덕의 목적도 도취에 있다. 아무리 훌륭한 도덕적이거나 종교적 체계라고 할지라도 취하게 만들지 않는 것은 폐기처분되어야 한다.

알코올만이 우리를 취하도록 만드는 것은 아니다. 알코올은 다만 도취의 효율적인 상징이며 레토릭일 따름이다. 입에 대기만 해도 술은 빠르고 강력하게 우리를 사로잡아서 디오니소스적 환락의 원무로 끌어당긴다. 그렇지만 술을 마시지 못한다고 해서 절망할 필요는 없다. 문학을 좋아하는 문학도는 문학에 흠뻑 취할 수가 있으며, 남을 돕기 좋아하는 사람은 도덕에 흠뻑 취할 수가 있다. 자기가 좋아하는 것에 몰입하는 순간 우리는 이미 디오니소스적 축제를 즐기고 있는 것이다.

이러한 도취의 세계에서는 의무론적 윤리학이 들어설 자리가 없다. 칸트의 윤리학은 출입 금지이다. 그는 윤리학을 취향의 바람이 불지 않은 취향의 무색·무풍지대에 위치시켰다. 그에 따르면 자기가 좋아서 이웃을 사랑하는 사람은 도덕적인 인물이 아니다. 도덕적이기 위해서는 자기가 싫어하는 이웃을 사랑해야 한다. 얼굴도 못생기고 불결하며 몸에서 냄새가 나는 외국인 이웃을 사랑해야 한다. 그렇지 않으면 도덕적으로 훌륭하다고 존경할 필요가 없다는 것이다. 우리는 선을 위해서 자기를 희생해야 하는 것이다.

칸트의 의무론적 윤리학은 옳고 그름, 진리와 거짓, 본질과 외양의 이분법에 근거해 있다. 우리는 옳고 참된 일을 해야 한다. 그럴듯한 외양에 미혹되면 안 된다. 우리는 도덕적 원칙을 위해서, 세계의 평화를 위해서, 나보다는 남을 위해서 살아야 한다. 이와 정반대의 지점에 보들레르의 심미적 윤리학이 있다. 여기에서는 무엇이 혹은 누가 옳은지에 대해서 고민할 필요가 없다. 그것이 보편적인지 아닌지에 대해서도 따질 필요가 없다. 그냥 자기가 좋아하는 것을 즐기면 된다. 중요한 것은, 취하도록 즐기는 것이다. 그것이 올바른지 아닌지 구별해주는 객관적 기준이라는 것은 존재하지 않는다.

'취하세요'의 세계에서는 취한 사람이 아름답다. 아름답다와 추함의 기준이라는 것이 없기 때문에 자기가 아름답다고 믿으면 아름답다. 이유를 묻지 마세요. 성형미인과 자연미인의 차이도 사라진다. 칠레 출신의 미국인 소설가 이사벨 아옌데(Isabel Allende)의 『운명의 딸』의 미스 로즈가 그러한 인물이다. "미스 로즈는 어떤 여자라도 자기가 아름답다는 자신감에 가득 차서 행동하면 다른 사람들도 아름답게 생각한다는 주의였다."[20]

보들레르에 훨씬 앞서서 파스칼도 그러한 심미적 세계의 소상을 흘낏 엿본 적이 있었다. 그러나 보들레르와 달리 그는 두려워서 뒷걸음질했다. 선과 악이 나란히 팔짱을 끼고, 술병이 『성경』과 나란히 놓이는 것이 무정부주의적 혼란이었다. 세상에 나쁘고 사악한 놈들이 얼마나 많은가! 그런데 뻔뻔스럽게 자기를 도덕군자로 사칭하는 세상이라니! 파스칼은 신이 없는 세상은 그러한 도덕과 가치의 혼란을 의미하였다. 기하학자

20 이사벨 아옌데, 『운명의 딸』 1권, 권미선 옮김, 민음사, 2007, 82쪽.

파스칼은 그러한 심미적 세계를 『팡세』에서 기하학적으로 다음과 같이 도식화하였다. "무한한 우주에서는 모든 곳이 중심이 되고 가장자리는 없다."(C'est une sphère infinie dont le centre est partout, la circonférence nulle part.) 파스칼에 의하면 가치의 우주에 중심을 잡아주는 것은 신, 혹은 거대담론으로서 『성경』의 권위이다. 그러한 신이 자취를 감추면 온갖 잡신들이 자신들 신이라고 소리치며 날아오르기 시작한다. 우주가 만신전(萬神殿)이 되는 것이다.

이러한 보편적 가치의 부재가 허무주의일까? 플라톤처럼 진리는 절대적이고 보편적이며 언제 어디서나 동일해야 한다고 믿는 사람들에게 심미적 사회는 민주주의적 끔찍한 혼란이다. 주제를 모르고 개나 소나 다 자기가 옳다고 설치고 다니다니! 그렇지만 취향은 하나가 아니라 다수이며 단수가 아니라 복수이며, 취향의 울타리를 두를 수 없나(파스칼의 무한한 우주)고 믿는 사람들에게는 유일신의 부재는 축제의 조건이다. 축제에는 모든 것들이 허용되어야 하는 것이다. 이것이 허무주의일까? 아니다. 개나 소나 모두 다 자기가 잘났다고 떠들 수 있다면 그것은 허무가 아니라 에너지의 폭발이다. 생명력이 넘치면 바이러스나 더럽고 거친 음식도 두렵지 않다.

가치의 다원화와 도덕의 취향화를 잘 보여주는 사건들의 하나가 애경사, 인륜지대사에 대한 태도의 변화일 것이다. 우리나라에서 관혼상제는 유구한 전통을 자랑하고 있다. 이러한 의식을 제대로 치르지 않고 존중하지 않으면 사람 취급을 하지 않았다. 이러한 의식을 통해서 인간은 자신을 동물의 세계와 구분할 수가 있었다. 유교와 거리가 먼 문화권도 마찬가지이다. 형식과 절차는 다르지만 성인식과 결혼식, 장례식, 제사가 없는 문화라는 것은 세상에 존재하지 않는다. 그와 같은 의식으로 격식화되고 제도화된 공동체적 규범이 사회의 중심에 있는 것이다. 그렇지만 그러한 의식은 이미 유효성을 상실하였다.

애경사의 풍속도가 변하는 현실을 모르는 사람은 없을 것이다. 과거에 우리는 친지와 이웃, 동료의 애경사를 외면하면 사람된 도리가 아니라고 생각했다. 물론 더 이상 그렇지는 않다. 무엇보다 커다란 변화의 하나는, 애경사의 무게 중심에서 경사가 떨어져 나가기 시작했다는 사실이다. 기쁜 일은 같이하지 않더라도 슬픔은 같이 나누어야 한다는 사회적 합의가 새롭게 이루어지기 시작한 것이다. 그런데 문제는 의식의 중요성이 약화되면서 슬픔을 표현하는 방식에도 중심이 사라지게 되었다는 점에 있다. 다음과 같은 질문에 대해서 우리는 답을 찾을 수 없게 되었다. 얼마나 가까운 친지나 동료가 상을 당하면 직접 빈소를 찾아서 예를 갖추어야 하는가? 상주를 만나면 어떤 말로 위로를 해야 하는가? 어떻게 부의금을 건네주어야만 실례를 범하지 않는 것일까? 부의금 봉투는 어떻게 써야 하는 것일까? '부의'라고 인쇄된 봉투를 사용해도 되는 것일까?

이러한 질문에 대해서 옳거나 그릇된 답이 없는 상황에서는 조문 예절이 개인적 취향의 문제로 축소되어 버린다. 최근에 모친상을 치렀던 필자는 조문 예절의 의미에 대해서 다시금 생각해볼 수 있었다. 특히 기억에 남는 동료 두 분이 있다. 한 분은 늦은 시간에 연락을 받았음에도 먼 거리를 마다하지 않고 차를 몰아서 밤 9시에 장례식장에 도착하였다. 예의를 갖춘 후에는 또다시 그 먼 거리를 운전해서 집에 가야 했다. 그는 가까운 동료라면 아무리 먼 거리에 있어도 직접 찾아서 조문을 해야 한다는 자신의 원칙을 고수하고 있었다. 필자에게 인상적이었던 또 한 동료는 직접 조문을 할 수 없었기 때문에 부의금을 건네줬는데, 봉투 안에는 손으로 위로의 글을 적은 A4용지가 있었고, 그것이 공손하게 지폐를 감싸고 있었다. 부의금을 건네면서 이렇게 정성을 다할 수 있다는 사실에 감동하였다.

2. 심미적 사회와 정체성

심미적 사회의 정체성

우리는 누구나 멋있는 사람이 되고 싶어 한다. 이때 멋있다는 것은 훌륭하다와는 다른 가치를 가지고 있다. 훌륭하다는 것은 사랑이나 박애, 애국, 노벨상과 같이 일반적으로 합의된 가치를 전제로 한다. 그러나 멋은 그와 같이 도덕적이거나 사회적인 가치와는 거리가 멀다. 멋은 아름다움과 스타일의 영역에 위치한다. 그렇다고 멋이 전적으로 개인적인 것만은 아니다. 아무도 그렇게 봐주지 않는데 자기 멋에 홀로 취해있는 사람은 글자 그대로 자기 자신에 '취한' 사람이다. 취하면 아름다움과 추함의 차이, 좋은 것과 나쁜 것, 운치와 악취의 차이도 구별하지 못한다. 이러한 차이의 구별은 멋의 필수적인 요소이다. 조야한 취향이 있는가 하면 고상한 취향도 있다. 좋은 취향(의 감각)이 몸에 밴 사람을 우리는 멋있는 사람이라고 한다. 그리고 우리는 취향을 통해서 자신의 정체성을 형성하고 취향을 통해서 자신의 가치와 인격을 증명하는 심미적인 사회에 살고 있다.

과거 신분제 사회에서는 나의 정체성은 나의 신분에 있었다. 양반이라면 나는 양반처럼 말하고 행동하는 것으로 나의 가치를 보여주어야 했다. 기독교가 국교인 사회에서는 나의 신앙이 곧 나의 정체성이었다. 그렇다면 현재 우리가 살고 있는 민주주의 사회에서 나의 정체성은 어디에 있는 것일까? 돈과 성공이 나의 정체성을 보장해주는 것일까? 그렇지는 않다. 돈이 많다고 해서 멋있는 사람이 되는 것은 아니다. 벼락부자라는 말이 괜히 있는 것은 아니다. 물론 돈이 없는 것보다는 많은 것이 좋다. 그러나 중요한 것은 돈 자체가 아니다. 돈을 어떻게 쓰는가, 즉 소비의 스타일이 중요하다. 우리는 후기 자본주의의 시대, 소비자본주의의 시대에 살고 있다고 한다. 이것을 잘 드러내주는 문구가 있다. "나는 소비한다.

그러므로 나는 존재한다." 멋있게 소비하는 사람은 좋은 상품과 그렇지 않은 상품, 돈을 써야 할 때와 그렇지 않아야 할 때를 구별할 수 있는 감각을 가진 사람이다. 돈을 물 쓰듯이 펑펑 쓰는 사람이 아니다. "내가 먹는 음식이 나의 정체성이다."(You are what you eat.)라는 말도 있다. 멋있는 사람은 자기 나름으로 음식에 대한 취향을 가진 사람이다. 우리는 그냥 먹고 마시기만 하는 것이 아니다. 그것을 통해서 자신의 정체성을 증명한다.

그렇지만 좋은 취향과 나쁜 취향을 구별할 수 있는 객관적이거나 보편적인 기준은 존재하지 않는다. 그렇다고 아예 기준 자체가 없다는 결론이 유도되지는 않는다. 보편과 특수, 개인과 사회 전체라는 양극단의 중간 지점에 취향의 기준이 있다. 취향에는 중앙정부가 없다. 지자체만 존재할 따름이다. 계층이나 연령, 직업, 성별, 지역 등이 취향의 지자체이다. 적절한 말이 없기 때문에 이것을 취향의 공동체라고 칭하기로 하자. 이때 취향의 공동체는 다른 공동체와 자신을 차별함으로써 스스로의 정체성을 구성하고 증명하기 시작한다. 예를 들어, 재즈 공동체는 자신이 클래식 동호회나 K팝 공동체보다 음악의 본질에 대해서 더 잘 알고 있다는 믿음을 공유하고 있다. 우리가 좋아하는 음악이 진짜라는 것이다. 이러한 이유로 취향의 공동체는 자칫하면 배타적인 공동체로 변질되기 쉽다. 그리고 타 공동체를 미워하거나 혐오함으로써 자신의 멋과 가치를 증명하려고 하는 것이다.

이 점에서 우리는 취향의 공동체를 배타적 공동체와 포괄적 공동체로 나눌 수가 있다. 자기와 취향이 다른 타자의 가치와 의미를 인정하고 공존하는 집단이 있는가 하면 그렇지 않고 배척하거나 혐오하는 집단이 있다. 실존철학자 사르트르(Jean-Paul Sartre)의 신랄한 경구 "타자는 지옥이다"가 후자의 생리를 잘 설명해준다. 내가 싫어하는 음악은 끔찍한 소음으로 간주하는 것이다. 이러한 생각은 그런 끔찍한 음악을 즐기는 사람을 혐오하는 감정으로 발전할 수 있다. 여기에서 혐오는 집단 내의 결속력과 연대감을 강화시켜주는 역할을 한다. 동성애자에 대한 적대감을 생각해보라. 그러한 적대감을 조장하고 부추김으로써 세력의 확장을 꾀하는 종교집단도 있다. 동성애자를 혐오하지 않으면 우리는 악을 지지하는 사람이라는 식이다. 달리 말해서 혐오의 감정은 우리가 선한 사람이라는 증거로 작용하기 시작한다. 자신의 선함을 선한 행동이 아니라 악에 대한 혐오감으로 다음과 같이 자신을 증명하는 것이다. "나는 혐오한다. 그러므로 나는 올바른 사람이다."

반면 포괄적인 공동체는 이와 같이 반동적인 논리를 통해서 배타적으로 자신의 정체성을 구축하지 않는다. 내가 재즈를 좋아한다면 그것으로 충분하다. 내가 기독교를 믿는다면 그것으로 충분하다. 자신을 긍정하기 위해서 타자를 거부할 필요가 없는 것이다. 그리고 자신의 올바름과 멋, 가치를 홍보하고 증명할 필요도 없다. 이러한 포괄적 취향 공동체의 정체성은 다음과 같이 요약될 수가 있다. "나는 좋아한다. 그러므로 나는 존재한다."

필자는 보수주의와 자유주의라는 이항 대립적 프레임을 좋아하지 않는다(보수와 진보의 프레임보다는 낫지만). 그럼에도 이것은 배타적 공동체와 포괄적 공동체의 차이를 선명하게 부각시키는 장점이 있다. 보수주의는 공동체의 울타리를 단단하게 강화하고 유지하려는 성향이 있다. 동성애자와 같이 자신의 집단적 정체성을 위협할 타자의 침입을 경계하는 것이다. 그러나 자유주의는 자신의 경계를 그와 같은 성곽으로 둘러쌓고 방어하려고 시도하지 않는다. 자신에게 직접적인 위해를 가하지 않는 이상 타자의 존재와 생활방식, 취향을 허용하자는 입장이다. 이 지점에서 우리는 다음과 같은 질문을 해볼 수 있다. 보수주의자와 자유주의자 가운데 어떤 집단이 보다 혐오에 민감하며 취약할까? 당연히 보수주의자이다. 『선택의 과학: 뇌과학이 밝혀낸 의사 결정의 비밀』의 저자인 리드 몬터규(Reed Montaque)는 뇌의 뉴런이 점화되는 실험을 통해서 보수주의자들이 자유주의자들보다 자기와 다른 타자에 대한 혐오의 감정이 훨씬 강하다는 사실을 증명하였다. 혐오에 민감한 사람들이 보수주의적이라는 것이다. 보수주의자들은 옳고 그름을 구별하는 확실한 기준이 있다고 생각하기 때문이다.

우리는 심미적인 사회에 살고 있다. 심미적인 사회는 옳고 그름이라는 도덕적 기준을 좋고 싫음이라는 심미적 기준으로 대체한 사회를 말한다. 동성애와 이성애의 차이는 도덕적인 차이가 아니라 취향의 차이, 라이프 스타일의 차이이다. 이성애자로서의 멋있는 삶이 있다면 동성애자로서의 멋있는 삶이 있다. 멋있는 삶이라는 것은 자기의 삶을 예술작품으로 완성하는 삶을 말한다. 우리가 커피를 좋아하는가? 홍차를 좋아하는가? 클래식 음악을 좋아하는가? 재즈를 좋아하는가? 동성애자인가? 이성애자인가? 이러한 질문에 대한 대답이 우리의 삶을 예술작품으로 완성하기 위한 재료들이다. 이러한 재료들을 선택하고 배열함으로써 우리는 자신을 예술작품으로 완성하는 것이다.

2장

불만족의 문화와 욕망

로마의 시인이자 정치가였던 키케로(Marcus Tullius Cicero)가 만년에 정치의 무대에서 물러나 스토아적 저술에 전념했다는 것은 잘 알려진 사실이다. 스토아철학은 제도적 철학이 아니라 일상의 현상에서 행복한 삶의 방법을 궁리하는 일종의 처세술이다. 그는 주저 『투스쿨룸 논총』에서 죽음과 감정적 혼란, 고통, 번뇌에서 벗어나 행복하게 살 수 있는 방법을 논하였다. 그에 따르면 삶은 폭풍이 휘몰아치는 험난한 바다와 마찬가지이기 때문에 힘들게 노력해서 길을 개척하지 않으면 행복한 삶을 살 수가 없다. 달리 말해서 지혜와 덕을 갖춘 철학자만이 행복을 향유할 수가 있다. 무지한 자는 행복할 수가 없는 것이다. 그러나 나는 그의 주장에 동의하지 않는다. 바보도 행복할 수가 있다. 우리는 숨을 들이쉬고 내쉬는 것을 배울 필요가 없듯이 행복의 기술도 배울 필요가 없다. 행복은 본능이다. 필자는 불행이 본능이 아니라 행복이 본능이라고 생각한다. 모든 인간은 기쁘고 행복한 삶을 원한다. 간단하다. 그렇게 살면 된다. 재고 달고 비교하거나 따지고 눈치를 보거나 욕심을 내지 않고 그냥 자신이

하고 싶을 것을 하면서 자유롭게 살면 된다. 톨스토이의 바보 이반을 보라. 그에게는 똑똑하고 머리 좋은 큰 형과 영화배우처럼 잘생긴 둘째 형이 있다. 두 형들은 보다 많이 성공하고 보다 많이 돈을 벌고 보다 많은 인기와 명예를 얻기 위해서 머리를 굴린다. 슈퍼컴퓨터처럼 생각하고 생각하고 또 생각한다. 계산하고 계산하고 또 계산한다. 그러나 바보 이반은 생각하며 계산하고 따질 만큼 머리가 좋지 못하다. 그렇다고 둘째 형처럼 잘난 것도 아니다. 그래서 그는 그냥 해야 할 일을 묵묵히 할 따름이다. 논과 밭에 나가서 해가 질 때까지 일을 하고 집에 돌아와서는 맛있게 밥을 먹고, 그리고 피곤하면 달콤한 잠을 잔다. 그에게는 이런저런 생각의 잡념이 없다. 논에 씨를 뿌리는 일을 한다고 하자. 그는 논에 씨를 뿌리는 일을 할 따름이다. 그것도 기쁘고 재미있게 한다. 당연히 해야 할 일을 하기 때문에 자발적으로 재미있게 한다. 시간 가는 줄도 모르고 일을 한다. 그러나 두 형들은 그런 막냇동생을 불쌍한 바보라고 생각한다. 도대체 생각과 고민과 계산이라는 것을 모르기 때문이다. 그들은 일터에 나가자마자 언제 끝날지 계산하고, 점심에 무엇이 반찬으로 나올지 계산하고, 일하지 않는 친구들이 부럽다고 생각하며 시간이 빨리 가지 않는다고 발을 동동 구른다. 그러다가 집에 돌아갈 시간이 되면 그제야 얼굴에 희색이 만연해진다. 논밭에서 일하는 시간이 얼마나 지겹고 힘이 들었던가! 그 시간에 주식투자를 했으면 보다 많은 수입을 거두었을 텐데 생각하면 안타깝고 후회가 막급하다. 그러나 바보 이반은 그런 생각이나 비교를 해본 적이 없다. 잘난 두 형들과 달리 바보 이반은 아무런 교육의 혜택을 받지 못했다. 그렇지만 많이 배우고 잘난 두 형들은 막내만큼 행복하지 못했다. 그들의 생각과 계산의 끝자락에는 감정적 방황과 불안, 분노와 절망이 매달려 있었다. 그럼에도 형들은 이반을 바보라고 불렀다. 그런데 17세기의 스피노자와 20세기의 비트겐슈타인과 같이 위대한 철학자들도 그렇게 생각했을까? 나는 그렇게 생각하지 않는다. 스피노자와 비트겐슈타인도 바보 이반처럼 살았기 때문이었다. 그들은 다른 사람과 비교하거나 자신의 처지를 불평하지 않고 그냥 자신이 원하는 일을 자유롭게 했을 따름이었다. 가난했지만 행복한 삶을 살았던 사람들이었다.

행복이란 무엇인가? 자신이 하고 싶을 것을 할 수 있는 능력과 역량이 행복이다. 먹고 싶은 것을 먹을 수 있고 갖고 싶은 것을 가질 수 있고 놀고 싶을 때 놀 수 있는 사람은 행복하다. 그러나 이반의 형들처럼 가지고 싶은 것은 많은데 실제로 손에 가진 것이 없으면 불행해진다. 좋은 차를 가지고 싶은데 그렇지 못한 사람은 차만 가지지 못한 것이 아니다. 그는 기쁨과 행복도 결핍된 사람이다. 그런데 세상에 좋은 게 자동차밖에 없을까? 생각해보면 세상에 좋은 게 너무나 많다. 명품 시계, 명품 옷, 호사로운 저택, 오뚝한 코, 맑고 밝고 윤기 나는 피부 등등 이루 헤아릴 수가 없다. 이반의 형들은 이러한 것들을 다 소유하고 싶었다. 그런 꿈을 가지고 미래를 기획하고 있었다. 그렇지만 현재 그들이 가진 것은 가지고 싶은 욕망, 즉 결핍밖에 없었다. 명품 시계도 없고 호화 저택도 없었다. 즉 그들은 없는 것만을 무한하게 가지고 있었다. 이것이 의미하는 것이 무엇인가? 불행이 무한하게 증식하기 시작했던 것이다. 그래서 이렇게 정의할 수 있다. 부자는 가진 게 많은 사람이 아니라 가지지 않은 것이 없는 사람, 없는 게 없는 사람, 모자라는 게 없는 사람이라고. 행복도 마찬가지이다. 행복한 사람은 행복이 많은 사람이 아니라 불행할 이유가 없는 사람이다. 소유와 행복의 관계는 반비례의 관계에 있다. 많으면 많을수록 행복한 것이 아니라 없으면 없을수록 행복하다. 미국의 탁월한 심리학자 윌리엄 제임스(William James)는 그러한 반비례의 관계를 다음과 같이 정식화했다. 부=가진 것/가지고 싶은 것. 나의 총재산이 천만 원인데, 내가 그것으로 만족하지 않고 일억 원으로 재산을 불리기를 원한다고 하자. 이때 나의 부는 1/10이 된다. 나는 1/10의 인간, 10%의 인간이라고 할 수 있다. 『노트르담의 꼽추』의 주인공 꼽추 이름이 콰지모도(Quasimodo)처럼 가짜 인간이 된다.[1] 온전한 인간이 행복한 인간이라면 불행한 인간은 온전한 인간이 아니다.

부는 물질적이 아니라 심리적이다. 행복과 마찬가지로 부라는 것은 자기가 원하는 것을 소유할 수 있는 역량으로 정의될 수 있다. 뒤집어 말하면 더 이상 원하는 것이 없는 사람, 가진 것으로 만족하는 사람도 부자이다. 결핍이 가난이라면 그는 결핍이 없는 사람이다. 문제는 원하는 것이 많으면 많을수록 결핍의 분량과 비중이 증가한다는 사실에 있다. 결핍은 가난의 그림자를 거느리고 있다.

도대체 결핍이 어디에서 오는 것일까? 정신분석은 결핍을 욕망의 본질로 정의하는 경향이 있다. 인간은 본질적으로 가진 것이 아니라 없는 것을 욕망하는 존재라는 것이다. 이러한 정의에 따르면 결핍이 없는 사람은 욕망도 없는 사람, 즉 삶의 의욕도 없는 무기력한 사람이 되어버린다. 반면에 의욕이 충만한 사람은 자신의 결핍을 채우기 위해서 고군분투하는 사람이다. 이와 같이 존재의 함량이 의욕에 비례한다면 자신에게 만족하는 사람은 실존하는 사람이 아니라 부재하는 사람이 된다. "당신은 거기에 있습니까?"라는 질문에 "나는 없습니다."로 대답해야 한다. 과연 그러할까? 이때 없는 것은 욕망이다. 욕망은 없지만 만족은 있을 수 있다.

우리는 만족을 비하하는 문화권에 살고 있다. 우리 시대의 키워드는 발전이며 성취, 정복이다. 자신에게 만족하는 사람은 진취적이지 않고 구태의연하고 보수적이며, 심지어 반동적으로 보이기도 한다. 안분지족이라는 말만큼 우리의 정서와 동떨어진 말도 없을 것이다. 그것은 쓰러져

1 천주교는 부활절 이후의 첫 일요일을 Quasimodo라고 칭하는데, 위고의 『노틀담의 꼽추』에서 파리의 권력자 중 하나인 클로드 프롤로가 우연히 그날에 성당 앞에서 주인공을 발견하였기 때문에 콰지모도라는 이름을 지어주었다. 그런데 프랑스어 quasi는 quasi-contrat(준계약)에서 볼 수 있듯이 전체가 아닌 절반을 뜻하는 준(準)이나 의(擬)의 의미를 가지고 있다. 프롤로는 악마처럼 흉측한 외모에 꼽추인 콰지모드를 온전한 인간이라기보다는 반인간처럼 취급하였다. 그렇지만 콰지모도는 그러한 외모에도 불구하고 심성은 플롤로보다 훨씬 선하다.

가는 초가집처럼 궁상맞고 초라하며 안쓰럽게 보인다. 성공하지 못하고 실패만을 맛본 사람이 실패를 위안하고 합리화하는 꼴불견의 시도처럼 보이기도 한다. 20세기 근대화 초기에 시류를 따라잡지 못하고 과거의 명분에 집착했던 무능한 양반들이 그러하였다. 가족의 궁핍을 나 몰라라 하면서 사서삼경으로 음풍농월하면서 양반의 명분에만 집착하였는데, 하루 세끼를 위해 땀 흘려 일했던 평민들은 그와 같이 시대에 뒤떨어진 양반들을 경멸하였다. 전근대의 이상이었던 근대화의 발길에 짓밟히는 쓰레기처럼 취급되었다.

현대사회에서 안분지족이 매도당하는 이유를 짐작하기는 어렵지 않다. 안분지족은 타고 태어난 신분에 의해 모든 것이 운명적으로 결정되었던 과거 신분사회의 잔재로 보일 수 있다. 홍길동을 생각해보라. 그가 속했던 신분사회에서는 아버지를 아버지라고 부르지 못하고 뛰어난 개인의 능력과 재주도 제도의 족쇄에 물려서 꼼짝할 수가 없었다. 세상을 바꿀 수가 없기 때문에 세상의 명령에 불평하지 않고 복종해야 하는 것이다. 그러나 우리는 누가 뭐래도 민주주의 사회에 살고 있지 않은가. 법 앞에서 만인이 평등하고 개인은 자신의 행복을 자유롭게 추구할 권리를 가지고 있다. 타고 태어나 바꿀 수 없는 운명이라는 것은 존재하지 않는 것이다. 이양하는 수필집 『나무』에서 "나무는 훌륭한 견인주의자요, 고독의 철인이요, 안분지족의 현인이다."라는 말을 남겼는데, 그러한 나무의 안분지족은 우리 시대의 생리와 맞지 않는다. 우리는 나무처럼 태어난 자리에서 한 발자국도 움직일 수 없이 고정된 존재가 아니기 때문이다. 우리는 움직이지 못하는 식물성 존재가 아니라 자유롭게 여기저기 이동하면서 필요하면 싸워서라도 남의 구역도 차지할 수 있는 맹수와 같은 존재이다. 근대 유럽의 역사는 그러한 맹수의 역사가 아니었던가. 신대륙을 발견한 콜럼버스가 그러하였고 잉카 제국을 정복한 프란시스코 피사로가 그러하였다. 제국주의, 식민지 개발, 인종차별, 문명사관이 그러하였다. 제1차, 제2차

세계대전이 그러하였다. 개인적으로는 '무일푼에서 거부'(from rages to riches)라는 성공신화가 그러하였다. 근대의 중심에는 벼락부자의 이념이 도사리고 있다. 인구에 자주 회자되는 슘페터(Joseph Schumpeter)의 창조적 파괴라는 말도 그러한 이념에 한몫을 보태고 있다.

안분지족이 그것이 무엇이든 현재 자신에게 주어진 것에 대한 흔쾌한 긍정이라면 그것의 반대는 성공주의이다. 전자가 현실과의 평화를 지향한다면 후자는 현실과의 갈등과 충돌, 전쟁을 의미한다. 안분지족의 시제가 현실이라면 성공주의의 시제는 미래이다. 스콧 피츠제럴드(Scott Fitzgerald)의 『위대한 개츠비』를 생각해보자. 빈한한 농가에서 태어나 대학 교육도 받지 못한 개츠비는 그러한 자신의 모습이 진정한 자신의 정체성이라고 생각하지 않았다. 그의 진정한 자아는 초라한 현재가 미래의 화려한 백만장자에 있었다. 그는 현재가 아니라 미래에 자신을 투사하고 의욕하며 투자하였다. 현재라는 것은 기껏해야 미래로 발돋움하기 위한 도약대에 지나지 않았다. 현실을 거부하고 저항하며 현실을 뒤로 밀어내야만 미래로 도약할 수 있었다. 이때 현실에 대한 불만과 분노, 저항은 성공의 원동력이 되었다. 현실의 거부는 미래의 긍정이었다. 그리고 현실이 불행하다면 미래는 행복의 약속이어야 했다. 우리는 개츠비가 영웅적인 노력의 끝에 마침내 백만장자로 성공하였다는 것을 알고 있다. 그는 세상 사람들이 부러워하는 롱아일랜드의 상류 사회의 별장 지대에 대궐 같은 저택의 주인이 되었다. 그런데 그는 성공과 더불어 행복도 거머쥐었던가? 그렇지 못했다. 그는 여전히 불행했고 여전히 현실에 만족하지 못하였다. 불만족이 그의 제2의 천성이 되어버렸다. 이 점에서 그는 전형적인 현대인이다. 욕망하는 인간은 만족을 모르는 인간이다.

그러나 만족과 행복을 원치 않는 사람은 없다. 불만족도 궁극적으로는 만족을 지향한다는 사실에는 변함이 없다. 우리는 불행한 삶을 원하지 않는다. 우리가 현실의 가난과 불행을 참고 견디면서 노력한다면, 그것은 미래에 행복이 도래할 것이라는 기대가 있기 때문이다. 불행과 불만족은 목적이 아니라 행복에 이르기 위한 과정으로서 의미를 갖는다. 가령 개츠비에게도 백만장자는 목적이 아니었다. 그는 데이지의 사랑을 쟁취하는 위해서 백만장자가 되기를 원했을 따름이었다. 이 점에서 그는 자본주의의 등에 올라탄 사업가라기보다는 사랑에 목숨을 건 낭만주의자였다. 그는 데이지와 더불어 안분지족할 수 있었을 것이다. 그러나 『위대한 개츠비』의 작가 피츠제럴드는 그에게 그러한 해피엔딩을 허용하지 않았다. 아이로니컬하게도 그는 데이지의 남편 톰으로 오인되어 죽임을 당한다. 톰은 자동차 정비공 윌슨의 아내 머틀과 바람을 피우는 사이였는데 실수로 그녀를 자동차로 치어 죽이게 되었다. 그런데 윌슨이 가해자가 개츠비가 생각하고 그를 총으로 쏘아죽인 것이다. 결과적으로 톰을 대신해서 개츠비가 죽었다. 『위대한 개츠비』의 세계의 승자는 낭만주의자 개츠비가 아니라 피도 눈물도 없는 사업가 톰이었다. 이 이야기를 빌어서 필자가 말하고 싶은 것은 간단하다. 현대사회의 주인공은 만족을 모르고 영원히 욕망하는 자이다. 즉 욕망의 성취가 아니라 욕망 자체를 욕망하는 자이다. 톰은 욕망을 욕망하는 자였다.

그런데 만족과 행복을 원치 않는 사람이 없다는 앞 문단의 주장을 수정해야 하겠다. 행복이라는 결과가 아니라 행복을 위한 노력 자체에 만족하는 사람들이 있기 때문이다. 아예 성취가 불가능한 욕망이라는 것도 있다. 무한의 욕망이 그러한 사례의 하나이다. 영국의 시인 셸리(Percy Bysshe Shelley)는 「……에게」(“To …… ”)라는 시의 한 구절에서 “별을 향한 나방의 욕망”(the desire of the moth for the star)을 언급하였다. 나방은 가까이에 있는 불을 향해 뛰어든다. 그렇지만 셸리의 나방은 현실적으로 가능한 등불이 아니라 일생 빛의 속도로 날아가도 닿을 수 없는 별을 욕망한다. 이때 나방은 목적지가 아니라 날아가는 과정 자체로 만족하지 않으면 안 된다. 달리 말해서 과정을 목적으로 착각하지 않으면 안 되는 것이다.

나방은 도착증 환자의 탁월한 사례이다. 어쩌면 나방은 목적지에 다다르지 않기를 욕망하는지도 모른다. 목적지에 도착하는 순간, 꿈이 현실이 되는 순간은 삶의 의미와 목적이 사라지는 순간이기 때문이다. 꿈을 이루면 하루나 이틀, 길게 잡으면 한 달은 행복할 수 있는지도 있다. 그렇지만 성공의 허니문처럼 그 기간이 지나면 성공의 약발이 소진되면서 권태와 무기력증이 그를 따라잡기 시작한다. 안분지족이라니! 현대인에게 그것은 저주이다. 톰을 생각해보라. 그는 집안과 학벌도 좋고 외모도 아름다운 데이지와 결혼에 골인했다. 그렇지만 그는 데이지와 사랑에 안주하지 않는다. 안주하는 순간 그는 이양하의 나무처럼 외도를 모르는 식물성 존재로 영락하고 말 것이다. 활동력과 활기, 생명력을 유지하기 위해서는 만족의 대상인 아내로부터 끊임없이 도망하지 않으면 안 된다. 우리는 도망가는 그를 붙잡고서 "왜?"냐고 이유를 묻고 싶은 충동을 느낀다. 물론 그는 망설이지 않고 대답할 것이다. "살기 위해서!"라고. 바보 이반은 그를 이해하지 못할 것이다. 그렇지만 그의 형들은 톰이 자기와 같은 족속이라고 생각할 것임이 틀림이 없다.

필자는 이반의 형들처럼 만족을 모르는 사람들을 두려워한다. 현재에 만족하지 못하고 현재에서 기쁨과 아름다움을 찾지 못하는 사람들을 두려워한다. 행복을 자신이 서 있는 "지금 여기(nere and now)"가 아니라 저 멀리에서 찾는 사람들을 두려워한다. 현재의 불행과 불만족으로 미래의 자본을 환전하는 사람들을 두려워한다. 나는 창조적 파괴 운운하는 사람도 좋아하지 않는다. 삶의 시제가 현재가 아니라 미래인 사람도 좋아하지 않는다. 지금 여기에서 만족하지 못하는 사람을 보면 겁이 난다. 공상과학소설에 등장하는 미친 과학자라는 생각도 든다. 나는 자신이 지금 살고 있는 동네와 이웃이 못마땅하기 때문에 저 멀리 외국의 관광지와 휴양지로 떠나야만 비로소 편안하게 숨을 내쉬는 사람들도 좋아하지 않는다. 이들은 정주하는 인간이 아니라 이동하는 인간, 농경인이 아니라 유목민들,

이미 갔던 길이 아니라 가지 않은 길을 욕망하는 사람들이다.

필자는 안주(安住)하는 사람들을 좋아한다. 안주는 한곳에 자리를 잡고 편안히 사는 삶을 의미한다. 마땅히 그 반의어를 찾기가 어려운 데 역마살(驛馬煞)이 그나마 근접한 반대말처럼 보인다. 역마살이 낀 사람은 한곳에 정착하지 못하고 여기저기 부초처럼 끊임없이 떠돌아다니는 인물이다. 입센(Henrik Ibsen)의 희곡 『페르 귄트』(*Peer Gynt*)의 주인공 뻬르가 그러한 역마살의 전형적 인물이었다. 트로이 전쟁이 끝난 후에 바다를 10년 동안 떠돌았던 오디세우스는 여행을 좋아하는 사람이 아니었다. 그에게 여행은 자발적인 것이 아니라 올림포스의 신들에 의해 강요된 형벌이었다. 그런데 뻬르는 방랑이 너무나 좋아서 신혼 첫날 밤에 신부의 곁을 떠나 죽을 때까지 방랑을 멈추지 않았던 인물이었다. 그에게 사랑과 안락한 가정의 행복은 삶의 족쇄였다. 그는 아내에게 묶이기 전에 도망을 가야 했다. 그러한 역마살 뻬르의 안티테제가 신혼 첫날 밤에 소박맞은 아내 솔베이지였다. 그녀는 시어머니를 모시며 나무처럼 고향에서 떠나지 않고 식물처럼 안빈낙도하면서 정주하는 삶을 살았다. 세상을 종횡무진했던 뻬르의 극적인 삶에 비하면 솔베이지의 삶은 무미건조하고 따분하게 보인다. 똑똑하고 머리가 좋은 사람에게 작은 촌동네는 너무나 스케일이 작아서 성에 차지 않는다. 솔베이지처럼 살라는 말은 죽으라는 말이나 다름없지 않은가.

주지하듯이 신경과학자 다니엘 울퍼트(Daniel Wolpert)는 뇌의 존재 이유를 이동에서 찾았다. 그는 뇌는 생각하기 위해서 있는 것이 아니라 정교한 움직임의 기능을 구현하기 위해서 있는 것이라고 주장했다. 그에게 무뇌는 생각하지 않는 뇌가 아니라 나무처럼 움직이지 않는 존재를 말한다. 그러한 모빌리티의 명제를 증명하기 위해서 그가 들었던 멍게의 이야기를 독자들은 한 번쯤 접했을 것이다. 유충 멍게에게는 뇌가 있지만 성충 멍게에게서는 뇌를 찾을 수가 없다는 것이다. 양육자나 가족이 없이 혼자

자라는 어린 멍게는 먹이를 찾아서 바다의 여기저기 끊임없이 떠돌아다니지 않으면 안 된다. 지천에 깔려 있지 않은 이상 먹이를 구하는 것은 쉬운 일이 아니다. 호랑이와 같은 맹수도 사냥의 성공률이 30%에 이르지 못한다고 한다. 어디에 있는지 모르는 먹이를 찾기 위해서는 고도의 지능이 필요하다. 이때 뇌의 기능은 먹이 찾아 이동하는 활동에 있다. 그러나 멍게가 계속 먹이를 찾아 온 바다를 헤매는 것은 아니다. 곧 먹이가 풍부한 장소를 발견하고 그곳의 바위에 정착하기 때문이다. 여기서는 가만히 있어도 먹이가 입으로 굴러들어온다. 이동의 필요가 없어진 순간 멍게에게 뇌는 불필요하게 에너지를 낭비하는 애물단지로 바뀐다. 에너지를 절약하기 위해 멍게는 뇌를 먹어 치워 버린다는 것이다. 인간의 언어로 표현하자면 잘 먹고 잘 살 수 있으면 굳이 생각하고 고민하면서 어렵게 살 필요가 없는 셈이다. 과연 그러할까?

사실 다니엘 울퍼트가 뇌 운동설을 내놓기 훨씬 이전에 헤겔은 『정신현상학』의 주인과 노예의 변증법을 통해서 이와 비슷한 뇌 노동설을 제시하였다. 헤겔에 따르면 계몽되기 이전에 인간은 홉스(Thomas Hobbes)의 만인의 만인에 대한 투쟁의 상태에 있었다. 파이가 크다면 조금이라도 많은 몫을 차지하기 위해서 서로 싸울 필요가 없는지 모른다. 그러나 초기의 인류에게 재화와 자원은 넉넉하지 않았다. 살아남기 위해서는 생명의 위험을 무릅쓰고서 싸우지 않으면 안 되었다. 그러한 싸움의 결과 승자와 패자의 그룹으로 나뉘게 되었다. 승자는 주인이 되고 패자는 노예의 신세로 전락하였다. 이때 노예는 주인의 욕망을 만족시켜주기 위해서 죽어라 노동하는 자이다. 현실을 향유하는 주인이 있는 반면에 그러한 주인의 향유를 위해서 자신의 욕망을 억누르고 희생하는 노예가 있다. 바로 이 지점에서 문명사적 반전이 일어난다. 노예가 육체노동만 하는 것은 아니다. 그는 지적인 노동도 한다. 주인이 원하는 것을 제공하기 위해서는 노예는 효율적인 방법을 찾아서 머리를 싸매고 연구하지 않으면 안 되기 때문이다.

그러한 노동의 과정을 거치면서 그는 점점 더 똑똑하고 지적인 존재로 발전해간다. 반면에 노동할 필요 없이 앉아서 즐기기만 하던 주인의 머리는 점점 퇴행하기 시작한다. 그러면서 주인과 노예의 관계가 역전된다는 것이다.

다니엘 울퍼트와 헤겔의 주인과 노예의 변증법에 따르면 현실을 즐기고 현실에 안주하는 자에게는 발전이 없다. 자유롭게 바다를 휘젓고 다니던 멍게는 바위에 정착한 순간에 동물성 뇌를 반납하고 식물성 나무가 되었다. 헤겔에게 노예가 불행하지만 진취적이며 끊임없이 자기 발전을 도모하는 노동자라면 주인은 현재의 행복에 안주하는 보수주의자이다. 그리고 역사는 불행한 노동자의 편에 있다. 우리는 안주가 아니라 발전, 현재가 아니라 미래, 향락이 아니라 노동의 고통을 지향해야 한다. 존 스튜어트 밀(John Stuart Mill)도 『자유론』에서 그러한 입장을 경구적으로 표명하였다. 배부른 돼지라면 배고픈 소크라테스가 되는 편이 낫다는 것이다. 배가 부르고 등이 따뜻하면 잠잘 일밖에 더 있겠는가.

다시 말하지만 우리는 만족을 평가절하하는 사회에 살고 있다. 만족은 이데올로기적으로도 반동적인 듯이 여겨진다. 눈을 크게 뜨고 현실의 부조리와 부정의를 직시하고 기득권을 거부하고 저항해야 하는데 만족은 현실의 질서에 타협하는 감정인 듯 보이기 때문이다. 만족과 연결되는 어휘들도 부정적인 의미로 삼투되어 있다. 만족은 일종의 오염물질이다. 자기만족을 생각해보라. 그것은 성적 자위행위처럼 끔찍한 어감을 지닌다. 그렇지는 않더라도 속물의 트레이드마크이다. 대리만족이나 대체만족이라는 말도 부정적이기는 마찬가지이다. 꿩 대신 닭이라는 속담도 있지만 자신이 원하는 목표나 이상을 위한 노력을 너무 빨리 너무 쉽게 포기하고 가능한 현실로 후퇴하는 것이다.

그렇다고 만족을 과대평가하고 싶은 생각은 없다. 경쟁사회에서 낙오병의 자기위안처럼 취급되었던 만족에게 제자리를 찾아주고 싶다. 그리고 만족이라는 개념을 보다 분명하게 규정하고 싶다. 지금까지 필자는 만족을 행복이나 기쁨과 같은 인접 개념과 구분하지 않고서 뭉뚱그려서 사용하였다. 그리고 욕망과 대립되는 지점에 만족을 위치시켰다. 앞으로 설명을 하겠지만 만족은 운동의 미학이 아니라 정지의 미학이다.

살아있는 모든 존재는 욕망을 가지고 있다. 생존과 번식의 욕망이 없는 존재가 있다면, 그것은 계속해서 그것의 존재를 유지할 수 없을 것이다. 이 점에서 생존과 번식의 욕망은 개별적이기보다는 종적이며, 엄밀한 의미에서 본능이라고 해야 옳다. 이러한 본능을 포함해서 넓은 의미의 욕망을 스피노자는 코나투스(conatus, 생명력)라고 불렀다. 코나투스는 지극히 가변적이고 유동적이다. 욕망이 충족되면 기쁨이 생성하면서 코나투스가 증가하지만 그렇지 못하면 불쾌감과 고통이 뒤따르고 코나투스도 감소한다. 원칙적으로 우리의 모든 사유와 활동은 코나투스의 증가에 정향되어 있다. 원칙적이라는 단서를 붙인 이유는, 중독이나 자해 행위처럼 실제로는 코나투스를 감소시키는 행위를 하기도 하기 때문이다. 기쁨을 지향하지만 슬픔에 빠지기도 하는 것이다. 아무튼 우리는 기쁨을 주리라고 생각되는 대상을 향해서 다가서고 슬픔을 자극하는 대상으로부터는 물러나려는 성향을 갖는다. 동물행동학은 이 두 가지 기본적 성향을 '싸움 혹은 도망'(fight or flight)으로 명명하였다. 물리적으로 이것은 끌어당기는 힘인 인력과 밀어내는 힘인 척력으로 이해될 수가 있다. 전자에 해당하는 감정이 기쁨이라면 후자에 상응하는 감정이 슬픔이다. 배가 고픈데 먹을 양식이 충분치 않은 상황을 가정해보자. 몫을 공평하게 분배할 수도 있겠지만 힘이 센 칠복이가 배불리 먹고 팔만이는 남은 찌꺼기로 간신히 허기를 면했다고 해보자. 이때 칠복이는 기쁨을 느끼지만 팔만이는 여전히 고픈 배를 움켜쥐고서 슬픔을 달래고 있을 것이다. 공평하게 배분되어야 할 기쁨과 고통의 몫에서 한 사람이 부당한 불이익을 감수한 것이다. 이러한 사실을 인지하는 순간에 팔만이의 슬픔에는 새로운 감정이 추가되기 시작한다. 그는 그를 무시하면서 자신의 욕심만을 채우는 칠복이에게 분노하는 것이다. 이 분노의 감정은 배고픔과 달리 사회적인 감정이다. 배고픔의 고통은 부족한 음식에 의해 야기된 생리적 감정이기 때문에 생화학적으로도 설명될 수 있다.[2] 모든 생명체는 굶주리면 고통을 느낀다. 그러나 더 많은 몫을 차지한 상대방에 대한 분노는 사회적이며 인격적이다. 팔만이는 부족한 음식 물질이 아니라 칠복이라는 인간에게 분노하고 있기 때문이다. 분노는 자기가 차지해야 하는 욕망의 대상을 상대방이 부당하게 가로챔으로써 생기는 불이익의 감정, 혼자서 손해를 보았다는 억울한 감정, 정의를 요구하는 복수의 감정이다. 이때 분노의 감정적 압력이 배고픔의 고통보다 더욱 클 수가 있다. 이러한 감정의 압력을 스트레스라고 한다. 과연 이러한 분노의 감정을 참고 견디며 삭혀야 하는 것일까? 아니면 빵 하며 상대에게 터뜨려야 하는 것일까? 억지로 참고 견디면 나중에는 축적된 분노가 만성적 우울증이나 원한의 감정으로 발전할 수가 있다. 사전적 정의에 따르면 원한은 "억울하고 원통한 일을 당하여 응어리진 마음"이다. 불행하게도 원한의 감정은 해소하기가 어렵다. 분노의 원인을 제공한 상대방이 자신보다 힘이나 권력이 강하기 때문이다. 그러한 상대와 충돌하면 그렇지 않아도 허약한 자신이 완전히 망가질 수도 있는 것이다. 그럼 어떻게 해야 할까? 안빈낙도가 가능한 해결책일까? 권력의 횡포에는 눈을 감고 귀를 막고서 아예 아무것도 없는 것보다는 음식 찌꺼기나마 다행이라고 생각하면서 만족해야 하는 것일까? 여기에서 만족이란 주어진 자신의 처지에 대해서 팔만이가 느끼는 감정을 말한다. 만족이란 모자람이 없이 충분하고 넉넉한 마음을 일컫는다. 그런데 칠복이가 남긴 음식 찌꺼기로 만족할 수가 있을까? 우리나라 속담에 콩 반쪽도 나눠 먹는다는 말이 있다. 콩 반쪽으로 허기를 채우는 것은 불가능하다.

2 시상하부에서 분비되는 화학물질인 '렙틴'은 포만감과 충족감을 느끼게 한다. 반면 '그렐린'이라는 화학물질은 계속 먹고 싶은 욕구를 일으킨다.

여전히 배고픔의 고통을 감수해야 한다. 그러나 상대방에 대한 분노의 감정은 생기지 않는다. 불평할 이유가 없기 때문이다.

복동이와 팔만이, 음식의 이야기는 세 개의 캐릭터로 구성이 된다. 여기에서 우리가 눈여겨봐야 하는 것은 관계의 유형이다. 복동이와 팔만이의 관계가 인격적이거나 위계적 관계라면 양자의 음식에 대한 관계는 비인격적 관계이다. 아예 사회적 관계가 없는 관계도 가능하다. 가령 무인도의 로빈슨 크루소는 프라이데이(Friday)가 합류하기 전까지 나무와 풀, 땅, 염소 등 자연에 둘러싸여서 살았다. 이와 같이 그가 자연과 맺는 관계는 소비하는 주체와 소비 당하는 대상의 관계로 간단히 요약될 수 있다. 무인도에서는 하루 세끼를 챙기는 것도 쉬운 일이 아니다. 그렇지만 이에 못지않게 분명한 사실은, 에덴동산처럼 먹을 것이 차고 넘치더라도 우리는 하루 세끼 이상을 먹지 못한다는 사실이다. 너무 많이 먹으면 쾌감이 아니라 불쾌감과 고통이 수반되기 때문이다. 생존하기 위해서는 음식 섭취가 필수적이지만 생존에 필요한 음식의 양은 무한한 것이 아니라 극히 제한되어 있다. 우리는 자연을 다 먹을 수는 없다. 아주 작은 일부만 먹을 수 있을 따름이다. 즉 무한한 욕망이라는 것은 불가능하다. 그런데 사회적 관계로 접어드는 순간에 무한한 욕망도 출현하게 된다. 복동이와 팔만이의 관계가 그러하다. 생존의 욕망과 권력의 욕망은 동일하지 않다.

루소는 『인간의 불평등 기원론』에서 인간의 욕망을 두 종류로 구분하였다. 하나가 생존에 반드시 필요한 자기애적 욕망(l'amour de soi)이라면 다른 하나는 사회적이고 과시적 욕망(l'amour-propre)이다. 전자는 2자적 필요의 관계를 특징으로 한다. 생존하기 위해서 우리는 최소한의 의식주를 확보하지 않으면 안 된다. 그러한 의식주는 교환가치가 아니라 효용가치를 지닌다. 그러나 과시적 욕망은 타자의 시선에 의해서 매개된 3자적 관계이다. 귀금속이나 명품, 명예와 같은 재화를 예로 들 수가 있다. 가령 엘리자베스 여왕이 입었던 공작처럼 화려한 의상을 생각해보자. 이러한 옷을 입으면 자유롭게 움직이는 것이 불가능하다. 시녀들이 옆에서 도와주지 않으면 혼자서 걸어갈 수도 없기 때문에 위기의 상황에서는 생존에도 방해가 된다. 그럼에도 자신의 지위를 과시하기 위해서 그런 값비싼 옷을 입는다. 자신의 일거수일투족을 지켜보는 타인의 시선이 없으면 그런 옷을 입을 생각도 하지 않을 것이다. 소스타인 베블런(Thorstein Bunde Veblen)은 그와 같이 자신을 돋보이게 하는 목적으로 이루어지는 소비를 '과시적 소비'(conspicuous consumption)라고 불렀다. 과시적 욕망은 자연을 소비하는 것이 아니라 타자의 욕망을 소비한다. 그러한 소비를 가능하게 하는 것은 질투와 선망감이다. 이와 같은 타자의 질투와 선망감의 어깨에 올라타면 과시적 소비의 주체는 올림포스산의 신들처럼 군림할 수가 있다. 평등의 욕망이 아니라 불평등과 차별의 욕망이 작용하고 있는 것이다.

루소의 자기애나 스피노자의 코나투스를 언급하지 않더라도 우리는 모두 자기 자신을 사랑한다. 고통을 피하고 기쁨을 추구하는 성향도 그러한 자기 사랑의 연장선에 있다. 이러한 자기 사랑은 프로이트적 의미의 2차적 나르시시즘과는 거리가 멀다. 프로이트에 따르면 1차적 나르시시즘은 타자와 주체가 분리되지 않은 유아적 자기애라면 2차적 나르시시즘은 타자에게 향했던 사랑을 회수해서 자기 자신에게 투사하는 욕망이다. 후자는 자기 자신을 사랑의 대상으로 삼는 것이다. 신화의 나르시스는 거울에 비친 자신의 이미지와 사랑에 빠진 나머지 거기에서 헤어 나올 수가 없었다. 과시적 소비의 주체도 이러한 나르시스와 크게 다르지 않다. 그는 자신을 대상화하는 주체, 자신을 다른 사람들과 비교하면서 자신이 군중의 한가운데에서 군계일학으로 빛나기를 욕망하기 때문이다. 그러나 루소의 자기애는 객관화된 자기 이미지를 가지고 있지 않다. 그것은 순수한 생명력이며 절대적 자기 긍정이고 맹목적인 생존의지이기 때문이다. 그리고 그것은 선과 악의 구분을 초월해서 무조건적으로 옳은 것이다.

가장 순수한 자기애의 발현은 먹기이다. 우리는 먹지 않으면 존재를 유지할 수가 없다. 우리는 스스로 자율적으로 존재하는 것이 아니라 다른 존재에 의존(기생)하면서 그것의 자양분과 에너지를 자기 것으로 취함으로써만 존재할 수 있다. 타자를 공격하고 정복해서 파괴해야만 생명이 유지되는 것이다. 생명은 먹고 먹히는 먹이사슬의 일부이다. 먹는 활동은 생명력을 고양시키는 쾌감을 동반한다. 사과나 고기를 씹어 먹는 장면을 생각해보라. 그것은 잔인한 쾌감의 축제이다. 그러나 일방적으로 먹기만 하는 존재는 없다. 늑대와 사슴을 사냥해서 피의 축제를 즐겼던 호랑이와 사자도 나중에는 죽어서 분해자의 먹잇감이 된다. 최상위 포식자라는 이유로 사자와 호랑이를 비난할 이유가 없는 것이다. 더구나 먹는 것은 그 자체가 목적이 아니라 생명 유지의 수단이다. 그리고 사냥해서 먹이를 먹는 시간은 동물 활동의 극히 작은 일부에 지나지 않는다. 허기를 채우면 사냥감이 주위에 깔려 있어도 거들떠보지도 않는다. 사냥을 위해 사냥을 한다면 생태계의 균형이 유지될 수 없을 것이다. 달리 말해서 과시적으로 먹지 않는다.

과시적 먹기가 있다는 사실을 부정하는 것은 아니다. 과시적 먹기는 음식만 먹는 것이 아니라 타자의 욕망도 같이 먹는다. 음식만을 씹어서 삼키는 것이 아니라 부러워하는 타자의 시선도 같이 삼키는 것이다. 타자의 불행은 나의 행복이 된다. 그런데 엄밀한 의미에서 그러한 쾌감은 타자의 불행으로 오염된 행복이다. 타자의 선망감과 질투를 자극함으로써 자기 쾌락의 극대화를 꾀하기 때문이다. 아우구스티누스는 『고백록』에서 그와 같은 쾌감과 불쾌감의 반비례 관계를 악마의 눈(evil eyes: 시퍼렇게 달아오른 질투의 시선)으로 묘사하였다. 자기 엄마가 다른 아이에게 젖을 물리는 모습을 태연히 지켜보지 못한다. 당연히 자기 몫이어야 하는 젖가슴, 즉 생명의 근원을 타자가 가로채서 자신의 것으로 전유하기 때문이다. 그래서 그는 엄마의 젖을 빠는 다른 아이를 보면 악마가 된다. 분노와 저주, 질투의 시선으로 쳐다보는 것이다. 제삼자가 엄마와 아이의 행복하고 평화로운 이자관계에 쐐기를 박음으로써 그전에 없었던 이질적 긴장과 갈등, 불안을 유발하였기 때문이다. 프로이트는 이러한 삼각관계를 오이디푸스 콤플렉스를 빌어서 설명하였다. 이유기 이전의 유아는 엄마를 자신의 일부로 생각하며 엄마를 독점하고 싶어 하는데 아빠가 엉뚱하게 출현해서 엄마를 가로채면 아빠를 나쁜 적으로 간주하게 된다. 프로이트는 만약 유아가 헤라클레스처럼 힘이 세다면 손을 뻗어서 아빠를 목 졸라 죽일 정도로 아빠를 미워한다고 주장하였다. 이러한 프로이트의 설명을 액면 그대로 받아들일 필요는 없다. 그럼에도 자기의 정당한 기쁨과 행복을 빼앗긴 아이가 도끼눈을 뜨고서 상대를 노려본다는 점을 부정할 수 없다. 상대가 자신보다 훨씬 강하다면 노골적으로 악마의 눈으로 노려볼 수는 없을 것이다.

한 사람이 테이블을 독점하는 과시적 먹기의 예가 왕의 식사라면 그것의 정반대 지점에 축제가 있다. 축제의 자리에는 악마의 눈이 없다. 축제의 바깥으로 배척당하거나 배제되는 사람들이 없기 때문이다. 생면부지의 낯선 사람들도 환영받는 자리가 축제의 자리이다. 원하기만 한다면 모든 사람들이 참여해서 같이 먹고 마시며 즐길 수 있기 때문이다. 적어도 축제가 지속되는 기간 동안에는 사회적 위계와 계급, 지식인과 노동자, 빈부와 남녀노소의 차이 등이 중단된다. 위고(Victor Marie Hugo)의 『노트르담의 꼽추』에서 볼 수 있듯이 그러한 사회적 질서가 오히려 전복된다고 해야 옳다. 축제의 왕으로 뽑히는 사람은 가장 잘난 사람이 아니라 가장 못난 사람이다. 그리고 다른 때라면 엄두도 내지 못할 남장한 여자와 여장한 남자들이 나팔을 불며 자랑스럽게 거리를 행진할 수가 있다. 물론 축제의 꽃은 마음껏 먹고 마실 수 있도록 마련된 넘치도록 푸짐한 음식과 술이다. 평소에는 구경도 할 수 없었던 진수성찬도 마음껏 즐길 수가 있다. 축제는 물론 과시적 소비이다. 그렇지만 악마의 눈이 없는 과시적 소비이다.

가족의 식탁도 규모는 작지만 악마의 눈이 없는 축제의 현장이다. 엄밀한 의미에서 내가 말하고자 하는 것은 가족이라기보다는 식구나 식솔이다. 가족은 혈연과 결속으로 맺어진 배타적이면서 장기적인 유대 관계라면 식구는 잠정적이지만 포괄적인 집단이다. 식탁에 둘러앉아서 같이 음식을 먹는 사람이 식구이기 때문이다. 우리와 그들의 경계가 엄격하게 구분되어 있지 않은 것이다. 우리는 그러한 식구의 포괄적 의미를 영어 family의 어원에서도 찾을 수가 있다. 라틴어 familia는 로마시대에 한 집에서 같이 밥을 먹는 사람들의 집단, 수다식솔(數多食率)을 의미했다. 가장을 찾아온 지인들, 해결할 일이 있어서 방문한 상인들도 그러한 수다식솔의 일원이었다. '우리 밥 같이 먹을까?'라는 말은 그러한 식솔공동체 의식으로의 초대였다.

배제되거나 소외를 당하는 사람이 있다면 그것은 진정한 의미에서 축제가 아니다. 배불리 먹을 수 있는 식탁이 있고, 문간에 앉아서 손가락을 빨고 있어야 하는 사람들이 있다면, 그것은 축제가 아니다. 어쩌면 하찮은 먹고 마시는 사건을 축제의 분위기로 띄워 올리는 것은 모든 사람들의 참여와 모든 사람들의 만족이며 행복이다. 거지와 낯선 나그네도 환영받는 공간이 축제이다. 누군가 기웃거리다가 문밖으로 쫓겨난다면 그 한 사람이 축제의 모든 분위기를 망쳐버린다. 한 사람의 불만족도 허용되어서는 안 되는 것이다. 적어도 축제의 분위기에서는 헐벗고 굶주린 사람도 자신의 가난을 잊을 수 있어야 한다. 왕따를 당했던 사람도 외로움을 잊을 수 있어야 한다. 배우지 못했던 사람도 가방끈이 짧다고 서러워하지 말아야 한다.

자신의 처지를 원망하며 불행과 원한을 껌처럼 씹으며 사는 사람들이 있다. 다른 사람들과 마찬가지로 잔치에 초대받았음에도 초대장을 발로 짓밟듯이 구겨서 쓰레기통에 버리는 사람들이 있다. 두 눈 뜨고서 다른 사람들이 먹고 마시며 즐기는 꼴을 못 보는 것이다. 자기의 남루한 처지를 비관하기 때문이다. 한 시도 자신이 불행하다는 의식에서 벗어나지를 못하기 때문이다. 그러한 인물은 원한의 감정에 사로잡힌 인물이다.

원한에 사로잡힌 인물을 극적으로 보여주는 영화의 하나로 리 타마호리(Lee Tamahori) 감독의 〈엣지〉(The Edge, 1998)가 있다. 이 영화는 매우 지적이며 아는 것도 많고 재주도 많은 억만장자 찰스 모르스(안소니 홉킨스 분)이 사진작가 로버트 그린(알렉 볼드윈)을 자신의 별장으로 초대하면서 벌어지는 사건을 다루고 있다. 찰스의 아내는 자기보다 훨씬 젊고 아름다운 모델 미키 모르스(엘 맥퍼슨 분)이다. 그는 명예와 돈, 머리, 아내, 세상에 부족한 것 하나 없는 모든 것을 다 갖춘 인물이다(이런 인물은 상상 속에서만 존재하겠지만). 문제는 로버트가 이와 모든 것을 다 갖춘 찰스를 질투하고 미워한다는 사실에 있다. 그는 공평하고 정의로운 세상이라면 한 사람에게 모든 부귀영화를 다 몰아줄 수가 없다고 생각하면서 자신의 미움을 정당화시킨다. 그런데 재미있는 사실은 그가 찰스를 미워할 이유가 하나도 없다는 점에 있다. 반면에 고마워하고 미안해야 할 이유는 두 손가락으로 헤아릴 수 없을 정도로 많다. 찰스는 그에게 분에 넘칠 정도로 파격적으로 좋은 조건을 제시했으며 그가 조금이라도 불편해하지 않도록 모든 편의를 봐주고 있다. 그런데 적반하장도 유분수라고 그는 찰스의 아내 미키와 밀회를 즐기기까지 하고 있다. 플롯은 찰스와 로버트가 타고 가던 헬리콥터의 기체에 이상이 생겨 밀림에 불시착을 하면서 전개되기 시작한다. 야생동물들이 들끓고 온갖 위험이 산재하며 먹을 것도 없는 밀림에서 목숨을 부지하기는 매우 위험한 일이다. 외부와 연락할 방도도 없다. 이때 찰스는 밀림에 대한 광범한 지식과 뛰어난 판단 능력, 재빠르고 단호한 결단력과 리더십을 통해서 역경을 헤쳐 나간다. 그의 덕분에 로버트도 목숨을 건질 수가 있었다. 혼자 있었더라면 하루도 생존할 수가 없었을 것이다. 그럼에도 바로 그러한 이유로 인해서, 즉 하나에서 열까지 찰스에게 의존함으로써 위험에서 벗어날 수 있었다는 사실이 그의 자존심을 더욱더 짓밟고, 자존심이 상하면 상할수록 더욱더 찰스를 미워하고, 그것으로도 모자라서 증오하기 시작한다. 그리고 찰스를 살해할 기회를 모색하기 시작한다. 물론 그는 실패한다. 그러나 또 다른 기회를 모색하기 시작한다.

재미있는 사실은, 찰스와 마찬가지로 로버트도 행복할 모든 이유를 가지고 있다는 점에 있다. 찰스가 자기보다 뛰어나다는 사실만 자연스럽게 받아들이면 그는 오히려 찰스보다 더욱더 행복할 수가 있다. 로버트도 남부럽지 않게 잘나가는 사진작가이며 경제적으로도 여유가 있고 더구나 금상첨화로, 젊고 아름다운 모델과 밀회를 즐기고 있다. 그는 찰스가 가지지 못한 한 가지, 미키의 사랑까지 독점하고 있다. 그녀는 찰스를 사랑하지 않기 때문이다. 세상에 이보다 더한 행운이 어디에 있을까? 그럼에도 그는 행복하지 않으며 불만에 가득 차 식식거리며 불평을 한다. 찰스가 자신보다 더욱 부유하며 더욱 똑똑하고, 더욱 훌륭한 인격자라는 이유에서이다.

로버트는 자기 모순적인 인물이다. 자기가 가진 장점과 재화는 무시하면서 자기에게 없는 것만을 본다. 사진작가로서의 성공과 미키의 사랑 등 자신이 가진 것은 그의 눈에 들어오지 않는다. 그는 이상하게도 자신에게 없는 것만을 본다. 이 있음과 없음의 차이는 전적으로 비교의 심리에서 비롯된다. 자신은 십만 원을 가지고 있는데 찰스는 백만 원을 가지고 있다고 하자. 그에게 십만 원은 있는 것이 아니다. 찰스와의 차액, 즉 90만 원이 없는 것이다. 그는 가지고 있는 10만 원으로 먹고 마시며 배불리 즐길 수 있지만 90만 원이 없어서 그럴 수 없다고 불평하면서 배를 골리고 있다. 그에게는 읽지도 않은 100권의 책이 있다고 하자. 그렇지만 그는 찰스의 서재에는 천 권의 책이 있다는 생각에 원통해하면서 읽지도 않을 책을 1,000권으로 불릴 생각만 한다. 그런데 그가 1,000권의 책으로 만족할 수가 있을까? 물론 만족할 수가 없다. 머지않아 그는 찰스보다 더욱 부유한 사람을 만날 것이고, 그러면서 다시 질투의 배가 풍선처럼 부풀며 아파오기 시작할 것이다.

그런데 로버트는 찰스에 비해서 열등한 인물일까? 그는 찰스보다 재치도 없고 판단력도 느리며 매사에 부정적이고 무능력한 것일까? 나는 그렇지 않다고 생각한다. 당황하거나 초조하고 마음이 불편하면 우리는 사태를 제대로 파악을 할 수가 없다. 상대방의 재산이나 명성에 주눅이 들면 그를 있는 그대로 파악할 수 없게 된다. 상대방을 실제보다 더욱 크고 대단한 인물로 과대평가할 가능성이 커진다. 세상에는 온갖 다양한 능력과 재주를 가진 수많은 사람들이 있다. 어떤 사람은 수학이 뛰어나고 어떤 사람은 축구를 잘하고, 또 어떤 사람은 그림을 잘 그릴 수가 있다. 수학과 축구, 그림의 훌륭함을 비교할 수 있는 단일한 척도나 기준은 존재하지 않는다. 그럼에도 누군가의 특정한 능력을 부러워하기 시작하면 그러한 능력이 절대적인 평가의 기준이 되어버린다. 예를 들어, 축구를 잘하는 학생이 자신의 운동 능력은 무시하면서 수학 학습 능력을 터무니없이 높게 평가하는 것이다. 그는 친구와 비교함으로써 자신의 존재 가치를 부정하고 있다.

그렇다면 찰스는 어떠할까? 찰스는 로버트보다 뛰어난 인물일까? 사실 이러한 질문은 질문으로 성립하지 않는다. 모든 질문이 올바른 것은 아니다. 우리는 올바르게 질문하는 방법을 배워야 한다. 수학과 축구 가운데 무엇이 더 뛰어난 능력인가를 묻는 것이 어리석은 질문이라면, 그것은 찰스와 로버트의 관계에 대해서도 마찬가지이다. 참나무와 전나무, 사자와 사슴, 독수리와 참새의 관계에 대해서도 마찬가지이다. 참나무는 참나무대로 아름답고 전나무는 전나무대로 아름답다. 찰스가 로버트보다 뛰어나다면 그것은 그 이유는 단 하나이다. 그는 자신을 로버트와 비교하지 않는다. 로버트가 젊고 건강하기 때문에 자신은 늙고 병약하다고 생각하지 않는다. 로버트라는 거울에 자신을 비춰보지 않는 것이다. 그는 주어진 상황에서 자신이 할 수 있는 최선을 다할 따름이다. 로버트가 그러한 자신을 어떻게 바라보고 평가할지에 대해 전혀 생각하지 않는다. 그는 로버트를 의식하지 않고서 행동하는 것이다. 앞서 말했듯이 밀림에 불시착한 두 사람은 수많은 위험에 직면하는데 그중의 하나가 불곰과 마주치는 장면이다. 이때 찰스는 곰을 물리치기 위해서 나뭇더미의 뒤에 몸을 숨기거나 횃불을 던지거나 덫을 설치하는 등 그 상황에서 요구되는 최선의 행동을 한다. 중요한 것은 그가 무시무시한 불곰을 상대하면서도 지나치게 당황하거나 지레 겁을 집어먹고 도망가지 않고서 침착함을 유지한다는 사실이다. 그러면서 상황을 객관적으로 판단한다는 사실이다. 곰의 위력을 과대평가하지도 않고 그렇다고 과소평가하지도 않으면서 그는 침착하게 곰과 정면 대결을 한다. 등치와 힘, 스피드에서 그는 곰과 비교가 되지 않는다. 그렇지만 생각할 수 있는 지적 역량과 지식에서 곰보다 우위에 있다. 찰스와 곰, 그 누구도 절대적인 우위에 있지 않다. 아마도 찰스는 곰과의 싸움에서 패배하고 곰의 먹이가 될 확률이 크다고 할 수 있다. 그렇지만 그는 역량을 최대한 끌어올려서 곰과 싸운다. 그러한 그의 의식에는 로버트(라는 타자)는 존재하지 않는다. 반면에 로버트는 언제나 찰스의 존재를 의식하고 있다. 찰스가 곰과 이자관계에 있다면 로버트는 삼자관계에 있다.

이자관계와 삼자관계의 차이에 대해 조금 더 생각해보기로 하자. 이를 위해서 외국인이 처음으로 냉면을 먹는다고 가정해보자. 냉면의 면은 얇고 질기며 길이가 길기 때문에 젓가락을 처음 사용하는 사람으로서는 먹기가 여간 난감한 것이 아니다. 더구나 젓가락질을 잘하는 한국인이 옆에 있으면 그렇지 못한 자기 자신이 우스꽝스럽고 부끄럽게 느껴질 수도 있다. 그가 자신의 먹는 모습을 어떻게 바라볼지 신경이 쓰일 것이다. 그는 한국인 타자의 시선을 의식하고 있는 것이다. 그리고 그러한 시선을 의식하면 의식할수록 젓가락질은 더욱더 서툴러지면서 엉망이 될 것이다.

자의식이 강화되기 때문이다. 냉면을 먹는 것이 아니라 냉면을 먹는 자신의 모습을 타자의 거울에 계속해서 비춰보기 때문이다. 그렇지만 찰스처럼 타자의 시선을 의식하지 않을 수 있다. 자신을 지켜보는 타자가 없이 혼자서 냉면을 먹는다고 생각해보라. 누군가의 시선을 의식하지 않으면 냉면 먹기가 훨씬 수월해진다. 긴 면발을 먹기가 불편하면 가위로 잘라서 먹을 수도 있다. 그래도 힘이 들면 손가락을 사용할 수도 있다. 중요한 것은 타자의 시선을 만족시키는 것이 아니라 냉면을 먹는 것이기 때문이다. 젓가락질이 서툰 사람은 타자의 시선이 아니라 젓가락질에 집중해야 한다. 자신을 지켜보는 타자의 시선을 의식하는 순간에 몸이 경직되고 긴장하기 시작한다. 그는 삼자관계에 있다. 냉면을 먹으면서도 그러한 자신을 바라보는 타자의 시선을 의식하고 있는 것이다. 이와 같이 반갑지 않은 불청객으로서 타자의 시선은 모든 것을 망쳐버린다. 그는 타자의 노예나 마찬가지이다. 로버트는 찰스의 노예나 마찬가지였다. 일거수일투족 그의 눈치를 보면서 행동하기 때문이다.

열등감과 우월감은 동전의 양면과 마찬가지이다. 양자 모두 타자와의 비교를 통해서 발생하는 감정이다. 그 출발점은 자기를 다른 사람의 우위에 두려는 심리적 기제이다. 우리는 누구나 무의식적으로 자신이 다른 사람보다 모든 점에서 더욱 똑똑하고 멋이 있으며 더 잘나가야 된다고 생각하는 경향이 있다. 그런데 자신의 현실이 그렇지 않을 때 우월감은 열등감으로 뒤바뀌기 시작한다. 열등감이란 전복된 우월감이다. 비교가 없는 곳에는 열등감도 없으며 우월감도 없다. 비교의 문제는 그것이 부정적인 결과를 생산한다는 점에 있다. 생각해 보라. 세상에는 우리 자신보다 멋있고 똑똑한 사람이(?) 너무나 많다.[3] 설령 자신보다 못한 사람(?)이 있어도 그러한 사람은 눈에 들어오지를 않는다. 비교의 상대로서 자기보다

3 여기에서 똑똑한 사람에 물음표를 단 이유를 짐작하기는 어렵지 않을 것이다. 앞서 말했듯이 비교의 기준이 명시되지 않으면 똑똑하다는 판단은 지극히 주관적이고 임의적인 것이 되고 만다.

잘난 사람을 선택하기 때문이다.

남의 떡이 자기 것보다 더 크게 보이는 이유도 열등감과 우월함의 상호 작용과 무관하지 않다. 똑같은 크기로 자른 떡인데 왜 상대방의 것이 자기 것보다 더 크게 보이는 것일까? 여기에는 자기가 다른 사람보다 더 많이 먹어야 한다는 무의식적 욕망이 작용하고 있다. 자신의 등치가 크기 때문에 더 많은 영양을 섭취해야 한다고 생각하는 사람이 있는가 하면 덩치가 작기 때문에 더 많이 먹어서 살이 쪄야 한다고 생각하는 사람도 있다. 그렇게 생각하면서 남의 떡을 보면 자기 것이 너무나 작게 느껴지는 착시현상이 생기는 것이다.

물론 인간은 더불어서 살아가는 사회적 동물이기 때문에 다른 사람의 눈치를 보지 않을 수는 없다. 타인의 시선을 의식하지 않고 내키는 대로 행동하는 사람은 오만방자하게 보일 수 있으며, 심하면 주위 사람들에게 피해를 줄 수도 있다. 상대방을 배려하면서 행동하는 것이 악덕이 아니라 미덕일 수 있다. 걸음이 빠른 사람은 걸음이 느린 사람과 보조를 맞추면서 걸어야 한다. 짐을 나르는 경우에도 힘이 센 사람은 주위를 둘러보면서 힘이 약한 사람이 너무 무거운 것을 들지 않도록 신경을 써야 한다. 두말할 나위 없이 이러한 행동들은 도덕적인 행동들이다. 타자에 대한 자신의 우월함을 증명하기 위한 행동이 아니라 타자에 대한 배려에서 나온 행동이기 때문이다. 만일 이러한 배려가 없다면 걸음이 느리거나 힘이 약한 사람들은 대열과 그룹으로부터 이탈하게 될 것이다. 앞서 말했듯이 탈락자가 없는 사회가 축제의 공간이다. 아름다운 사회는 구성원 누구나 자기의 몫과 역할을 가지고 자신의 능력을 발휘할 수 있다. 힘이 센 사람은 힘이 요구되는 일을 할 수 있고, 힘이 약한 사람도 자신의 힘에 적합한 일을 할 수가 있어야 한다. 크고 작은 힘의 크기는 우월감이나 열등감과 같은 비교의 기제와는 아무런 관련이 없다. 힘이 약한 사람이 힘이 센 사람을 질투하거나 미워할 이유도 존재하지 않는다. 잘나든 못나든 자기 자신에게 만족하기 때문이다. 비교할 필요가 없는 삶은 단순한 삶이다. 행복의 비결은 단순함에 있다. 사랑의 비결도 단순함에 있다. 다음의 인용문은 칼비노(Italo Calvino)의 『나무 위의 기사』의 한 구절이다. "그렇게 사랑이 시작되었다. 청년은 행복했고 정신을 잃을 정도로 어리둥절했다 …… 사랑의 미덕 중 가장 새로운 것은 아주 단순한 존재가 될 수 있다는 점이었는데, 형은 그때 자신이 평생 그렇게 단순하게 살 수 있을 것이라 생각했다."[4]

덧붙이는 말

이 글을 쓰고 나서 신문에서 『난상이가 쏘아 올린 공』의 저자 조세희의 부고 소식을 접했다. 내가 알기에 그는 이 땅에서 힘이 없고 가난한 약자들 편에 섰던 유례없는 분이었다. 그의 서거를 소개하는 기사에 다음과 같은 그의 말이 인용돼 있었다. "이 땅에서 바로 이 시간에 '행복하다' 믿는 사람이 있다면 그는 다음 두 부류 중 하나다. 하나는 도둑이고 하나는 바보다." 그의 말을 읽으면서 그의 작품에 더할 나위 없이 매료되어 있었고 또 주체할 수 없이 감동했던 나의 이십 대가 떠올랐다. 당시에 나는 그의 말에 100%로 공감했었다. 행복을 입에 담는 사람들을 경멸했었다. 그런데 문제는, 현재 나는 행복 예찬론자라는 사실이다. 나는 모든 사람들이, 특히 가난하며 가진 것이 없는 사람들이 행복하기를 바란다. 나는 조세희 씨도 같은 생각을 했다고 믿는다. 그가 행복 자체를 비난했던 것은 아니었다. 권력과 재물, 명예가 행복이라고 생각했던 사람들을 비난하였다. 행복이란 거리낄 것 없는 마음의 평화와 당당함, 떳떳함, 그리고 변명할 필요 없는 단순함이다.

4 칼비노, 『나무 위의 기사』, 이현경 옮김, 민음사, 1997, 225쪽.

가난과 관련해서 자주 언급되는 유전무죄에 대해서도 잠시 생각해보자. '유전무죄 무전유죄.' 돈 있는 사람은 죄가 없고, 돈 없는 사람은 죄가 있다는 이 유명한 말은, 황금만능주의가 만연한 현실과 부패한 권력을 비판하며 탈주범 지강헌이 외쳤던 말이다. 이 말은 2012년에 영국의 경제지 〈더 이코노미스트〉에서 한국어 발음 그대로 'Yujeon mujwai mujeon yujwai' 영어로 옮기기도 했다. 그만큼 불평등한 현실을 한마디로 꼭 집어서 속 시원하게 정곡을 찌르는 대단한 효과를 발휘했던 것이다. 그렇지만 유전무죄라는 말을 액면 그대로 받아들이는 사람은 없을 것이다. 우리는 민주주의의 사회, 언론의 자유가 보장되는 사회에 살고 있다. 돈이 많거나 권력이 많은 사람들은 그렇지 않은 사람들에 비해서 훨씬 더 언론에 노출되어 있다. 나는 우리 사회에 무소불위의 권력이라는 것은 존재하지 않는다고 믿고 있다. 이른바 갑의 위치에 있는 사람들은 자칫하면 '갑질'의 가해자로 여론의 질타를 받으며 곤욕을 치르기도 한다. 달리 말해서 우리 사회에서는 있는 사람들도 없는 사람들의 눈치를 보면서 살지 않으면 안 되는 것이다. 역사적으로 우리나라가 이만큼 정의로웠던 적이 있었을까? 내가 하고 싶은 말은 이렇다. 지강헌의 유전무죄 논리는 자기변명이었으며, 자신의 범죄를 정당화하는 심리적 기제였다. 유전무죄가 터무니없이 현실을 호도하는 말이라는 얘기가 아니다. 중요한 것은 그것이 어느 정도나 현실을 설명해줄 수 있는가 하는 질문이다. 그리고 우리는 현실의 불의와 부정을 역사적 관점에서 이해할 필요가 있다. 유전무죄가 완전히 사라지는 유토피아는 상상할 수가 없다. 권력과 삶은 떼어놓을 수가 없기 때문이다. 더욱더 중요한 것은 우리가 그러한 현실의 일부라는 사실이다. 우리는 대부분 자신이 유전무죄의 피해자라고 생각을 할 것이다. 그러나 조금만 깊이 생각을 해보면 우리가 모두 그러한 유전무죄의 가해자이기도 했다는 사실을 발견할 것이다.

3장

감정이란 무엇인가?

감정이란 무엇일까? 국어사전에는 “어떤 현상이나 일에 대하여 일어나는 마음이나 느끼는 기분으로 정의되어 있다. 감정은 마음과 몸의 동요와 변화이다. 몸에 가까운 변화가 있는가 하면 마음에 가까운 변화도 있다. 이 차이를 설명하기 위해서는 필자는 먼저 정동의 관점에서 감정과 느낌을 개념적으로 구별하게 될 것이다. 감정이 몸에 밀착된 정동이라면 느낌은 마음에 밀착된 정동이다. 이러한 구별에 뒤이어서 필자는 왜 현대에서 감정이 특별히 중요한가에 대한 논의로 이동할 것이다. ‘감정적 전환’(affective turn)이라는 개념도 소개할 것이다. 그다음에 필자는 특별히 분노와 같은 부정적 감정과 그러한 감정의 표출에 주목하게 될 것이다. 최근에 우리는 참는 것보다 감정을 표출하는 것이 건강에 좋다는 의학적 지식을 자주 접하고 있다. 과연 그러할까? 그리고 현재 우리나라에서 어떤 감정이 가장 주된 감정일까? 분노의 사회나 혐오의 시대라는 말이 인구에 회자되고 있는데 과연 그러할까?

우리는 누군가 감정에 휘둘린다거나 너무나 감정적이라는 말, 감정에 잠식되어버린다는 말을 자주 듣는다. 이러한 표현들은 우리가 감정의 노예가 된 상태를 가리키고 있다. 우리는 감정의 주인이 될 수도 있고 노예가 될 수도 있다. 여기에서 중요한 것은 능동성과 수동성의 차이이다. 우리는 모두 감정에 끌려가지 않기를 바라고 있다. 우리가 감정의 주인이 되는 것이 과연 가능할까?

이 글에 일관되게 흐르는 필자의 주장은 다음과 같다. 정동은 외부와 내부의 자극에 대한 몸의 변화이다. 자극은 외부에서 올 수도 있고 내부에서 올 수도 있다. 가령 누가 나를 모욕해서 화가 난다면 그 원인이 외부에 있지만 공복감이나 소화불량에서 비롯되는 불쾌감의 원인은 내부에 있다. 이때 나는 그러한 몸의 변화를 의식할 수도 있고 모를 수도 있다. '몰입' 상태에 있으면 배가 꼬르륵거리는 몸의 변화가 있어도 나는 배고픔을 느끼지 않을 수 있다. 이 글에서 나의 의식에 등록되지 않은 몸의 변화가 감정(emotion)이다. 반면에 내가 알아챈 몸의 변화는 '느낌'(feeling)이다. 우리가 느낌에 대해서는 주인이 될 수도 있다. 그러나 의식하지 못하는 몸의 변화로서 감정에 대해서는 주인이 될 수가 없다. 감정이 전적으로 수동적이라면 느낌은 능동적이 될 수 있다. 감정이 외부의 자극에 의한 몸의 변화라면 그러한 변화를 의식하는 과정을 통해 우리는 자신의 주인이 될 수 있다. 그러한 의식이 언어화된 것이 생각이다. 이 점에서 생각보다 본질적인 것은 감정이고 느낌이다.

1 | 감정이란 무엇인가?

대체 감정이 무엇일까? 감정을 정의하기는 어려운 일이다. 전통적으로 감정을 정의하는 일은 철학과 윤리학, 그리고 19세기 후반 이후로는 심리학과 정신분석학이 즐겨 다루는 주제였다. 그리고 초점은 언제나 인간의 감정에 있었다. 그런데 20세기 중반 이후로 진화생물학과 뇌과학은 감정에 대한 논의의 장을 바꿔놓았다. 동물도 인간과 마찬가지로 감정을 가지고 있다는 사실이 증명되었기 때문이다. 이성과 달리 감정은 인간의 독점이 아니다. 감정의 진폭과 적용범위가 동물로 확대된 것이다. 이러한 이유로 최근에는 정동(affect, 情動)이라는 개념이 감정을 대체하면서 새로운 논의의 지평으로 떠오르고 있다.

사전적 정의에 따르면 감정은 "어떤 현상이나 사건을 접했을 때 마음에서 일어나는 느낌이나 기분"이다. 그러나 이러한 정의는 감정의 이해에 별 도움이 되지 않는다. 감정을 느낌과 기분으로 대체한 동어반복에 지나지 않기 때문이다. 그럼에도 '일어나다'는 동사에 주목할 필요가 있다. 영어(emotion)의 어원도 '움직인다'를 뜻하는 라틴어(movere)에서 유래하였다. 단순화시키면 몸의 움직임, 즉 크고 작은 몸의 변화가 감정이다. 바람에 나뭇잎이 흔들리는 나무를 생각해보자. 과장해서 그러한 나뭇잎의 흔들림, 즉 나무의 변화가 감정이다. 쥐를 쫓는 고양이를 보며 강아지가 꼬리를 흔들고 있다고 하자. 이 꼬리의 움직임이 강아지의 감정을 가리키고 있다. 도망가는 쥐도, 뒤쫓는 고양이도 몸이 움직이고 있기 때문에 감정의 변화를 겪고 있다. 감정은 몸에 발생하는 변화이다.

감정과 관련해서 감정과 정동, 느낌의 차이가 혼란스러울 수 있다. 미국의 가수 저스틴 팀버레이크의 "Can't stop the feeling"이라는 제목의 노래는 "I got this feeling inside my bones"라는 가사로 시작한다. 여기에서 필링을 emotion으로 대체해도 좋을까? 바꾼다고 해서 큰일이 일어나지는 않는다. 그럼에도 구구절절한 사랑의 심정이 필링만큼 전달되지는 않는다. "느낌이 온다"라는 표현을 "감정이 온다"로 대체할 수가 있을까? 없다고 생각한다. 느낌은 감정보다 더 강한 주관적 뉘앙스를 가지고 있다. 다른 사람이 아니라 일인칭 '나'라는 사실이 강조되는 것이다. 그런데 몸에 일어나는 변화가 '나'라고 말하는 일인칭 화자(주체)에게로 수렴이 될 수 있을까? 몸의 모든 변화가 '나'의 의식에 등록되지는 않는다. 바람에 머리카락이 날리고 있다고 하자. 이때 머리카락의 움직임은 신경섬유로 전달이 된다. 머리카락의 뿌리를 감싸고 있는 모낭에 5~12개의 신경섬유가 있다. 바람의 자극에 의해서 발생한 몸의 변화가 감정이다. 그렇다고 내가 반드시 그러한 변화를 의식하고 있다고, 즉 느끼고 있고 말할 수는 없다. 변화의 크기가 너무나 작거나 내가 다른 일에 정신이 팔려있을 때 나는 몸의 변화를 느끼지 못한다. 간단히 말해서 의식되지 않은 몸의 변화가 감정이라면, 의식된 감정이 곧 느낌이다. 몸은 알고 있지만 나는 모르는 감정이 있을 수 있다.

우리는 얼마나 많은 감정과 느낌을 가지고 있을까? 이 질문은 색상의 종류를 묻는 질문과 비슷한 맥락에 있다. 색을 보기에 쉽도록 구분하고 원형으로 분류한 것이 색상환이다. 몇 개의 색상이 있을 수 있을까? 10개의 색상환, 12개의 색상환도 있고, 20개나 24개 색상환도 있다. 이론적으로는 48개, 100개, 480개의 색상도 가능하다. 색상에 민감하지 않은 사람에게 똑같이 빨강으로 보이는 것이 화가의 눈에는 연지, 빨강, 다홍의 3가지 색상으로 보일 수 있다. 감정과 느낌도 분류하기 나름이다. 유학에 따르면 인간에게는 기본적인 7가지 감정, 칠정(七情)이 있다. 기뻐하고, 성내고, 슬퍼하고, 즐거워하고, 사랑하고, 미워하고, 욕심내는 희로애락애오욕(喜怒哀樂愛惡欲)이 그것이다. 반면에 데카르트는 정념(passion)이라는 범주를 경이, 애정, 증오, 욕망, 비애라는 5가지 감정으로 분류하였다. 그와 동시대인이었던 스피노자는 쾌와 불쾌라는 두 가지 기본감정으로부터 48가지 감정 종류를 추출해내었다. 그에 따르면 음주욕, 박애, 과대평가도 그러한 감정의 하나이다. 분류에 따라서 감정은 희로애락의 4가지가 될 수도, 데카르트처럼 5가지가 될 수도, 7가지가 될 수도, 아니면 48가지가 될 수도 있다.

감정을 객관적으로 규정하려는 시도가 없었던 것은 아니다. 찰스 다윈은 인간에게는 6가지의 기본적이면서 보편적인 감정이 있다고 『인간과 동물의 감정 표현』에서 주장하였다. 20세기 가장 영향력 있는 심리학자로 평가되는 폴 에크만(Paul Ekman)은 그의 이론을 과학적으로 검증 가능한 6가지 일차 감정이론(기쁨, 슬픔, 공포, 분노, 놀람, 혐오)으로 발전시켰다. 그리고 이러한 감정의 변화를 얼굴 표정에서 읽어낼 수 있는 "얼굴 근육 운동 코드 체계"(Facial Action Coding System; FACS)를 개발하였다. 그러한 체계의 가치를 부정하지는 않지만, 나는 감정이 보편적이며 객관적이라는 에크만의 주장에 동의하지는 않는다. 비록 똑같은 자극이 주어진다고 해도 그것에 대해서 누구나 다 똑같이 느끼지는 않는다. 주체가 의식하지 못하는 감정의 차원에서 몸의 변화는 똑같다고 생각하지도 않는다. 성장환경과 경험, 문화, 언어의 차이에 따라서 사람마다 서로 다른 몸을 갖게 되기 때문이다. 몸과 감정도 역사와 문화를 가지는 것이다.

최근 우리나라에서 사회적 이슈가 되는 분노의 감정을 살펴보기로 하자. 호메로스의 『일리아스』의 독자는 다음과 같은 첫 구절을 결코 잊을 수 없을 것이다. "분노, 오 뮤즈신이여, 펠레우스의 아들 아킬레우스의 분노, 수많은 그리스 병사의 목숨을 앗아간 그 살인적인 그 불행한 분노에 대해 노래하게 하라!" 총사령관인 아가멤논이 감히 자기를 모욕했다는 생각에 아킬레우스의 몸은 분노로 시뻘겋게 불타오르고, 그 분노의 화염에 수많은 병사들이 잿더미가 되어버렸다. 이 대목에서 우리는 고대 희랍인들은 얼마나 분노의 감정을 두려워하였는지 짐작할 수 있다. 분노는 불길, 열기와 같이 뜨겁고 폭발적이며 파괴적인 이미지로 묘사되곤 하였다. 이와 같이 갑작스러운 분노의 발작은 오이디푸스왕의 비극의 원인이기도 하였다. 낯선 사람이 자기 길을 방해하자 격노한 그는 단칼에 그를 살해해버린다. 자기 친아버지라는 사실을 모르고서. 그렇지만 희랍 이외의 다른 문화권에서도 분노가 세네카의 말처럼 "모든 감정 중에서 가장 끔찍하고 광폭한 감정"(서먼 61 재인용)[1]이었다고 생각하면 안 된다. 에스키

모인의 마을에 체류하며 풍속을 연구했던 인류학자 브릭스(J. Briggs)는 그들이 분노의 감정을 모른다는 사실을 발견하였다. 그 결과가 1971년에 출간된 『분노를 모르는 사람들』(*Never in Anger*)이다. 멀리 에스키모 마을까지 갈 필요도 없다. 분노만큼 젠더의 차이가 크고 위계적인 감정도 많지 않을 것이다. 여성이 두려워하는 감정이 분노였던 적은 역사상 일찍이 없었다고 말해도 과언이 아니다. 분노는 피지배자가 아니라 지배자의 주된 감정이었다.[2] 그리고 프로이트는 『문명과 불만』에서 원시적 문화의 주된 감정이 밖으로 향하는 분노였다면 현대인의 주된 감정은 내부로 향하는 죄책감이라고 진단하였다. 니체도 『도덕의 계보학』에서 기독교 문화권의 가장 지배적인 특징은 원한의 감정이라고 주장하였다.

감정은 인간의 항수가 아니라 문화적 · 역사적 변수이다. 그리고 해석이 불필요할 정도로 그 자체 투명하고 분명한 감정도 없다고 봐야 한다. 문화와 개인에 따라서 빨강이 연지와 빨강, 다홍의 3가지 색으로 분절될 수 있듯이 감정도 그러한 해석의 프리즘을 거치게 된다. 예를 들어 분노와 사랑을 감정의 일종으로 분류하기 전에 그것이 한때 질병으로 간주되었다는 사실을 상기할 수 있다. 1601년에 자크 페랑이라는 의사는 사랑을 "간과 뇌, 심장을 한꺼번에 괴롭히는" 정신적 · 육체적 질병으로 보았다. 트리스탄과 이졸데가 마셨던 묘약을 비롯해서 에로스의 화살도 사랑을 일종의 정신병으로 간주하는 문화의 산물이다. 여기에서 내가 말하고자 하는 것은 분노나 사랑과 같은 격정이 질병으로 간주될 수 있는가 아닌가의 문제가 아니다. 중요한 것은 몸에 일어나는 변화인 감정이 분노나 사랑, 슬픔, 질투 등의 느낌으로 미리 결정되어서 우리에게 의식되지는

1 셔먼, 로버트 A. F., 『화』, 정명진 옮김, 민음사, 2007.

2 김영미 · 이명호, "분노 감정의 정치학과 제인 에어," 『근대영미소설』 제19권 제1호, 2012, 33-61쪽.
참조: 윤수정 · 태영숙, "여성암 환자의 억압된 분노와 삶의 질과의 관계," 『종양간호학회지』 제4권 제1호, 2004, 16-25쪽.

않는다는 사실이다. 고통과 기쁨, 사랑과 미움, 질투와 칭찬, 공포 등의 느낌도 해석과 떼어놓고 생각할 수 없다.

외부의 자극에 대한 몸의 반응이 감정이다. 파블로프의 개처럼 자극 자체가 반응을 자동적으로 결정하지는 않는다. 그래서 동일한 대상에 대하여 사랑이나 증오 어느 한쪽이 우세할 수도, 두 감정이 한꺼번에 공존할 수도 있다. 이것은 1962년의 유명한 심리 실험으로도 증명되었다. 스탠리 샥터(Stanley Scachter)와 제롬 싱어(Jerome Singer)는 실험에 자원한 184명 대학생들에게 아드레날린 주사를 놓았다. 아드레날린은 심장박동을 빠르게 하고 혈관을 수축하도록 몸의 변화를 야기하는 화학물질이다. 그러한 몸의 변화(감정)를 우리는 어떻게 의식하고 경험하며 느끼는 것일까? 이 질문에 대답하기 위해 실험을 기획했던 샥스는 주사를 맞은 피실험자가 대기실에서 기다리는 동안 거기에 있는 또 다른 실험공모자가 기쁜 표정을 짓고 있거나 언짢은 표정을 짓고 있도록 시켰다. 그런 다음에 피실험자와 다시 만나서 기분이 어떠한지를 물어봤다. 대기실에서 기쁜 표정의 연기자를 만났던 학생은 날아갈 듯이 행복하다고, 그 반대 경우의 학생은 이유 없이 화가 치밀어 오른다는 대답을 내놨다. 각각 다른 종류의 사진을 보여줘도 결과는 똑같았다. 한쪽에는 과거의 행복했던 일, 다른 한쪽에는 불행했던 사건을 생각하도록 지시를 받은 학생의 반응도 다르지 않았다. 심장박동이 빨라지고 혈관이 수축되는 몸의 변화가 피실험자의 느낌을 결정하지 않았다. 주어진 상황과 맥락에 의해 굴절되고 해석됨으로써 아드레날린은 행복하거나 불행한 느낌으로 느껴졌던 것이다.

또 하나의 예로, 『동물농장』과 『1984』로 유명한 조지 오웰(George Orwell)이 젊은 시절 동전 한 푼 없이 파리와 런던을 부랑아처럼 전전했던 가난의 경험을 바탕으로 자전적인 『파리와 런던의 따라지 인생』을 출판하였다. 이 책의 한 대목에서 그는 다음과 같이 말했다. "돈을 적게 가질수록 걱정도 덜하게 된다. 모두 합쳐 100프랑밖에 없을 때는 가장 소심한 겁쟁이, 그러나 3프랑만 있으면 아주 무심해진다. 바닥에 왔다는 생각이 들면 쾌감 비슷한 감정을 느낀다."[3] 100프랑의 돈이 있거나 없다는 사실을 깨닫게 되면 몸에 이러저러한 변화가 일어난다. 일류 호텔에 숙박하면서 최고급 음식을 먹을 수 있을 만큼 경제적으로 풍족하면 몸에도 긍정적인 변화가 일어난다. 이러한 기대감에 행복호르몬인 세로토닌과 보상호르몬이라 불리는 도파민도 흥건하게 분비될 것이다. 그런데 오웰의 몸에는 정반대의 변화가 생겼다. 그의 기쁨과 고통은 가진 돈의 분량과 비례하는 관계에 있어야 했지만, 굶주려야 하는 최악의 상황에서 그는 오히려 쾌감을 느꼈다. 그의 감정의 변화를 이해하지 못하는 사람도 있을 것이다. 러너스하이(runner's high)를 통해서 설명하고픈 유혹을 느낄 수도 있다. 격렬한 통증이나 극심한 스트레스의 자극을 받으면 그것에 대한 방어기제로서 마약과 같은 엔도르핀 호르몬이 뇌하수체에서 분비되는 것이다. 그렇지만 이러한 생리학으로 오웰의 감정을 설명할 수 없음은 물론이다. 그는 드디어 지긋지긋한 돈의 구속으로부터 완벽하게 해방되었다는 생각이 들자 온몸이 날아오르는 듯한 기쁨을 느꼈던 것이다. 그러나 그가 탐욕스러운 사람이었다면 죽고 싶은 생각이 들 정도로 궁핍의 서러움을 느꼈을 수도 있다.

감정과 느낌은 외부에서 주어지는 자극에 대한 몸의 변화이다. 책상을 두드리면 둔탁한 소리가 나고 크리스털 와인잔을 두드리면 상쾌한 소리가 난다. 그렇지만 같은 잔이라도 와인이 가득 찬 잔과 모래가 가득 찬 잔, 그리고 빈 잔의 소리는 제각기 다르다. 잔의 안에 들어있는 내용물의 종류와 분량에 따라서 음향과 음색, 음질이 달라지는 것이다. 외부의 자극은 우리 몸에 크고 작은 다양한 변화를 일으킨다. 예를 들어 심장이 빠르게 뛰고 혈압이 상승하고 호흡이 가빠지는 변화가 발생하였다고 하자. 그것이 긍정적인 느낌일까? 아니면 부정적인 느낌일까? 스피노자는

3 오웰, 『파리와 런던의 따라지 인생』, 문학동네, 2016, 148-49쪽.

삶을 보전하는 에너지(conatus)를 증가하도록 만드는 몸의 변화를 기쁨, 그러한 에너지를 감소시키는 몸의 변화를 슬픔이라고 정의하였다. 스트레스라는 용어를 처음으로 사용한 캐나다의 생화학자 젤리에(Hans Selye)는 그것을 "변화를 요구하는 몸의 불특정 반응"(the non-specific response of the body to any demand for change)이라고 정의했다. 그러한 영향을 받은 개인은 공격적이거나 적대적이 될 수도 있고 아니면 몸에서 솟아나는 강한 의욕과 용기를 느낄 수도 있다. 나쁜 스트레스(distress)가 될 수도, 좋은 스트레스(eustress)가 될 수도 있는 것이다. 긍정적 느낌과 부정적 느낌의 차이는 해석의 결과인 것이다.

2 | 현대사회에서 왜 특히 감정이 문제인가?

왜 현대사회에서 감정이 문제가 되었을까? 학문의 세계에서도 문화적 전환이나 윤리학적 전환에 뒤이어서 '감정적 전환'(affective turn)이라는 신조어가 등장했다. 강준만은 『인문학은 언어에서 태어났다』의 한 항목의 제목을 "왜 감정이 유행일까?"로 정했다. 교보문고에서 감정을 키워드로 검색하면 1,000여 종의 도서가 뜰 정도이다.

'감정적 전환'이 시작되기 이전에도 우리는 감정이라는 말을 입에 달고 살았다. 몸과 마찬가지로 감정이라는 말만큼 일상적인 말도 드물 것이다. 그러나 일상에서 '감정'의 사용 빈도수가 높다고 해서 그것이 자동적으로 담론적 화두가 되지는 않는다. 그것이 광범위한 반응을 촉발하는 문제의 장으로 들어와야만 본격적인 논의가 시작되는 것이다. 너무 자주 반복되어 식상해진 '……의 위기'라는 표현을 빌려 '감정의 위기'가 없었더라면 감정이 유행어가 되지는 않았을 것이다. 19세기 말에 인류학이 새로운 학문으로 부상했던 이유는 지구상에서 원주민이 사라지고 있다는 징후가

포착되었기 때문이었다.

감정적 전환이 발생한 가장 큰 이유의 하나를 필자는 인공지능의 발전에서 찾는다. 우리는 2016년 3월 중반에 알파고와 이세돌이 5회에 걸쳐 바둑 대결에 임했다는 사실을 알고 있다. 알파고가 4승 1패로 승리를 거두었다. 이 사건이 충격적이었던 이유가 무엇이었을까? 그것은 이성적 존재(호모사피엔스)로서 인간의 파탄과 패배를 우리가 TV에서 두 눈으로 똑똑히 지켜보았기 때문이었다. 계몽주의 이후로 동물과 인간을 구별하는 기준은 이성, 사유 활동이었다. 그런데 인간이 기계에 패배한 것이다. 인공지능이 인간의 이성을 대체할 수 있을 뿐 아니라 훨씬 더 효율적이며 우수하고 뛰어나다는 사실에 시청자는 경악하였다.

필자는 알파고의 승리에 경악한 사람들의 과민반응에 대해서 오히려 경악하였다. 인공지능의 발전에 관심을 가진 사람이라면 충분히 예상할 수 있는 일이었다. IBM의 슈퍼컴퓨터 딥블루(Deep Blue)는 세계 체스 챔피언 가리 카스파로프(Garry Kasparov)를 1997년 이후 12년간이니 연속으로 이겼다. 모든 가능한 경우의 수를 읽고 생각하며 예상할 수 있는 능력에서 인간이 인공지능을 따라갈 수 없다. 이러한 인공지능의 승리가 의미하는 것은 무엇인가? 그것은 컴퓨터가 인간의 생각과 언어를 정보화할 수 있다는 사실에 있다. 인공지능 창시자의 하나인 한스 모라벡(Hans Moravec)은 이미 반세기 전에 컴퓨터가 인간의 의식을 다운받을 수 있다고 주장하였다. 그런데 이 대목에서 우리에게 중요한 것은 모라벡의 역설(Moravec's Paradox)이다. 그는 "[인간에게] 어려운 일은 [컴퓨터에] 쉽고, [인간에게] 쉬운 일은 [컴퓨터에게] 어렵다"는 주장을 내놨다. 컴퓨터는 고차원적인 연산을 눈 깜짝할 사이에 해치울 수 있지만 책상 위의 연필을 집는 일처럼 매우 쉬운 일은 할 수가 없다는 것이다. 즉 밥을 먹고 옷을 입고 걷는 것과 같이 몸을 움직이는 활동에서 인공지능은 아직 인간의 발뒤꿈치에도 따라오지 못하고 있다. 간단히 말해서 인간의 몸은 정보화되지 않는다.

인간은 생각하는 동물이기 때문이 아니라 몸을 가진 동물이기 때문에 인공지능보다 훨씬 우월하다. 몸의 움직임, 즉 몸의 변화가 감정이 아니던가.

인공지능의 발달은 우리가 이제 몸의 관점에서 인간을 이해하고 재정의해야 할 필요성을 안겨주었다. "생각이 있는 곳에 나는 없고 생각이 없는 곳에 내가 있다"는 라캉(Jacques Lacan)의 유명한 명제도 이러한 맥락에서 이해될 수 있다. 나의 몸에 일어나는 변화(감정)가 생각에 입력되는 순간은, 어찌 보면 0과 1의 조합으로서 정보로 전환되는 순간이라고 할 수 있다. 내가 정보화되는 것이다. 그리고 그와 같이 정보화된 나에게는 희로애락의 감정이 있을 수가 없다.

최근에 인공지능이 인간의 감정까지 넘볼 정도로 발전했다는 소식이 심심치 않게 들린다. 이러한 소식은 과거의 어느 때보다도 우리가 더욱 절실하고 절박하게 감정에 대해 숙고하도록 만든다. 구글은 2015년에 행복과 공포, 놀람, 당혹스러움 같은 감정을 인간과 주고받을 수 있는 로봇으로 특허를 신청했다. 그리고 에크만의 6가지 기본 감정은 물론이고 미세한 얼굴 표정 변화까지 읽을 수 있는 로봇이 개발되고 있는 중이다. 『사피엔스』의 저자 유발 하라리는 "얼굴 표정 읽기나 언어 선택 분석에서 이미 사람보다 인공지능이 훨씬 더 뛰어난 능력을 보여주고 있다."고 말했다. 바둑을 제패한 로봇이 이제는 상대 플레이어의 포커페이스까지 읽어냄으로써 상대에게 승리하는 포커로봇의 등장도 멀지 않았다고 확신한다. 이러한 로봇의 경우 감정은 일종의 생화학적 알고리즘에 지나지 않는다. 감정도 충분히 정보화가 가능한 셈이다. 공상과학소설에서는 몸을 불필요한, 그리고 언제라도 대체가 가능한 고깃덩어리(meat)라고 한다. 과연 그러할까?

필자가 인공지능을 빌어서 감정적 전회를 설명한 이유는 인간의 인간됨이 발현되는 현장이 마음이라기보다는 몸이며, 그러한 몸의 변화가 감정이라는 것을 강조하기 위함이었다. 로봇을 묘사하는 전형적인 표현으로

'감정이 없는 듯한 표정'이나 '딱딱하고 경직된 태도' 등이 있다. 얼음판인 줄 모르고 로봇처럼 딱딱하게 걸어가다가 미끄러져 넘어지는 연기는 촌극의 단골 메뉴이다. 우리가 로봇처럼 넘어지지 않는 이유를 '몸의 지혜'에서 찾을 수 있다. 얼음판을 눈으로 지각하는 순간, 조심해야겠다는 생각에 앞서서 몸에는 이미 물리적·화학적 변화가 일어난다. 감정 기제가 작동하는 것이다. 만약 생수라고 생각하고 마신 액체에서 쓴맛이 느껴진다면 나도 모르게 몸은 그것을 토해낸다. 이때 그러한 행동의 주체는 나의 의식이 아니라 몸이라고 말해야 옳다. 쓴 것을 내가 알기 이전에 몸이 이미 알고 있었다. 만약 마신 액체가 달콤한 핫초코라면 나도 모르게 얼굴에 흐뭇한 미소가 번지게 된다. 나의 생각이나 의식과 무관하게 몸은 단것은 삼키고 쓴 것은 뱉도록 진화한 것이다.

만약 감정이 없다면? 철학의 본질을 실천에서 찾았던 스토아철학자들은 무감정(apatheia)의 상태를 최고의 이상으로 보았다. 유치환의 「바위」처럼 감정을 철저히 배제함으로써 "애련에 물들지 않고 희로에 움직이지 않"는 완벽한 이성적 존재가 되기를 바랐다. 모름지기 철학자라면 칼에 찔리고 다리가 부러져도 바위처럼 "소리하지 않는" 경지에 이르러야 한다. 그러면 남영동에서 잔혹한 고문을 당하면서 발악하고 울부짖었던 김근태처럼 나중에 당시 자기가 동물이 되었다는 사실에 수치감과 치욕, 굴욕감을 느끼지 않아도 되었을 것이다. 철학자는 몸의 변화에 대해서 무감정해야 하기 때문이다. 그런데 그와 같은 무감정이 바람직할 것인가? 길이 미끄럽다는 사실을 알고 있지만 이에 상응하는 몸의 변화(감정)이 일어나지 않으면 어떻게 될까? 『오이디푸스 왕』이나 『로미오와 줄리엣』과 같은 비극을 읽으면서도 슬픔과 고통을 느끼거나 오열하지 않는다면 어떻게 될까? 영화 〈레인 맨〉에서 톰 행크스가 열연한 자폐증 환자 주인공이 그와 같이 무감정한 스토아적 인물이다. 그는 이렇게 생각한다. '나는 계획이 어긋나서 로미오와 줄리엣이 자살을 했다는 것을 알고 있어. 그렇지만 왜 사람들이 그걸 읽고 슬퍼하는지 알 수 없어. 독약을 먹거나 칼로 심장을 찌르면 죽는 게 당연하지 않은가. 당연한 데 왜 슬퍼하지?' 감정을 느끼지 못하는 다른 사람의 기쁨과 슬픔을 이해하지 못하는 것이다.

슬픔이나 기쁨의 감정을 느껴보지 못한 사람은 타인의 기쁨과 슬픔도 이해하지 못한다. 억울한 일을 한 번도 당해보지 않은 사람은 약자의 슬픔을 이해하지 못한다. 슬픔과 기쁨이라는 개념이 무엇인지 모르는 것이 스토아 철학자들이 추구했던 이상은 아니었다. 그렇지만 슬픔과 기쁨을 느끼지 못한다면, 즉 슬픔과 기쁨의 감정적 차이를 느끼지 못한다면, 양자의 개념적 차이도 사라져버린다. 슬픔도 무감정이고 기쁨도 무감정이라면 전자는 곧 후자가 되어버린다. 그것에 상응하는 몸의 변화가 없다면 슬픔과 기쁨, 절망과 희망, 아름다움과 추함과 같은 개념도 의미를 상실하게 된다.[4] 그뿐만 아니라 이에 걸맞은 행동도 할 수 없게 된다. 안토니오 다마지오(Antonio Damasio)는 『데카르트의 실수』에서 무감정의 환자들은 무엇이 옳고 그른지 합리적으로 따지기만 할 뿐 어느 한 방향으로 결정을 내리지 못하고, 그래서 행동으로 나아가지도 못한다고 설명하였다. 이성의 역할이 옳고 그름을 분별하고 판단하는 능력이라면 그러한 역할의 수행 자체가 불가능해진다는 것이다.

이성과 마찬가지로 감정도 하나의 자질이며 능력이다. 스피노자적 의미의 코나투스가 증가하면 할수록 감정의 강도도 더 커진다. 이성과 감정, 마음과 몸, 생각과 느낌은 데카르트가 주장하였듯이 서로 분리된 실체가 아니다. 양자는 끊임없이 상호작용하는 관계에 있다. 이성과 감정이 서로 어긋나지 않으면 이성적 감정, 혹은 감정적 이성이 된다. 이때 우리는

4 앤드로스는 무슨 일이 일어나도 아무 감정을 느끼지 못합니다. …… 자기만의 은둔의 세계에서는 짐승이나 파리를 죽이는 것과 자기 어머니를 죽이는 것이 마찬가지로 보이는 겁니다(트루먼 카포티, 『인 콜드 블러드』, 박현주 옮김, 시공사, 2013, 486쪽)나는 그 일(가족 살해)에 아무 감정도 못 느껴. 나도 내가 뭔가 느꼈으면 좋겠어. 하지만 그 일에 대해서는 조금도 심란하지 않아. 그 일이 일어난 후 반 시간쯤 지나니까 딕은 농담을 해댔고 나는 웃었지(448).

아무런 마음의 거리낌이나 죄책감이 없이 자유롭고 자발적이며 유쾌하게 행동할 수 있다. 반대의 경우도 가능하다. 그 길이 옳지 않다고 생각하면서도 정작 그 길로 가고 있는 사람은 욕망의 유혹에 굴복하고 감각의 노예가 된다. 가는 것이 아니라 끌려가는 것이다. 『성경』의 「잠언」에 다음과 같은 구절이 있다. "그가 선뜻 그 [유혹하는] 여자 뒤를 따라가는데 도살장에 끌려가는 소와 같고 벌 받으러 쇠사슬에 묶여 가는 미련한 자와 같다." 소크라테스 이후로 철학자들이 격정을 경계했던 이유도 그것의 수동성에 있었다. 자석에 끌려가는 쇠붙이처럼 외부의 자극과 유혹에 이끌리는 것이다. 이 점에서 감정은 곧 정념(passion)이었다. 그것은 '고통을 겪다'나 '견디다'를 뜻하는 라틴어 pati에서 유래한 개념이다. 고문의 형벌처럼 선택의 여지가 있다면 피하고 싶지만 달리 방법이 없어서 어쩔 수 없이 겪어야 하는 불행이 정념이다. 최악의 고통은 죽음이다. 죽음만큼 커다란 몸의 변화가 어디에 있겠는가.

외부 자극에 의한 몸의 변화가 감정이라면 원칙적으로 자유로운 감정은 있을 수 없다. 나의 소망이나 의지와 상관없이 외부로부터 자극이, 때로는 폭력적으로 주어지기 때문이다. 고통, 절망, 공포와 같이 극심한 감정은 예기치 않은 순간에 갑자기 몰아닥친 불행에 의해서 발생한다. 아닌 밤중에 남의 칼을 맞듯이 속수무책으로 당할 수밖에 없는 것이다. 다음과 같은 속담들이 그것을 말해준다. 화는 홀로 다니지 않는다. 자빠져도 코가 깨진다. 엎드러지며 곱드러지다. 삼경에 만난 액이다. 눈 뜨고 코 베어 갈 세상이라는 속담도 있다. 뻔히 눈을 뜨고서 자기 코가 잘려 나가는 것을 봐야 한다면 그 고통은 말할 것도 없고 얼마나 억울하고 원통하겠는가. 이러한 상황에 처하면 우리는 스토아 철학자들이 왜 무감정을 최고의 미덕으로 삼았는지 이해할 수도 있다. 그 코가 내 것이 아니라면, 즉 생각하는 '나'와 무관하다면, 고통스러워할 이유도 없게 된다. 그런데 우리는 스토아 철학자의 무감정이 아니라 예수의 수난(passion)을 또 하나의 예로서 생각해볼 수 있다. 아무 죄 없이 채찍질을 당하고, 그것으로도 모자라 십자가에서 두 손에 못이 박히는 고통을 당하다가 창에 찔려 피를 흘리며 죽어야 한다면. 이와 같이 끔찍한 고통에 비하면 죽음은 아무것도 아닌 듯이 보인다. 그럼에도 불구하고 예수는 고통을 견뎌낸 것이다.

3 | 감정을 표출하지 않으면 병이 되는가?

필자는 사회적 압력과 사회적 감정을 논하기 위한 준비로 예수의 수난을 소개하였다. 압력은 외부에서 가해지는 힘과 그것에 의한 몸의 변형을 말한다. 그러한 충격에 직면하면, 이전까지 생존을 위해 최적의 상태에 있던 몸의 균형이 깨지고 균열이 생기며, 심하면 주저앉게 된다. 사회도 개인에게 그러한 압력을 가할 수가 있다. 당시 유대인의 종교적 압력이 예수를 짓누른 것이다. 그렇다면 사회적 감정이란 무엇일까? 에크만이 동물과 인간에게 공통적인 기쁨과 슬픔, 공포, 분노, 놀람, 혐오라는 6가지 기본 감정이 있다고 말했다는 사실을 기억하기로 하자. 이러한 감정은 자연으로부터 주어지는 자극에 대해서 인간과 동물의 몸에 발생하는 반응이다. 그런데 사회가 개입하는 순간에 기본 감정은 보다 복잡하고 미묘한 국면으로 접어들기 시작한다. 일례로, 길을 가고 있는데 갑작스레 투견이 달려들면 공포와 놀람, 고통의 감정에 사로잡힌다. 그런데 주인이 재미있게 지켜보며 수수방관하고 있다는 사실을 깨닫게 되면 거기에 수치감, 억울함, 당혹감, 적대감과 같은 또 다른 감정들이 추가되기 시작한다. 투견에게 기대할 수 없는 옳고 그름, 정의와 불의 같은 기준을 내가 주인에게 적용하기 때문에 감정의 지형이 바뀌는 것이다. 과도한 세금이나 교통신호 위반으로 인한 불이익, 뉴스에서 접하는 권력의 횡포와 공권 남용

등의 사회적 사건도 나에게 사회적 압력을 가하기는 마찬가지이다.

사회적 압력이 없는 인간관계는 존재하지 않는다. 긍정적이거나 부정적인 사회적 압력의 차이가 있을 따름이다. 만나지 않으면 섭섭했던 친구와의 관계도 반목이 생기는 순간에 짧은 전화통화로 부정적인 압력으로 어깨를 짓누르기 시작한다. 기분 좋게 걷다가도 피곤해지면 새삼 몸의 중압감을 느끼듯이. 프랑스 시인 자크 프레베르(Jacques Prevert)의 「무제」에서 시적 화자는 다음과 같이 말한다. “나는 나/ 나는 이처럼 생겼어요/ 그 이상 어쩌란 말이예요/ 나에 대해 뭘 바라나요/ 나는 즐기기 위해 생겼어요/ 그래서 아무것도 바꿀 수가 없지요.” 화자는 자기를 변화시키려는 사회적 압력에 대해서, 타자의 기대와 요구에 대해서 분노의 감정을 표하고 있다. 그렇지만 무인도에서 살지 않는 이상 그러한 사회적 시선으로부터 자유로울 수는 없다.

사회의 규모가 커지고 복잡해질수록, 그리고 문명이 발달할수록 사회가 가하는 압력은 커지기 시작한다. 작은 규모의 원시사회에서 걱정할 필요가 없었던 새로운 변수들이 자꾸 생겨나기 때문이다. 법이 그러하고 경찰과 공무원이 그러하고 시험이나 면허증과 같은 온갖 종류의 제도가 그러하다. 무언의 압력이 사방팔방에서 가해지는 것이다. 『문명과 불만』에서 프로이트는 복잡한 도시에 사는 현대인을 원시인과 비교하고 양자의 차이를 투사와 투입의 관점에서 설명하였다. 기분이 상하면 원시인은 길가의 돌멩이나 강아지를 발길로 걷어차는 등 공격적 행위를 통해 화를 풀었다. 상한 음식을 토하듯이 부정적인 감정을 밖으로 내던지는 것이다. 그래서 사소한 일에도 시비와 다툼, 싸움이 일어났고, 정도가 심해지면 살인도 예사로 발생했다. 내가 화가 났다면, 그 원인 제공자는 내가 아니라 타자이어야 마땅했다. 그러나 국가가 생겨나고 사회가 점차 제도화·문명화되는 과정을 거치면서 개인의 그러한 공격적 충동에 제동이 걸리기 시작했다. 그것은 사회적 유대와 결속을 파괴하고, 홉스의 유명한 표현을 빌면 모든 사람을 모든 사람의 적으로 돌릴 수 있는 위험천만한 무엇이었다. 사회가 발전하기 위해서는 그러한 공격성이 억압되지 않으면 안 된다. 그렇다면 비사회적 충동이 인간의 DNA로부터 완전히 사라지는 것일까? 프로이트는 그렇게 보지 않았다. 그는 인간의 감정에도 에너지보존의 법칙이 작용한다고 보았다. 주체의 밖으로 뛰어나가지 못한 공격성은 그 힘을 부메랑처럼 내부로 되돌린다. 처벌의 대상은 외부가 아니라 내부가 되는 것이다. 타자를 공격해야 할 에너지가 자기 자신의 공격으로 전환된 에너지, 프로이트는 이것을 죄책감으로 보았다. 이제 나쁜 것은 타자가 아니라 내가 된다.

프로이트에 따르면 억압과 죄책감은 문명화된 사회의 개인이 가진 심리적 특징이다. 감정의 절제와 자제가 가장 커다란 미덕으로 간주되는 것이다. 이러한 관점에서 보면 아킬레스와 같은 고대의 영웅들은 전쟁과 피의 축제를 즐기는 야만인처럼 보인다. 감정도 아리스토텔레스가 권장했던 중용이 아니라 규모와 강도에도 극과 극을 오갔다. 자만심이 강하고 무모하며 통이 큰 영웅들에게 절제는 소인배의 미덕처럼 보인다. 술을 마셔도 적당하게가 아니라 말술을 마셔야 직성이 풀린다. 박완서의 『미망』에 등장하는 "통이 크고 성격도 호탕해서 선배를 대접하는 데 과하다 싶을 만큼 질탕하게 굴었"던 윤성규도 그러한 전근대적 인물의 전형이다. 이와 같이 겁 없이 감정에 탐닉했던 전근대의 에토스에 비하면 현대인은 지나칠 정도로 타자를 의식하며 자신의 감정을 절제한다. 무모한 용기보다는 비겁이, 명예욕보다는 실리가, 파렴치함보다는 부끄러움이, 잔인함보다는 수치심이, 호탕함보다는 분별력, 이와 같은 감정의 축소지향주의가 현대인의 일반적인 정서가 된 것이다. 이러한 변화에는 과거에 본인이 나서서 해결해야 했던 복수를 공권력이 대신하게 된 이유도 한몫하고 있다. 그렇지만 CCTV와 같은 사회적 통제와 검열 장치의 영향력도 무시할 수 없다. 개인은 자기를 지켜보는 CCTV의 시선을 내면화하지 않으면 안 되는 것이다.

그렇지만 "21세기 현재 자제의 미덕과 죄책감이 과거보다 증가하고 있는가?"라는 질문에 긍정적으로 대답하기는 어렵다. 오히려 그 반대가 진리이다. 개인이 공중도덕과 윤리적 규범을 내면화하지 않으면 죄의식은 작동하지 않는다. 『이데올로기의 종언』과 『탈산업사회의 도래』의 저자인 다니엘 벨(Daniel Bell)은 과거에 청교도적이며 근면성실을 좌우명으로 삼았던 미국 사회가 이제는 나르시시즘적이고 쾌락주의적인 사회로 바뀌고 있다고 진단하였다. 크리스토퍼 래시(Christopher Lasch)도 『나르시시즘의 문화』에서 그러한 변화를 구체적으로 예시하였다. 과거에 종교가 가졌던 권위는 이제 개인적 힐링에게 자리를 내주고 있다는 것이다. 중요한 것은 예수나 부처가 아니라 개인이다. 부처를 믿고 의지하기 위해서가 아니라 개인적 힐링을 위해서 템플 스테이 하는 사람들이 증가하고 있다. 또 중세에 신과 가까워지기 위해서 고난을 감수하며 걸었던 스페인의 산티아고 순례자의 길은 이제 잃어버린 자아를 회복하는 관광코스가 되었다. 사회적 통합과 유대를 위해 필요한 윤리적·종교적 규범이 더 이상 작동하지 않는 것이다. 그러면서 '우리'의 명분을 위해 억압되었던 '나'의 욕망과 감정이 목소리를 내기 시작하였다. "참아라!"가 아니라 "즐겨라!"가 새로운 시대의 구호가 되었다. 옳고 그름의 기준이 아니라 좋고 싫음의 감정이 더욱 중요하게 되었다. '쾌락주의적 전환'이 일어난 것이다.

이러한 쾌락주의적 전환은 대타자의 죽음(종교·권위)과 직결되어 있다. 이것을 가장 잘 보여주는 사회적 현상의 하나가 위선의 감소, 죄책감과 죄의식과 같은 감정의 점진적 약화이다. 위선이란 무엇인가? 위선은 악인이 선한 사람에게 바치는 세금이라는 유명한 말이 있다. 선과 악의 기준이 사회적으로 분명하고 선한 사람이 환영받는 사회라면 그렇지 못한 개인도 선한 외양을 유지하려고 한다. 위선자가 많다면 그만큼 선의 권위가 있다는 반증이 된다. 파울즈(John Fawles)의 『마법사』에 다음과 같은 대목이 있다. “그 섬에 어떤 여자가 있고, 당신은 그 여자와 자고 싶어 해. 그게 다야. 하지만 물론 그것은 지저분하고 천해. 그래서 치장하고 있지. 늘 그러듯. 자신은 순진해 경험을 쌓아야 하는 위대한 지식인인 것처럼 치장하는 거야.” 그렇지만 성적 일탈과 쾌감이 유행하는 사회라면 이와 같은 치장이 필요하지 않다. 성해방의 물결이 전 유럽을 휩쓸었던 1960년대 말 이후로 점차 성적 수치심이나 죄의식이 자취를 감추게 되었다. 하룻밤 잠자리가 탁구 게임처럼 일상적이 된 것이다.[5] 이러한 사회에서는 위선보다 위악이 더욱 지배적인 정서가 된다. 착한 것은 고지식하고 따분하고 교과서적인 것을 넘어서서 “약간 모자라거나 별 재미없는 성향으로 여겨지고, 남의 마음을 거의 사지 못한다. 반면에 영악하다든가 앙큼한 것이 매력적인 것이 돼버렸다. 남을 매혹하기 위해서는 독하고 모질든지, 흉악하든지, 양심을 어기고 도덕률에서 벗어나야 한다.”[6] 이것은 2001년 5월 《조선일보》의 독자란에 실린 글의 한 대목이다. 이 글의 필자가 알고 있었는지 모르지만 사실, 이 글의 명제는 이미 20세기 초에 막스 베버가 현대사회의 특징으로 지목했던 것이다. 그는 현대사회를 심미적 사회로 규정하였다.

심미적 세계관은 무엇보다 건강과 웰빙을 우선시하는 현대인의 감성에 호소하는 바가 크다. 참고 견디면 복이 온다는 옛말이나 “여호와를 경외하면 장수하느니라. 그러나 악인의 수명은 짧아지느니라.”(잠언 10:27)와 같은 성경구절은 이미 효력을 잃은 지 오래다. 이 구절을 1978년 7월 8일자 《조선일보》에 실린 기사 “원폭기 조종사 사망. 33년 죄의식 끝에 암으로”와 비교해보기로 하자. 자기가 투하한 원자폭탄으로 수많은 인명을 살상했다면 당연히 죄의식을 안고 살아야 마땅할 것이다. 죄의식의 채찍은 속죄와 자기 정화의 한 방법이었을 수도 있다. 그렇다면 죄를 짓고도

5 “Britain is among casual sex capitals of the Western world, research claims.” *The Telegraph*, 2016. 9. 3.

6 이청해, “아침생각: 이런 위악자들……”. 《조선일보》, 2001. 5. 18.

뉘우침이 없이 잘 먹고 잘사는 사람에 비하면 이 기사의 주인공은 장수를 누려야 했을 것이다. 그러나 죄책감의 결과는 장수가 아니라 암이었다. 만약에 그가 과거의 스트레스에 시달리지 않고 뻔뻔할 정도로 행복하게 살았더라면 암에도 걸리지 않았을 수도 있다고 생각하는 사람들도 없지 않다. 의사들은 암의 주요 원인으로 스트레스를 손꼽기 때문이다. "분노, 욕망, 두려움, 근심, 슬픔, 후회, 무기력, 절망, 죄책감, 비난, 굴욕감, 수치심 등의 부정적 정서가" 암을 악화시킨다는 것이다."[7] 이와 같이 마음에 쌓이는 부정적 감정은, 그것이 없었다면 조용히 잠자고 있었을 암세포를 두드려 깨워서 활동하게 만든다는 것이다. 그렇다면 어떻게 해서라도 그러한 부정적 정서가 쌓이지 않도록 노력해야 한다. 분노나 죄책감, 굴욕감 등이 고개를 드는 순간에 내면으로 가라앉지 않도록 곧바로 표출해야 하는 것이다. 더글라스 케네디(Douglas Kennedy)의 『파리 5구의 여인』에서 등장인물은 주인공에게 다음과 같이 충고한다. "감정을 상했으면 말로라도 푸는 게 좋아. 분노와 고통을 혼자서 꾹꾹 눌러 참으면 건강에 좋지 않아. 하지만 말만으로는 상처를 완전하게 치유할 수 없어." 그러면서 행동으로 나서서 복수하기를 권한다. 만약 그가 나서지 못하면 자기가 대신 복수해주겠다고 약속을 하면서.[8]

사회의 의료화라는 용어는 더 이상 우리에게 낯설지 않지만 '감정의 의료화' 현상은 별 주목을 받지 못했다. 19세기까지도 질병에 대한 가장 효율적인 치료법의 하나는 방혈이었다. 거머리를 몸에 붙여 피를 빨아먹도록 하는 치료법이 유행했다. 그런데 스트레스라는 개념이 등장하면서 질병을 예방하기 위한 방법의 하나로 감정 표출이 각광을 받게 되었다. 표출하지 않으면 병이 된다는 것이다. 영화 〈파이트 클럽〉(데이빗 핀처 감독, 1999)의 주인공은 분노를 삭이려 들지 말고 주위의 아무라도 붙잡고 주먹

7 "한의사 문형철 건강하게 사는 법 38: 악성 종양 암의 호전은?" 『광주드림』, 2016. 8. 28.
8 더글라스 케네디, 『파리 5구의 여인』, 조동섭 옮김, 밝은세상, 2012, 228-229쪽.

을 날리라고 조언한다. 그럴 용기가 없으면 영화 〈앵거 매니지먼트〉(피터 시걸 감독, 2003)처럼 감정관리 치료라도 받아야 한다. 그대로 놔둬서 화가 점점 쌓이면 처음에는 위장에 탈이 나고, 그러다가 독이 되고 병이 되며 나중에는 악성종양으로 발전하는 것이다. 정찬의 「은빛 동전」이라는 단편이 있다. 주인공의 어머니는 가난한 살림에 시어머니를 모시고 열 식구를 먹여 살리기 위해 악착스레 돈을 번다. 그렇지만 자신을 위해서는 한 푼도 쓰지 않는다. 그러던 어느 날 어머니가 대오각성한다. "죽으면 그만인데 이래 살면 뭐하겠노"라면서 아들을 데리고 중국집에 가서 탕수육을 시키는 것이다. 그리고 지금까지 서러워도 참기만 했던 시어머니의 구박에 이제 정면으로 맞서기 시작한다.[9] 그렇지만 너무나 늦었다. 시한부 인생의 암선고를 받았기 때문이다.

현대사회에서 과거보다 감정이 더욱 문제가 되는 이유는 이러한 감정의 의료화를 반영하고 있다. 『문명과 불만』에서 프로이트가 주장했던 명제도 의학에 토대를 두고 있었다. 그렇지만 이제 마찬가지로 의학적인 이유로 그의 명제는 더 이상 효력을 발휘하지 않는다. 그는 개인이 충동을 억제하는 대가를 치르지 않으면 문명화가 불가능하다고 주장했다. 사회는 문명의 이름으로 개인에게 히스테리나 강박증을 앓도록 요구하는 것이다. 그렇지만 현대인은 문명을 위해서 자신의 충동을 억압하기를 원치 않는다. 사회에서 발생한 악에 대해 책임을 느끼지도 않는다. 그 결과 문명화된 야만인이 출현하게 된다. 프로이트의 돌멩이를 발로 차는 원시인처럼 내면의 분노를 외부로 투사하는 것이다. 나쁜 것은 내가 아니라 타자가 된다. 그러한 투사의 논리가 작용하지 않았다면 아우슈비츠도 없었을 것이다. 제2차 세계대전 당시 독일인들이 자기들이 불행한 원인이 유대인

9 "그때까지 인간은 살기 위해 일했다. 하지만 신교도들은 일하기 위해 살았다"(416). "신교가 서양 사람들을 일하고 저축하고 글을 읽게 만들었다"(419). 신앙이 시들면서 "유럽인들은 이제 일을 덜하는 것뿐 아니라 기도도 덜하고 신을 덜 믿는다"(422). 니얼 퍼거슨, 『니얼 퍼거슨의 시빌라이제이션』, 구세희·김정희 옮김, 21세기북스, 2011.

에게 있다고 느꼈다. 문명국가로서 자부심을 가지고 있었던 독일로서는 있을 수가 없는 일이 현실화되었던 것이다. 우리는 이 불가능한 사건을 설명하기 위해서 노르베르트 엘리아스(Norbert Elias)는 『독일인들』(*The Germans*)을, 한나 아렌트(Hanna Arent)는 『예루살렘의 아이히만』을 집필했다는 사실을 잘 알고 있다.

4 | 대한민국의 감정 지형

현재 우리나라의 감정의 지형은 어떠한가? 혹시 제2차 세계대전 당시의 독일을 닮아가고 있지 않은가? 레이먼드 윌리엄스(Raymond Williams)는 "특정 집단이 공유하는 특정 시기의 사회적 느낌"을 감정구조(structure of feeling)라고 정의하였다. 우리나라의 감정구조를 파악하기 위해서는 최근에 우리에게 엄청난 타격을 가했던 사건들이 무엇이 있었는지 되새겨봐야 한다. 이루 다 열거할 수가 없을 정도로 많지만, 최근에 가장 충격적인 사건이 세월호참사였다는 것을 부인할 사람은 아무도 없을 것이다. 그것은 우리가 믿고 의지했던 삶의 기반을 완벽하게 파괴하는 청천벽력이었다. 온 국민이 애도와 비탄, 우울증, 절망, 분노 등이 복합적으로 뒤엉킨 감정의 혼란에서 아직 벗어나지 못하고 있다. 2011년에는 구제역이 전국으로 확산되면서 가축 330만 마리를 살처분하였다. 이후로도 간헐적으로 행해진 살처분은 먹지 않으면 살 수 없는 삶의 기본 조건 자체를 송두리째 뒤흔들어놓았다. 2016년에 있었던 알파고와 이세돌의 바둑 대결은 기계가 인간을 앞지를 수 있다는, 아니 인간이 기계의 노예로 전락할 수도 있다는 무시무시한 미래의 한 장면을 생각하도록 만들었다. 그러나 무엇보다도 1997년 외환위기가 점화시킨 경제적 위기가 계속해서 심화되고 있다는 사실이 가장 절박하게 우리의 피부에 와닿는 사건일 것이다. 경기

침체와 노동시장의 유연화, 치솟는 실업률, 비정규직의 증가, 무한경쟁 등의 사회적 압력이 우리를 항구적으로 짓누르고 있는 것이다. 『위험사회』의 저자 울리히 벡(Ulrich Beck)이 현대를 '불안사회'로 규정하였지만 우리는 만성적 불안과 공포에서 헤어나지 못하고 있는 것이다. 오죽하면 헬조선이나 '혐오사회'라는 용어가 등장하였겠는가.

외부에서 가해진 충격의 강도가 너무나 강해서 우리 몸이 이전의 균형과 항상성을 되찾지 못하는 사건을 트로마라고 한다. 이때 항상성은 "생물체 또는 생물 시스템이 외적 및 내적인 여러 가지 변화 속에 놓여 있으면서도 형태적 상태, 생리적 상태를 안정된 범위로 유지하여 개체로서의 생존을 유지하는 성질"을 의미한다.[10] 항상성 유지에 실패하면 우리는 만성적 긴장상태나 스트레스, 소화불량, 불면증, 학습장애, 우울증, 자살충동 등의 증상에 시달리게 된다. 그러한 위험이 감지되면 될수록 우리는 그러한 위험군으로부터 벗어나기 위해서 더욱더 강박적으로 자기방어를 강화하게 된다. 공격에 대한 방어의 시스템이 작동하는 것이다. 사건 자체, 혹은 그것의 심각성을 부정할 수도 있다. 아니면 자기 몸에 가해진 충격을 스스로 견뎌내는 대신에 외부에 전가하거나 발산할 수도 있다.

감정 코치, 감정 관리, 감정 장애, 감정 소비, 감정싸움, 분노 장애, 감정노동 등 감정처리, 감정교육, 혐오사회 등 감정이 대한민국의 지각을 뚫고 분출하는 이유는, 감정을 억제해야 할 명분이 사라졌기 때문이다. 그것을 대타자(권위, 윤리, 종교, 전통)의 실종이라고 말해도 좋다. "참으면 복이 온다"는 윤리적 명제가 "참으면 암이 된다"는 의학적 명제로 전환된 것이다. "참으면 복이 온다"는 타자중심적인 윤리이다. 타자를 때리느니 차라리 내가 맞는 게 낫다는 것이다. 왜 그래야 하는가? 타자의 등 뒤에 대타자가 버티고 있기 때문이다. 그런 대타자의 권위와 보증이 사라지는 순간에 나는 나르시시즘적 주체가 된다. 무조건 타자가 나쁜 것이다.

10 현춘수, 『과학용어사전』, 뉴턴편집부, 2010. 4. 14.

왜 여성혐오가 기승을 부리는가? 여성이 나의 기쁨을 빼앗아 간다고 생각하기 때문이다. 왜 질투와 시기심이 만연하는가? 나보다 많이 가진 자들이 내 불행의 원인이기 때문이다. 왜 우리는 점점 더 뻔뻔스러워지는 것일까? 수치심을 느끼는 순간, 즉 내 잘못을 인정하는 순간에 루저가 되기 때문이다. 왜 사랑이 점점 불가능해지는 것일까? 상대를 위해서 자신의 욕망을 너무 많이 포기한다고 생각하기 때문이다. 이 책에 실린 글의 5할 이상이 이와 같이 외부로 투사하는 감정을 다루고 있다.

거리의 미학이라는 말이 있지만 우리의 감정도 거리를 두고 보지 않으면 그 지형이 잘 드러나지 않는다. 우리 감정의 현주소 정확하게 파악하기 위해서는 이웃 나라의 관점에 설 필요가 있다. 이 점에서 너무나 멀지도 그렇다고 너무나 가깝지도 않은 일본과 비교하는 것이 많은 도움이 되리라고 생각한다. 100% 믿고 신뢰할 수는 없지만, 통계를 참고할 수 있다. 우리가 얼마나 안심하며 믿고 의지하면서 살 수 있는 사회인가를 살펴보기 위해서 위증과 무고죄의 통계를 살펴보기로 한다. 무고와 위증의 빈도수는 한 사회에 얼마나 불신이 만연해 있는지를 말해주는 자료라고 보아도 무방할 것이다. 우리의 옆에 있는 사람이 이웃이든 친지이든 아니면 낯선 사람이든 우리는 그(녀)를 얼마나 신뢰할 수 있을 것인가? 신뢰도가 높으면 높을수록 우리는 의심이나 불안감이 없이 타자와 관계를 맺을 수 있다. 최근에 일본의 한 비즈니스저널이 "한국인은 숨 쉬는 것처럼 거짓말을 한다"라는 내용의 기사를 내보냈다. "한국에서 위증죄로 기소된 사람 수는 일본의 66배, 인구 대비로는 165배"이며 "한국은 세계 제일의 사기 대국"이라는 것이다. 조금 더 인용하면 "2000년에 한국에서 위증죄로 기소된 사람은 1,198명, 무고죄는 2,956명, 사기죄는 5만 386명이었지만, 2013년에는 위증죄가 3,420명, 무고죄 6,244명, 사기죄 29만 1,128명으로 급증했다."는 것이다. 다시 말하지만 이러한 통계자료를 액면 그대로 받아들이기는 어렵다. 사기와 위증, 무고 등의 범죄를 수량화하고 단순 비교하는 것 자체가 의문의 소지가 많다. 그럼에도 이 통계를 전적으로 무시하는 것은 바람직하지 않다. 한 가지는 분명한 듯이 보인다. 일본에 비해서 우리나라 사람들은 자신의 여과되지 않은 부정적 감정을 자제하지 않고 상대방에게 거침없이 투사하는 경향이 있다.[11]

필자는 감정의 표출을 권유하는 감정의 의료화에 비판적이다. 감정의 의료화는 인간을 에너지보존의 법칙에 따라서 수력학적으로 파악했던 19세기 말과 20세기 초의 의학, 그리고 초기 프로이트의 모델에 여전히 입각해 있다. 인간이 신경의 긴장과 완화를 반복 운동하는 기계로 설명되는 것이다. 외부의 자극이 가해지면서 몸의 변화가 발생하는데, 이 변화의 양을 외부로 내보내지 않으면 이에 상응하는 변화가 내부에서 일어난다는 것이다. 외부의 충격으로 발생한 에너지가 밖으로 유출되지 않으면 내부의 부정적인 에너지로 전환이 된다는 것이다. 누군가 나를 자극해서 화나게 만들었다고 하자. 이 날 선 분노의 감정 에너지를 외부의 대상을 향해 표출하지 않으면 그것이 나의 마음을 공격하는 에너지가 된다는 것이다. 이러한 기계론적 설명이 가진 한계는 분명하다. 그것은 기쁨이나 분노와 같은 감정을 변화하지 않는 하나의 에너지 실체로 보는 것이다. 기쁨은 어디까지나 기쁨이며 분노는 어디까지나 분노로 남는다. 그러나 앞서 설명하였듯이 해석되지 않은 감정은 없다. 외부의 자극과 주체의 반응이

11 필자는 국민성이라는 것을 믿지 않는다. 국민성이라는 것은 없다. "누울 자리를 보고서 다리를 뻗는다"는 속담이 있다. 언제나 다리를 뻗는 사람이나 국민은 없다. 중요한 것은, 누울 자리가 있는가와 없는가의 차이이다. 누울 자리가 주어지면 누구나 다리를 뻗는다. 일본과 우리나라의 사회적 정치경제적 법적 상황이나 여건을 도외시하고서 무고와 위증의 고발 건수만 가지고 일본과 한국의 윤리의식이나 사회적 신뢰도의 차이를 판단할 수는 없다는 것이다. 이와 관련된 기사를 인용하기로 한다. "일본은 수사기관이 고소고발을 쉽게 접수하지 않습니다. 신청받는 고소고발건이 적으니 당연히 위증, 무고, 그리고 사기 발생 건수도 낮게 잡히는 건데요. 국가별 범죄 비교는 살인사건을 제외하고는 사실상 의미 없다는 게 국제적으로 전문가들의 공통된 의견입니다. 여기에 권리의식이 강한 한국인과 체제에 순응하는 일본인이라는 문화의 차이도 있습니다." 그리고 "일본은 문제를 덮고 가고자 하는 경향이 심하다는 것이죠. 굳이 사법부에 가서 서로 귀찮은 일을 하지 않으려는 문화적 차이가 있는 거예요. 특히 민사소송이나 행정소송 이런 게 굉장히 낮아요."는 전문가의 진단도 참고할 필요가 있다. 2019년 09월 04일 YTN 뉴스 「거짓말이 한국인의 국민성? … 황당 주장」, https://www.ytn.co.kr/_ln/0103_201909041809041922

상호 작용하면서 몸의 변화는 다양한 형태와 양상을 취하기 때문이다.

5 | 감정의 주인 되기

내 개인적인 경험을 사례 삼아 이야기하겠다. 언젠가 출근하는 길에 "의사 · 변호사 등 전문직 1,201명, 5년간 '소득 1조' 숨겼다"라는 제목의 조선일보 기사를 보았다. 소득의 30% 이상을 신고하지 않았다고 한다. 그리고 놀랍게도 조사 대상자들이 1인당 29억 3,000만 원의 연소득을 올린다고 한다. 이러한 기사를 읽을 때마다 화가 난다. 내가 억울하다는 느낌도 꾸역꾸역 올라온다. 그들의 엄청난 부에 기가 질려서 창백해진 나의 가난이 눈앞에 어른거린다. 일 년에 30억의 소득이라니! 그리고 그렇게 많이 벌면서도 탈세를 하다니! 해도 해도 너무하지 않은가! 적발되면 모두 잡아서 교도소에 처넣어야 하지 않은가! 이들에 비하면 교도소에 있는 생계형 범죄자는 양반이지 않은가! 화가 난다. 헬조선이다! 이렇게 생각하면 생각할수록 분통이 터진다. '유리지갑'인 나의 신세가 딱하게 느껴진다. 이쯤해서 자기연민의 감정도 슬금슬금 고개를 들기 시작한다. 그 나쁜 놈들의 등쌀에 이리저리 채이며 당하는 나 자신이 착한 백성, 아니 순교자와 같다는 생각도 일어나기 시작한다. "가난과 불우가 그의 생애를 마구 짓밟고 지나가도 그는 몸을 다 내주면서 뒤통수를 긁고 있다"는 어느 산문의 구절이 떠오른다. 분노와 자기연민의 감정이 착잡하게 뒤섞이고 있는 것이다. 이렇게 감정의 순풍에 돛을 달고 날아가는 생각을 그대로 방치해두면 어디까지 진도를 뺄지 모르겠다. 감정이 에너지를 제공하면 생각의 엔진은 더욱더 빠르게 돌아가며 더욱 많은 생각의 덩어리를 뱉어낸다. 신문 기사에 자극되어 덩치가 커진 감정이 이제는 생각 덩어리를 먹어 치우면서 갈수록 기세등등해진다. 감정과 생각이 주거니 받거니 하면서 서로의 몸집을 불리고 있다. 처음에는 감정이 생각을 키웠다면 이제는 생각이 감정에 성장 촉진제를 주사한다. 감정과 생각의 관계는 그야말로 '누이 좋고 매부 좋고'이다. 원래 감정이 출발했던 지점에서 자기연민이 없었다. 헬조선의 분노도 없었다. 그런데 생각이 보태지면서 어느새 자기연민과 분노의 감정이 생겨났다. 생각이 도와주지 않는 감정은 없다고 말해도 과언이 아니다. 감정의 무대는 어디까지나 생각이다.

감정은 생기는가? 생겨지는가? 감정이 일어나는가? 아니면 일으켜 세워지는가? 조용히 살고 싶은데 세상이 나를 가만히 놔두지 않는다는 말을 우리는 자주 한다. "어느 조그만 산골로 들어가 나는 이름 없는 여인이 되고 싶"은 생각을 한 번쯤 하지 않는 사람은 없을 것이다.(노천명, 「이름 없는 여인이 되어」) 전기도 들어오지 않는 산골에 살면 연봉 30억이나 탈세, 고위공직자의 비리와 같은 기사가 우리의 평온한 일상을 뒤집어 놓는 일도 없을 것이다. 나를 가만히 놔두지 않는 세상이 잔잔해야 할 감정에 파도와 풍랑을 일으키는 것이다. 나를 뒤흔드는 세상의 무지막지한 손길에 나의 덜미가 잡혀 있는 것이다. 이 점에서 감정은 생기는 것이 아니라 생겨지고, 일어나는 것이 아니라 일으켜 세워진다고 말해야 옳다. 외부 자극에 의해서 촉발된다는 점에서 감정은 철저하게 수동적이다. 나는 감정의 주인이 아니라 감정의 노예이다. 느끼는 것이 아니라 감정을 당하는 것이다.

그러나 세상이 가만히 놔둔다고 해서 내가 저절로 감정의 주인이 되지는 않는다. 어떻게 내가 오롯하게 나의 주인이 될 수 있겠는가. 그러기 위해서는 세상도 내가 원하는 세상이어야 한다. 그러나 나는, 나의 생각과 소망을 물어보지도 않고서 만들어진 세상에서 객처럼 살고 있다. 오늘 아침 탈세 기사가 나를 흔들어놓지 않았더라도 나의 감정은 언제나 세상에 속수무책으로 노출되어 있다. 그리고 온도계나 습도계처럼 세상의 변화에 예민하게 반응하면서 감정의 눈금이 흔들린다. 탈세 기사에 충격을 받았던 날 아침에 출근하면서 나는 상큼한 가을바람에 취해서 길을 걸었다. 축복을 받은 듯이 기분 좋고 행복하였다. 이제 내가 진정한 나의 주인이 되었다는 느낌이 들었다. 그렇지만 이 행복한 느낌에 대해서도 내가 주인이었던 것은 아니었다. 굳이 말하자면 나는 능동적이 아니라 수동적이었다. 바람이 내 행복한 감정의 주인이었으며, 나는 어머니 같은 바람의 품 안에 어린아이처럼 안겨있었다. 나는 무신론자이다. 그렇지만 주인인 하느님의 종이 되기를 열망하는 신자들의 소망을 충분히 이해할 수 있다.

감정의 주인이 되기 위해서는 나 스스로 감정 변화의 원인이 되어야 한다. 그렇지만, 내가 나의 탄생의 원인이 될 수 없듯이 감정의 원인이 되는 것은 불가능하다. 어디엔가 숨어있던 내가 자의로 문을 열고 세상에 나온 것이 아니라 타의에 의해 세상에 내던져진 것이다. 나의 기원은 내가 아니다. 마찬가지로 감정의 기원은 내가 될 수 없다. 그러나 그렇다고 해서 감정의 원인이 내 감정의 방향과 내용을 결정하지는 않는다. 앞서 내가 가을바람의 다정하고 감미로운 손길을 느꼈다고 말했다. 바람의 자극이 없었더라면 이러한 행복은 불가능했을 것이다. 그렇지만 바람이 행복의 메시지를 가지고서 전령처럼 나에게 달려오는 것이 아니다. 바람이 피부에 와닿으면서 분명 피부에는 내가 설명할 수 없는 변화들이 발생했다. 그러한 변화가 신경세포를 자극하고 또 연쇄반응을 일으키면서 뇌에까지 전달이 되었을 것이다. 그렇게 해서 행복 호르몬인 세로토닌도 분비되었을 것이다. 이러한 몸의 생물학적·화학적 변화가 나의 행복감의 원인이 되었다는 것을 충분히 인정해야 한다. 그럼에도 내가 바람의 감촉을 의식하지 않았더라면 기분 좋은 느낌이 행복감으로까지 발전하지는 않았을 것이라는 사실도 인정해줘야 할 것이다. 세로토닌의 분비에도 나의 몫이 적지 않았던 것이다. 이 점에서 세상과 나의 인과관계는 이신론적 관점에서 설명될 수 있다. 하느님의 섭리에 입각한 기독교에 계몽주의적 세계관이 가미된 것이 이신론이라는 것은 잘 알려진 사실이다. 종교 타협적인 무신론이라고 할 수 있다. 이신론은 세상의 창조자이자 세상의 원인으로서 하느님의 존재를 인정한다. 그러나 그 이상은 아니다. 세상이라는 시계의 태엽만 감아놓고서 종적을 감췄기 때문이다. 즉 감정의 자극은 외부에 있지만 그것에 대한 반응은 전적으로 내 것이라는 것이다.

다시 탈세 사건으로 돌아가기로 하자. 신문을 읽는 일은 썩 유쾌한 일이 아니다. 신문의 생리는 자칫하면 감춰질 수 있는 사건을 양지로 가져오는 것이다. 이 가운데 대부분이 "몰랐더라면 기분이 상하지는 않았을 텐데" 하며 한탄하도록 만드는 뇌물, 비리, 교통사고, 자살, 왕따 같은 부정적인 사건들이다. 부정적인 감각을 들쑤셔놓는 것이다. 나중에는 너무나 자극이 많고 강도가 높아서 얼얼해질 정도가 된다. 신경이 너덜너덜 파김치가 되어버린다고 말해도 과언이 아니다. 그러면서 지나가는 바람에도 탄성을 지르며 생기발랄해야 할 몸이 둔감하고 무력해진다. 우리의 감각이 신문에 몰매를 맞는 것이다. 자칫하면 오늘 아침에 나도 그렇게 당할 뻔했다. 그것으로도 모자라서 나 스스로 나서서 생각을 밀어붙여 감정의 강도를 키워놓지 않았던가. 신파조로 자기연민에도 젖어가면서. 그렇지만, 그렇게 신문의 부정적 자극에 나를 고스란히 내어주는 와중에도, 나는 여전히 그러한 감정에서 발을 빼야 한다는 생각의 끈을 놓지 않고 있다. 한편으로 감정에 탐닉하면서도 다른 한편으로는 그러한 나의 일거수일투족을 감시하고 있었던 것이다. 그래서 분노가 자기연민으로 바뀔 때쯤 해서 나는 더 이상 내버려 두면 위험해지겠다는 판단을 내렸다. 속절없이 분노와 연민의 감정에 끌려갈 수는 없지 않은가. 이제 내가 앞장서서 주인처럼 감정을 이끌어야 한다고 생각했다. 그것은 어려운 일이 아니었다. 일단 자극받은 분노의 에너지는 쉽게 가라앉지 않는다. 그럼에도 시간이 지나면 점차 누그러질 것이다. 아니면 다른 유쾌한 자극으로 감정을 추스르게 할 수가 있다. 가령 모차르트의 음악에 나를 내맡기고 있으면 부정적이었던 에너지가 점차 긍정적으로 바뀌기 시작한다. 아름다운 음악이 내 몸에 입력이 되면서 세상이 아름답다는 생각도 들기 시작하는 것이다. 그렇지만 문제의 그날 아침에 나는 탈세 사건에서 고개를 돌리는 대신에 정면으로 응시하기로 마음을 먹었다. 그래! 헬조선이다. 가진 자와 가지지 못한 자의 골이 얼마나 깊어지고 있는가? 그리고 가진 자는 더 갖기 위해서 불법적으로 탈세를 자행하고 있는 것이 우리의 현실이다. 그렇지만 이와 같이 부정과 불의가 판치는 세상을 조금이라도 더 좋게 만드는 것이 지식인의 책무가 아닌가. 정의로운 세상을 만들기 위해 나도 열심히 노력해야 하지 않겠는가. 생각이 이러한 결론으로 향하면서 온몸에 불끈 전의가 불타오르기 시작했다. 분노의 에너지가 강렬한 의욕의 에너지로 전환된 것이다. 부정적이든 긍정적이든 감정은 사라지지 않는다. 단지 전환될 따름이다. 혹은 양태가 바뀌었다고 말해도 좋다. 수동적이었던 감정이 능동적인 감정으로 바뀐 것이다.

마지막으로 감정의 주인으로 살았던 공자가 했던 말 '종심소욕 불유거'의 의미를 짚어보면서 논의를 마치기로 하자. 공자는 나이 70에 스스로 하고 싶은 대로 하여도 도리에서 벗어나지 않았다고 술회하였다. 진리가 몸으로 체화된 것이다. 우리는 대부분 그러한 경험을 한 적이 있다. 우리가 좋아하는 사람과 함께 있으면 무슨 일을 해도 서로가 자유롭고 편안하며 행복하다. 서로가 서로의 행복을 바라는 몸으로 조율되었기 때문이다. 손발이 잘 맞는 상대와 놀이를 할 때에도 그러하다. 그런데 중요한 것은, 공자도 40에는 아직 그러한 경지에 이르지 못하였다는 사실이다. 불혹이란 의심이 없이 흔들리지 않는 부동의 상태를 말한다. 자기의 주관과 목표가 참나무처럼 우뚝 섰다는 것이다. 그렇지만 그러한 불혹의 자아는, 타자와 타협하거나 양보하지 않고 자기의 기준을 황소처럼 고집하는 단계에 있다. 노자라면 이와 같이 줏대가 너무나 강한 공자를 좋아하지 않았을 것이다. 공자는 30년 후에야 노자의 이상이었던 물과 같은 도의 경지에 다다를 수 있었다. 의식하거나 노력하지 않아도 물처럼 곧바로 흐르다가 장애를 만나면 돌아가기도 하는, 즉 타자의 몸과 형편에 따라서 유연하게 자신도 변화할 수가 있었다. 이와 같은 경지에 이르기 위해서 그가 이순을 거쳐야 했다는 사실이 매우 중요하다. 그는 자신의 욕망과 충동, 감정을 다듬어서 그와 같은 작품으로 만들기 위해서 먼저 타자의 감정에 귀를 기울여야 했던 것이다. 우리 몸이 음악이라면 독주가 아니라 합주였던 것이다.

감정은 에너지이다. 이것은 아무리 강조해도 지나치지 않은 사실이다. 우리가 감정에 대해 걱정하고 있다면 그것은 자신이 건강하다는 반증이기도 하다. 감정은 외부에서 주어지는 자극에 대한 몸의 변화이기 때문에 감정이 활발하면 활발할수록 건강하다는 말이 된다. 감정도 자본이라는 말도 있지만, 자본이라면, 잘 투자해야 한다. 잘못 투자하면 패가망신하기 때문이다. 거대자본의 횡포에 뒤이어 최근에는 갑질한다는 유행어도 생겨났다. 감정을 표현하는 것은 바람직하다. 밀봉한 포도주를 놔두면 점차 식초가 되듯이 뚜껑을 오래 닫아 놓으면 감정의 병이 깊어진다. 원한과 적대감이 가장 흔한 병명이다. 적절하게 감정을 표현하는 것이 어렵다면 '과감한 개성의 표출'처럼 표출하는 것은 좋다. 그렇다고 해서 따발총 쏘듯이 감정을 무턱대고 발산하는 지경에 이르지는 말아야 한다. 홍성원의 『육이오』의 한 구절에 "전쟁은 사실 인간들이 연출하는 가장 노골적인 적대감의 표출이었다."는 문장이 있다. 전쟁은 감정을 무제한으로 표출할 수 있는 공적인 명분을 제공한다. 그렇다면 감정의 갑질은 평화로워야 할 사회를 전쟁터로 만들어버린다고 말해도 과언이 아닐 것이다. 전쟁터라는 말이 너무 과하다면 '쓰레기터'라는 말로 대신하기로 하자. 피해자를 쓰레기통으로 취급하지 않는다면 어떻게 감정의 갑질을 할 수 있겠는가. 가래가 목으로 올라오면 퉤 내뱉듯이 일단 생기기만 하면 감정을 밖으로 내지르는 감정의 범람은 사회를 오물 사회로 만들어놓는다. 건강을 보살피듯이 우리가 감정도 잘 보살펴야 하지 않겠는가. 이때 '잘'은 사회를 오물단지나 쓰레기터가 아니라 아름다운 정원으로 만드는 감정의 표현과 표출을 가리킨다. 감정의 하모니만큼 아름다운 정원이 어디에 있겠는가!

부록 | 감각질

AI 연구에서 자주 논의되는 주제의 하나가 감각질에 대한 것이다. 인간처럼 생각하고 인간처럼 행동하는 로봇이 있다고 하자. 그런 로봇은 인간처럼 느끼기도 할까? 이러한 질문은 개관적 앎이나 지식과 주관적 경험의 차이를 규명하려는 시도에서 나왔다. 예를 들어, 우리는 사과가 달콤새콤하다는 사실을 알고 있다. 그런데 사과를 한 번도 먹어보지 않은 사람이 사과의 달콤새콤한 맛을 느낄 수가 있을까? 인간의 모든 지식과 경험, 감정에 관한 정보를 완벽하게 갖춘 로봇이 있다고 하자. 그는 당연히 사과의 맛이 달콤새콤하다는 사실을 알고 있을 것이다. 복숭아나 포도와 다른 사과 특유의 맛에 대해서도 알고 있을 것이다. 그런데 사과를 먹어보지 않고서도 그런 맛을 진짜로 느낄 수가 있을까? 맛있게 사과를 먹는 사람의 흉내는 낼 수가 있을 것이다. 그런데 과연 사과 먹는 경험을 스스로 느낄 수가 있을까? 만약 진짜로 느낀다면 사과가 씹히면서 느끼는 몸의 변화(얼굴을 찡그리거나 눈을 감거나 흐뭇한 표정을 짓거나 쾌감을 느끼는 등)도 수반되어야 할 것이다. 몸의 변화가 없다면 그것은 진짜 감정이 아니다. 진짜 감정이라면 두뇌에는 그것에 상응하는 특정한 감각질이 작용한다. 사과를 씹는 느낌에 해당하는 감각질이 활성화되는 것이다. 과연 그러한 감각질이 있을까?

다음과 같은 사유 실험을 해보자. 2+3=5이다. 2+3이 5라는 답을 얻기 위해서 나는 지적인 노력을 할 필요가 없다. 몸의 변화도 수반되지 않으리라고 생각한다. 이것은 계산기의 연산도 마찬가지일 것이다. 계산기의 경우에 2+3을 계산하든 3,500×4,567을 계산하든 계산기의 몸에는 아무런 변화도 생기지 않는다. 백만 단위의 숫자를 곱셈해도 마찬가지일 것이다. 그렇지만 백만 단위를 계산하는 나의 몸에는 변화가 생긴다. 힘이 들고 짜증이 나고 포기하고 싶은 생각도 들 것이다. 그렇다면 지구의 역사는 어떠한가? 지구의 역사는 약 45억 년이라고 한다. 45억은 내가 헤아리기에는 엄청나게 큰 숫자인데다가 45억 년이라는 단위는 상상을 초과하는 단위이다. 그 어마어마한 시간의 흐름을 믿기가 어려워서 입이 쩍 벌어지면서 아예 상상을 포기해버린다. 수령이 800년인 은행나무를 상상할 수는 있다. 그 정도의 상상은 가능하다. 그렇지만 45억 년 지구의 나이는 상상이 불가능하다. 즉 우리 몸은 45억 년이라는 시간을 소화할 수가 없는 것이다. 이때 몸에 일어나는 변화가 숭고의 감정이다. 그런데 지구의 나이를 생각하는 AI가 그러한 강렬한 감정을 느낄 수가 있을까? 필자는 없다고 믿는다.

필자는 우리 두뇌에는 특정한 감각질이 있다고 믿지는 않는다. 그러한 감각질이 있기 때문에 특정한 느낌을 경험한다고 생각하지도 않는다. 그럼에도 어떤 감정이나 경험에 수반되는 몸의 변화는 있다고 알고 있다. 이것은 믿음이 아니라 앎이다. 경험에 수반되는 몸의 변화로서 감정은 타고 태어난 본능이 아니라 지금까지의 축적된 경험의 결과로서 발생한다. 우리 몸은 주위의 환경과 더불어서 끊임없이 상호작용하면서 변화하는 몸이다. 더운 지방에 사는 사람의 몸은 추운 지방에 사는 사람의 몸과 동일하지 않은 이유이다. 호전적인 문화에서 성장한 사람의 몸은 평화주의적 문화에서 자란 사람의 몸과 동일하지 않다. 똑같은 자극에 대해서 전자가 화를 낸다면 후자는 가볍게 웃어넘길 수가 있다. 즉 웃거나 우는 나의 감정적 반응에는 나의 모든 역사와 생애가 참여하고 있다. 이러한 이유로 A가 사과를 먹으면서 느끼는 몸의 변화가 똑같이 B에게서도 일어나지는 않는다. 사과에 대한 반응은 모두 다 다른 것이다. 우리의 순간적인 감정에도 나의 존재 전체가 참여하고 있는 것이다.

그렇다면 감정이 아니라 이성적 사유는 어떠할까? 우리는 2+3의 값은 5라는 것을 알고 있다. 이러한 수학적 연산(이성적 사유)에도 나의 존재 전체가 참여하는 것일까? 나는 그렇지 않다고 생각한다. 물론 사과를 먹어보지 않은 사람이 사과의 맛을 알 수 없듯이 덧셈을 배우지 않은 사람은 2+3의 계산을 할 수가 없다. 덧셈에도 나의 존재가 참여하고 있음은 부정할 수 없는 사실이다. 그러나 그것은 내 존재의 아주 작은 일부에 지나지 않는다. 2+3의 계산에는 나를 나로 만들어주는 정체성이나 주체성, 개성 등이 관여하지 않는다. 2+3의 계산에 성공한다고 해서 내가 나를 나처럼 느끼는 것은 아니다.[12] 다만 나의 계산 능력을 증명했을 따름이며, 그것은 나의 고유한 개성이나 정체성이 아니라 다른 사람들과 일방적으로 공유하는 지적 능력을 가리킬 따름이다. 그렇다면 "거짓말을 하지 말라"와 같은 도덕적 명령은 어떠할까? 이러한 도덕적 명령을 따르면 내가 나처럼 느껴지는 것일까? 나는 그렇게 생각하지 않는다. 그것은 내가 특정한 도덕적 공동체에 속해 있다는 소속감을 확인해준다. 나는 도덕적 인간으로서 나를 정립하고 있다. 이성적 사유는 내 존재의 정체성이나 개성과 별 관련이 없다. 나를 다른 사람과 다른 나로서 밝혀주는 것은 나의 감정이다. 데카르트의 명제와 달리 나는 생각하기 때문에 존재

12 물론 예외적인 경우는 있다. 『이상한 나라의 엘리스』에서 엘리스는 몸이 거인처럼 커지거나 콩알처럼 작아지는 등의 이상한 경험을 하면서 그러한 경험을 하는 주체가 과연 엘리스 자신인지 확인하기 위해서 덧셈이나 뺄셈, 구구단으로 테스트를 해본다. 그리고 틀리지 않고 그러한 산수를 하는 자신을 발견하고는 안심을 한다. 자신은 여전히 엘리스라고 확신하는 것이다. 그렇지만 이때 엘리스는 수학을 할 수 있는 존재로서만 자신이 정체성만을 확인했을 따름이다. 이때 드러나는 것은 엘리스라는 개인이 아니라 인간이라는 종적인 존재로서 엘리스이다. 엘리스가 증명되는 것이 아니라 초등교육을 받은 지능이 증명되는 것이다. 그는 역설적으로 이러한 수학적 자기 증명을 통해서 자신의 생생한 경험의 현실을 부정하고 있다고 할 수 있다.

하는 것이 아니라 느끼기 때문에 존재한다. 생각으로 증명되는 것은 인간이라는 종이지 나라는 개인이 아니다.

AI와 관련해서 나에게 고유한 것은 감각질의 있고 없음이 아니다. 이성적 사유나 계산 능력, 지식이 아니다. AI는 이러한 능력에서 나보다 훨씬 더 뛰어날 수가 있다. 내가 하루에 해야 할 과제를 1분 만에 뚝딱 해치울 수도 있다. 그렇지만 이러한 능력이 나를 나로 만들어주는 것은 아니다. 사과를 먹으면서 느끼는 감정, 길을 걸으면서 바람에 머리카락이 흩날리는 느낌, 하늘의 무지개를 보면서 느끼는 감격, 이러한 몸의 변화가 나의 정체성을 말해준다. 이러한 감정은 AI가 알고리즘화할 수 없는 나의 개인적 본질이다.

물론 경험적 몸의 나와 문화적인 나를 떼어놓을 수는 없다. 더하기와 빼기에 대한 지식이 나의 정체성에 큰 몫을 차지하지 않는다고 말을 했지만 그러한 산술을 아는 문화권과 모르는 문화권 사이에는 정체성에서 큰 차이가 있다. 1, 2, 3, 4, 5까지밖에 세지 못하는 문화가 있다고 생각을 해보라. 이러한 문화에서 사는 사람들은 축재나 축적의 개념이 없을 것이다. 5 이상의 숫자가 없다는 사실은 계산 능력의 부족을 의미하는 것이 아니다. 그 이상 셈을 할 필요가 없다는 사실을 의미한다. 화폐경제가 아니라 물물교환의 사회, 자급자족의 사회를 의미한다. 필요한 것 이상으로 욕심을 내는 사람이 없다고 이해해도 될 것이다. 그렇지만 우리는 어떠한가? 우리는 백을 가지면 2백을 갖고 싶어 하고, 2백을 가지면 천을 갖고 싶어 한다. 욕심과 욕망의 끝이 없는 것이다. 왜? 우리는 끝없이 숫자를 셀 수 있기 때문이다. 더하기 빼기와 더불어 욕망의 문화가 생겨나는 것이다. 숫자는 모르는 사람은 사과가 두세 개만 있어도 많다고 느낀다. 그렇지만 우리는 냉장고도 있고 창고도 있으면 천 개의 사과도 부족하다고 느낀다. 감각과 감정이 성격이 달라지는 것이다.

4장 기쁨과 행복

인간은 자신의 불행 속에 홀딱 빠지는 성미 고약한 짐승이다
(Homo animal querulum cupide suis incumbens misriis)
노동은 이 세상이 누리는 최고의 축복이다(기싱의 고백 285)

나이트클럽을 전전하는 록밴드의 역경을 그린 영화 〈와이키키 브라더스〉(2001)는 행복에 대해 두고두고 기억할 명대사를 남겼다. 음악에 인생을 걸었던 성우에게 친구가 묻는 말이다. "너, 행복하니? 그렇게 하고 싶은 음악 하면서 살아서 행복하냐고? 우리 중에 저 하고 싶은 일 하면서 사는 놈 너밖에 없잖아. 행복하냐고?" 물론 성우는 자신이 기대했던 만큼 행복하게 살고 있지 않다. 그렇다고 한강으로 뛰어들 만큼 불행하지도 않다. 그는 음악과 돈, 쾌락과 경제적 안정, 양자를 다 선택할 수 없었다. 양자택일의 기로에서 그는 안정된 생활을 포기해야 했다. 운 좋게 꿩 먹고 알 먹을 수는 있어도 케이크를 먹고도 여전히 케이크를 소유하지는 못한다. 명예냐 돈이냐, 출세냐 사랑이냐의 기로에서 불행하게도 한길만을 선택해야 한다.

우리는 하루에도 수천 번씩 크고 작은, 의식적 · 무의식적 선택을 한다. 음악을 택하기 전에 성우는 수많은 망설임과 고민, 불면의 시간을 보내야 했다. 그러고 나서도 스타의 화려한 삶이 아니라 밤무대 가수의 초라한 삶으로 만족해야 했다. 그럼에도 자신의 곁에는 음악이 있었다고 자위할 수 있었다. 행복의 화두를 던졌던 친구도 알고 있었다. 100% 만족스러운 삶이 없다는 것을. 패배주의적으로 들릴지 모르지만 아마도 절반의 행복이 인간에게 허락된 최대의 몫이라는 것을. 절반의 행복은 딱 부러지게 행복하다 혹은 불행하다 한쪽으로 추가 기울지 않는 중간의 어중간한 영역에 걸쳐있다. 선택의 어려움이 여기에 있다. 만약에 100%의 행복을 보장하는 길이 있다면 그것을 포기할 사람은 없을 것이다. 어떠한 선택이든 빛과 어둠, 기쁨과 고통이 혼재하는 것이다.

성우처럼 우리는 행복하냐는 질문에 그렇다 아니다라고 대답하기가 어려운 것이 사실이다. 그러한 질문 자체가 우리에게 가하는 부담도 무시할 수가 없다. 그냥 행복하게 시내나가도 그러한 질문을 받으면 내가 '진짜'로 행복한 것인지에 대한 자의식이 가동하기 시작한다. 질문 자체가 행복을 진짜와 가짜로 양분하는 것이다. 이것은 주관적인 행복과 객관적인 행복의 차이, 그리고 행복의 양적 · 질적 차이와 같은 지형에 있다. 따라서 "나는 행복한가?"라고 묻는 주체는 순수하게 자신의 감정에 충실할 수가 없다. 이러한 이유로 릴케는 나무와 동물들만이 절대적으로 순수할 수 있다고 말하였다. 장미는 장미의 아름다움을 생각하지 않는다. 바로 자신이 아름다움이기 때문이다.

유명한 '쾌락의 역설'(paradox of hedonism, pleasure paradox)이 있다. 이미 기원전 4세기에 아리스토텔레스는 의식적으로 행복을 추구하는 것보다 그렇지 않을 때에 더 행복할 수 있다고 말하였다. 『윤리학의 방법』(*The Methods of Ethics*)에서 세드윅(Henry Sidgwick)도 밀(J. S. Mill)[1]과 마찬가지로 행복이라는

1 But I now thought that this end [one's happiness] was only to be attained by not making

생각을 머리에서 지워야 행복할 수 있다고 주장하였으며, 최근에는 미하이 칙센트미하이(Mihaly Csikszentmihalyi)가 『몰입』(*Flow: The Psychology of Optimal Experience*)에서 '몰입 이론'(flow theory)을 제창하였다. 의식을 잃을 정도로 뭔가에 몰입해 있는 순간이 가장 행복하다는 것이다.[2] 이러한 이론에 따르면 행복은 주체가 빠져있는 감정 상태, 하이데거의 기본 정조(mood)로서 대상화나 객관화가 불가능하다. 행복하냐고 묻는 순간에 행복한 기분에서 벗어나게 되기 때문이다. "행복하다"(I am happy)는 것은 "행복을 가지고 있다"(I have happiness)와는 다른 감정을 가리키고 있다.

이러한 쾌락의 역설로 인해서 행복 측정이나 행복지수 검사를 주저하는 사람들도 있다. 긍정심리학의 창시자인 마틴 셀리그만(Martin Saligman)은 개인의 행복도를 측정할 수 있는 문진표를 웹사이트(www.authentichappiness.org)에 올렸다. 이 사이트에 들어가면 우리는 자신이 얼마나 행복한 삶을 살고 있는지 확인해 볼 수 있다. 그러나 이에 대해 거부감을 갖는 사람들도 적지 않다. 자신의 행복을 대상화하고 정량화하며 규범화해야 하는 때문이다. 나의 개인적 행복이 그들(das Man)의 기준에 의해서 판단된다는 것이다.

필자가 쾌락의 역설과 더불어서 논의를 전개하는 이유는 다음과 같다. 행복에는 두 가지 상반되는 전통이 있다. 하나는 니체가 영국식 행복이라 부른 안락과 사교활동, 그리고 본능적 욕망의 충족에서 오는 기쁨이라면,

it the direct end. Those only are happy (I thought) who have their minds fixed on some object other than their own happiness[……] Aiming thus at something else, they find happiness along the way[....] Ask yourself whether you are happy, and you cease to be so.[2] John Stuart Mill, *Autobiography in The Harvard Classics*, Vol. 25, Charles Eliot Norton, ed., New York: P. F. Collier & Son Company, 1909, p. 94.

2 Csikszentmihalyi, Mihaly, *Flow: The Psychology of Optimal Experience*, 1990, New York: Harper and Row. 사랑에 빠진 연인들은 그러한 행복을 경험한다. 발자크의 『골짜기의 백합』에는 첫사랑에 빠진 청년이 연인에게 다음과 같이 고백하는 장면이 있다. 그래서 나는 당신과 떨어져 있어야만 당신에게 얘기를 할 수 있는 것입니다. 당신 앞에 있으면 너무도 눈이 부셔서 볼 수도 없고, 너무도 행복해서 자신의 행복을 생각해 볼 수 없으며 …… (발자크, 『골짜기의 백합』, 김현태 옮김, 신영출판사, 1994, 118-119쪽)

다른 하나는 아리스토텔레스적 의미에서의 아레떼, 잠재력을 최대한 실현하는 탁월함으로서의 행복, 니체적 의미에서 자기의 한계를 극복하는 만족감이다. 전자가 순간적이라면 후자는 지속적이고, 전자가 감각적 향락에 기울어 있다면 후자는 권력의지와 고군분투에 조율되어 있고, 전자가 소비적이라면 후자는 생산적이다. 니체는 행복의 요소로서 질병과 고통까지도 긍정하고 환영하였다. 그런데 현대 소비사회에서는 고통에서도 기쁨을 느끼는 극기와 탁월함으로서의 행복이 무시되는 경향이 있다. 그리고 에피쿠로스의 쾌락주의(hedonism)도 지나치게 감각적 쾌락과 향유의 관점에서만 해석되는 경향이 있다.

이 지점에서 내가 쾌락의 역설을 가지고 논의를 시작한 이유가 분명해진다. 니체가 주장했듯이 우리가 극심한 고통 속에서도 쾌락을 느낄 수 있다는 점에서 쾌락은 역설적일 수 있다. 마라토너들이 경험하는 엄청난 쾌감이 단적인 예이다.[3] 또 과거에 겪었던 고통이 나중에는 기쁨으로 재해석되거나 재맥락화될 수도 있다. 『자서전』에서 밀(John Stuart Mill)은 다음과 같이 말하였다. "행복을 직접적인 목적으로 삼지 않을 때에만 우리는 행복에 이를 수 있다. 자신의 행복이 아닌 다른 무엇을 추구할 때 우리는 행복하다." 밀의 말이 올바르다면, 우리는 행복하면서도 자신이 행복하다는 사실을 모르고 있을 수 있다.

그렇다면 우리는 자신이 생각하는 것보다 훨씬 더 행복한지 모른다. 이렇게 표현할 수 있지 않을까. "우리는 행복하다. 그럼에도 우리는 불행하다고 생각하고 있다. 행복하다는 사실을 모르고 있는 것이다." 우리나라 사람들이 불행하다고 생각하는 증거는 국가별 행복지수를 비교해보면 쉽게 찾을 수 있다. 지난해 6월에 영국 민간 싱크탱크 신경제재단(NEF)가 발표한 국가별 행복지수에 따르면 코스타리카가 64점으로 1위, 베트남은 60.4로 2위, 우리나라는 43.8로 63위에 머물렀다. 또 2012년 OECD 국가

3 도파민

별 보다 나은 삶의 지수(Better Life Index)에 따르면 36국 가운데 호주가 1위, 우리나라는 22로 중하위권에 머물렀다. 그런데 여기에서 충격적인 것은 "삶의 질과 연관된 19개 지표의 가중 합계인 '행복지수'를 구해 비교한 결과, 한국은 10점 만점에 4.20으로 뒤에서 세 번째인 32위로 나타났다. 사실상 '꼴찌'와 다름없다는 분석이 나왔다."[4]는 사실이다. 그러나 이 '꼴찌'나 다름없다는 사실에서 우리가 36국 가운데 가장 불행하다는 결론이 나오지는 않는다. 가령 우리가 다른 나라에 비해서 학력 수준과 학업성취도가 매우 높으며, 노동시간이 긴 것도 잘 알려진 사실이다. 또 환경이나 삶의 만족도, 공동체적 소속감 등에서 매우 열악하다는 것은 잘 알려져 있다. 높은 학력과 학력성취도에 비하면 우리는 지나치게 삶의 만족도가 낮은 것이다. 그런데 이 대목에서 우리가 행복의 역설과 탁월함으로서의 행복을 떠올려야 하지 않을까? 영국식 행복의 기준에서 보면 우리가 분명 꼴찌일 수 있다. 그러나 탁월함의 추구라는 또 다른 기준을 적용하고, 거기에 가중치를 두면 우리도 행복한 편이라고 말할 수 있지 않을까? 우리는 결론에서 다시 이 질문으로 되돌아오게 될 것이다.

1 | 쾌락과 만족

『행복의 특권』(*The Happiness Advantage*)의 저자 숀 아처(Shawn Achor)가 한국인의 행복에 대해 흥미로운 일화를 소개하였다. 행복에 대해 삼성으로부터 초청 강연을 의뢰받은 그는 시작하기 전에 "행복이 무엇인지 서로

4 《호주한국일보》, 2012년 7월 13일자, "한국, 행복지수 OECD 꼴찌." 보건복지부에서 분석한 "OECD 국가 행복지수 산정 결과로 본 우리나라의 행복 수준"에서도 다른 항목에 비해 우리나라가 주관적 행복지수가 특히 낮은 것을 알 수 있다. 전체 행복지수가 OECD 30개국 가운데 25위였던 반면에, 건강은 23위, 그러나 주관적 생활만족 분야 순위는 28개국 가운데 26위였다. 보건복지, *Issue and Focus*, 7, 2009.

얘기해 보았으면 합니다. 여러분은 행복이 무엇이라고 생각합니까?"라는 질문을 청중에게 던졌다. 그러자 통역자가 난감한 표정을 짓고 망설이더니 다음과 같이 제안했다고 한다. "그냥 구글에서 검색해보는 게 어떨까요?"(62) 아처에게 이 에피소드는 한국인의 행복관을 한마디로 요약해 주는 인상적인 사건이었다. 행복을 정의하는 일이 그만큼 어렵다는 반증이 될 수도 있겠지만 아처는 한국인이 행복을 자주 경험하지 못했거나 행복을 표현할 줄 모르기 때문이라고 이해하였다.

유능한 삼성직원들이 행복이 무엇인지 몰랐을 리가 없다. 만족이나 기쁨, 쾌락과 같은 유사어를 가지고 사전적인 정의를 내리는 것은 어렵지 않았을 것이다. 그러나 특강을 하는 공적인 자리에서 그와 같은 사적인 감정을 이야기하는 것이 마음 편하지는 않았을 것이다. 더구나 공적인 공간에서 행복할 수 있다고, 즉 회사를 위해 열심히 일하는 것이 행복이라고 말하는 것은 아부하는 것 같아서 더욱 거북했을 것이다. 삼성직원 가운데는 일중독자가 많나는 것은 하나의 상식이다. 또 외국인에게 한국인 하면 떠오르는 대표적인 이미지의 하나가 '일중독'이나 근면, 야망이라는 사실도 우리에게 그리 낯설지 않다.[5] 일중독은 일을 하지 않으면 편안하고 행복한 것이 아니라 되레 초조하고 불안하게 느끼는 사람에 해당되는 용어이다. 다른 사람에게는 불행하게 보일지 모르지만 본인은 사무실에서 죽어라 일을 해도 행복한 것이다. 더구나 조금만 더 열심히 노력하면 자기의 잠재력을 실현하고 성공의 고지에 다다를 수 있다면 일에서 커다란 행복을 느낄 수도 있을 것이다.

사적 공간과 공적 공간, 직장의 노동과 휴식이 분리된 이후로 우리는 일과 행복을 분리해서 생각하기 시작하였다. 특히 임금 노동일 경우에 분리는 더욱 심화되게 마련이었다. 맑스의 소외이론을 빌면 우리는 일을

5 《동아일보》, 2008년 11월 18일자, "한국 하면 삼성 LG 현대 떠올라." 이것은 구글이 31개 국가를 대상으로 각 나라를 대표하는 키워드를 정리한 것으로, 한국은 이미지로는 '급한 성격'과 '일중독' '부지런하고 야심이 있음' '친절함과 친근함' 등이 꼽혔다.

많이 하면 할수록 더욱 자신으로부터 멀어지고 심신이 피폐해지며 불행해진다. 피고용자는 자기의 행복을 위해 일하는 것이 아니라 고용주의 이익과 쾌감을 위해 일하기 때문이라는 것이다. 그러나 미래가 없는 노예 신분이 아니라면 노동이 우리에게 즉각적인 쾌감을 주지는 않는다고 할지라도 유예된 쾌감을 줄 수 있다는 사실을 부정할 수는 없다. 미래의 행복과 탁월함의 성취를 위해 임금을 투자할 수 있기 때문이다. 당시에 괴로웠던 노동도 나중에 흐뭇하게 뒤돌아보며 기억할 수 있다. 그럼에도 불구하고 우리는 노동과 행복이 서로 대립하며 공존이 불가능하다는 듯이 생각하는 습관에 젖어 있다. 『고독한 군중』(*Lonely Crowd*)에서 다니엘 벨(Daniel Bell)은 과거의 자기 절제적 문화를 거부한 현대인은 즉각적인 향락적 문화를 추구하고 있다고 진단하였다. 노동 후에 얻어지는 기쁨이 아니라 노력하지 않고 즉각적으로 주어지는 쾌감이 시대적인 대세가 되었다는 것이다. 만일 우리가 행복을 이러한 향락적 관점에서 바라보면 삼성직원들을 포함해서 일 중독자들은 불행한 사람들이라고 말할 수 있다. 공적인 공간에서 행복은 불가능하다는 결론을 내릴 수가 있을 것이다. 그리고 생산이 아니라 소비가, 노동이 아니라 휴식이, 주일이 아니라 휴일이 행복의 조건이라고 주장할 수가 있을 것이다.

이 지점에서 두 가지로 행복의 의미를 구별하는 것이 논의의 전개에 도움이 될 것이다. 헤겔이 『정신현상학』에서 사용한 개념을 빌면 하나가 향락(Genuss)으로서 기쁨이라면 다른 하나는 만족으로서의 기쁨이다. 주인과 노예의 변증법을 서술하는 대목에서 헤겔은 주인의 쾌락과는 성격이 다른 것으로서 노예의 만족감을 설명하였다. 땀 흘려 일할 필요가 없는 주인은 먹고 마시며 관능적으로 즐기기만 하면 된다. 반면에 노예는 주인의 쾌락과 기쁨을 위해서 열심히 일을 하지 않으면 안 된다. 그러나 그가 아무 생각 없이 기계적으로 일을 하는 것은 아니다. 노동은 인간의 욕구를 만족시키기 위해 자연을 문화적으로, 또 창조적으로 변형시키는 과정이다. 예를 들어 땅에 노동력을 투입함으로써 음식과 일용품을 생산하게 된다. 이와 같이 자연을 문화로 변형시키는 과정에서 노예는 자신의 잠재력을 극대화하는 기쁨을 누릴 수가 있다. 이때 그의 기쁨은 본능을 즉각적으로 충족하는 향락이 아니라, 반대로 본능의 만족을 유보함으로써 자기의 잠재력을 실현하는 만족감, 자신이 훌륭하게 행동했다는 사실에서 오는 자기 만족감이라고 할 수 있다. 주인이 자연적 욕구를 충족하는 단계에서 그친다면 노예는 그러한 자연적 욕구를 문화적 대상으로 변형하는 기술자나 예술가가 된다.

쾌락과 만족의 구별이 중요함에도 불구하고 행복에 대한 논의에서 양자의 차이가 하나의 주제로서 부각된 적이 없었다. 그러나 바로 이 차이로 인해서 행복에 대한 정의가 복잡해지고 애매해지며, 행복의 역설과 같은 현상도 발생한다. 이미 행복 자체가 쾌감과 만족으로 분열되어 있는 것이다. 만족이냐? 쾌락이냐? 쾌락에 잠긴 순간에 우리는 그것을 의식하지 못한다. 그러나 만족한 상태에 있는 나는 반성적으로 그러한 자신을 의식할 수 있으며, 그러한 의식이 불만족을 초래할 수도 있다. 진정한 만족이 아니라 거짓 만족이라고 생각할 수도 있기 때문이다. 예를 들어, 만족하며 살았던 노예도 자신이 노예라는 것을 잊기 위해서 열심히 일을 했거나, 또는 자신이 착취를 당하고 있다는 사실을 불현듯이 깨달을 수 있다. 그 순간에 만족감은 불만족으로 바뀐다.

만족이 자기가 훌륭한 일을 하고 있다는 자의식과 불가분의 관계를 가지고 있다면 그러한 만족감은 아리스토텔레스적 의미에서 최고선(ariston[14])이 아니라 그것의 수단이나 조건에 가깝다. 명예나 부, 성공 등은 행복과 달리 그 자체는 순수한 목적이 아니다. 명예롭거나 부유하다고 해서 무조건적으로 행복해지지는 않기 때문이다. 이스털린의 역설에서 잘 드러나듯이 부나 명예가 어느 정도까지는 행복에 기여하는 조건의 하나임에는 의심할 여지가 없다. 쾌락도 그러하다. 동물이라면 먹고 마시고 즐기는 관능적 쾌락이 존재의 목적 자체라고 할 수 있는지는 모른다. 그러나 사회적이며 이성적인 동물인 인간은 쾌락만 가지고 행복할 수는 없다. 고귀한 목적을 위해서 순간적 쾌락을 포기하고 자신을 희생하기도 하기 때문이다. 쾌락도 부나 명예와 마찬가지로 행복의 중요한 요소이기는 하지만 그 자체가 목적은 아닌 것이다.

고대 희랍인들은 완전한 행복이 인간에게는 불가능하다고 생각하였다. 아리스토텔레스는 행복하기 위해서 우리는 출생, 외모, 건강, 재산, 권력, 친구, 자손, 명성, 행운 등 모든 조건을 다 갖추고 있어야 한다고 보았다. 그렇지만 인간으로서 이러한 조건을 모두 충족하는 것은 불가능하다. 더구나 출생이나 외모는 행운과 마찬가지로 개인이 노력해서 성취할 수 있는 것이 아니다. 이와 같은 한계 상황을 고려한다면 인간으로서 할 수 있는 최대한의 몫은 행복하기 위해 노력하는 활동에 있다고 할 수 있다. 완벽한 행복은 자신의 운명을 스스로 결정할 수 있는 신에게만 가능한 일이다.

그렇다면 신적인 행복이 무엇일까. 행복의 모든 조건이 완벽한, 더 이상 더하거나 뺄 것이 없는 상황에서 신은 어떻게 행복을 향유하는 것일까? 이 질문에 대해서 아리스토텔레스는 그와 같이 완벽한 우주를 관조하는 활동에 최고의 행복이 있다고 대답하였다. 구약의 야훼도 6일 동안 천지를 창조하고 다음 날에는 휴식을 취하지 않았던가. 행복을 위해 더 이상 노력할 필요가 없다면 사랑하는 연인들이 그러하듯이 그냥 가진 것을 가지고 즐기면 된다. 행복의 비밀은 이러한 단순성에 있지 않은가. 주인과 노예의 관점에서 두 유형의 행복을 논의했던 헤겔도 주인의 행복이 그러한 향유에 있다고 보았다. 노예와의 싸움에서 승리를 거둔 주인은 먹고 마시며 즐기는 일 이외에는 할 일이 없는 것이다. 이러한 역사의 종말에서는 행복을 향유하는 이외에 할 것이 없다. 그러나 우리에게 역사는 종말이 아니라 진행형의 과정으로, 최상의 경우에 언젠가 그러한 신적인 행복에 다다를 수 있는지 모른다. 그러나 현재는 그러한 행복의 고지에 올라가기 위하여 노력할 따름이다.

2 | 휴일의 쾌락

그렇다면 행복은 다음 두 가지의 유형으로 정리될 수가 있다. 하나가 일이 끝난 후에 오는 휴일의 행복이라면, 나머지 하나는 일이 진행되는 과정의 행복, 엄밀한 의미에서 평일의 만족이다. 예를 들어, 피아니스트가 되기 위해서 불철주야 노력하는 학생은 자기가 세운 매일의 연습량을 훌륭하게 완수할 때에 커다란 만족감을 느낀다. 그러나 그가 위대한 피아니스트로 성장하면 굳이 노력하지 않아도 스스로 즐기면서 훌륭하게 연주를 할 수가 있다. 전자가 정상을 정복하기 위해 등산하는 기쁨(만족)이라면, 후자는 정상에서의 만끽하는 기쁨(행복)이다. 전자에게 행복이 앞으로 도래할 미래형으로 존재한다면 후자에게 있어서 행복은 지금 여기의 현재진행형이다. 하나가 아직 자기가 원하는 피아니스트가 아직 되지 못한 연습생의 보람이라면, 다른 하나는 피아니스트로서의 행복이다. 만족은 내가 아직 내가 되지 못한 미완의 과정에 있는 것이라면, 행복은 그러한 '되기'가 이미 완성된 상태에 있다고 할 수 있다.

행복에 대한 질문은 내가 이미 완성된 나인가, 아니면 '되기'의 과정에 있는 나인가 하는 정체성에 대한 질문과 불가분의 관계에 있다. 나는 휴일의 존재인가, 아니면 평일의 존재인가? 〈와이키키 브라더스〉의 성우와 삼성 직원은 자신을 휴일의 존재로 생각하고 있는가, 아니면 평일의 존재로 생각하고 있는 것일까? 혹시 자신은 휴일을 즐겨야 한다고 생각하면서도 생계를 위해 — 목구멍이 포도청이라고 — 어쩔 수 없이 출근하는 것이 아닐까? 또 행복한 휴일을 즐기기 위해서 직장을 때려치우는 경우도 생각해 볼 수 있지 않을까?

물론 우리는 평일에도 행복하고 휴일에도 역시 행복해야 한다. 오로지 휴일만을 손꼽아 기다리며 평일에 억지로 일을 해야 하는 사람은 행복할 수 없다. 기껏해야 반쪽의 행복으로 만족해야 할 것이다. 휴일에 우리는 느긋하게 늦잠을 자고 영화를 보며 산책도 하고 맛있는 음식도 먹을 수 있다. 평일에 나는 아직 내가 원하는 내가 아니다. 나는 미래형으로 존재하기 때문에 거기에 다다르기 위해 땀 흘려 노력해야 하는 것이다. 그러나 휴일에 나는 완성된 나로서 존재할 수가 있다. 세상에 더 이상 할 일이 없다는 듯이 오후까지 게으르게 침대에서 뒹굴 수가 있는 것이다. 노동과 경쟁과 스트레스로부터 해방되어 그냥 내가 원하는 대로 시간을 보낼 수 있는 것이다. 이 점에서 삶은 완성과 미완성, 미래와 현재가 평일과 휴일처럼 두 박자로 반복되는 과정이다.

필자는 우리나라 사람들이 불행하다고 느끼는 주된 이유의 하나가 평일의 행복을 망각하게 만드는 문화에 있다고 생각한다. 우리는 아직 자신이 미완성의 과정이라는 사실을 참지 못하는 것이다. 되어가는 '나'가 아니라 완성된 '나'의 자격으로 살고 싶어 하는 것이다. 현대가 산업사회가 아니라 후기 산업사회이며 생산사회가 아니라 소비사회라는 점에 이의를 제기할 사람은 없을 것이다. 생산사회는 평일의 논리가 지배적인 사회이다. 아직 목적지에 다다르지 않았기 때문에 열심히 달려가야 하는 사회, 부족한 것이 많은 세상을 부지런히 상품을 생산해서 채워 넣어야 하는 사회이다. "나는 일한다. 그러므로 나는 존재한다." 이때는 가난하고 배가 고프다고 해서 불행해지지는 않는다. 일할 것이 없어서 손 놓고 있어야 하는, 강요된 휴일에 우리는 불행에 사로잡히는 것이다. 그러나 소비사회는 휴일의 문화이다. 우리는 생산하는 활동에서 진정한 자신처럼 느끼는 것이 아니라 소비하는 행위에서 진정한 정체성을 찾는다. "나는 소비한다. 그러므로 나는 존재한다."

문제는 이러한 소비사회는 우리의 불행을 조장하는 경향을 가진다는 것이다. 앞에서 휴일은 완성된 시간이라고 말하지 않았던가. 부자는 부자로서, 가난한 사람은 가난한 사람으로서 완성된 자기 자신을 소비하는 시간이 휴일이다. 그렇다면 가난과 부의 차이는 평일처럼 상대적인 차이가 아니라 절대적인 차이가 된다. 경기가 진행되고 있는 평일에는 극적인 역전과 추월도 가능하다. 어느 순간에 승자와 패자, 부와 가난의 관계가 뒤바뀔 수 있는 것이다. 비록 앞서가는 사람을 따라잡을 가능성이 객관적으로 전무하다고 할지라도 원칙적으로 평일의 중심에는 언제나 그러한 역전의 가능성이 꿈틀거리고 있다. 이러한 가능성의 기대가 평지에서 미래에 대한 희망과 꿈의 봉우리가 솟아오르게 만들 수 있다. 그러나 역동적이었던 경기가 정물화처럼 정지된 휴일에는 평지에서 봉우리가 솟아오르지 않는다. 휴일은 없는 것을 찾아 나서는 여행의 시간이 아니라 있는 것을 즐기는 휴식의 시간이기 때문이다. 그리고 현대사회에서 가장 인기 있는 휴식의 행위는 소비가 되었다. 레크리에이션도 소비이고, 외식도 소비이며 여행도 소비이다. 갑과 을이 친구라고 하자. 을은 분식집에서 김밥과 라면을 소비할 수도 있고 갑은 세련된 이탈리아 레스토랑에서 웨이터의 시중을 받으면서 와인과 스테이크를 소비할 수도 있다. 이때 갑과 을의 소비능력은 동등하지 않다. 갑은 언제라도 원한다면 김밥과 라면을 선택할 수 있지만 을은 그렇지 않다. 만약에 소비와 행복이 비례한다면 을은 갑에 비해서 반토막의 행복밖에 누릴 수가 없다.

그러나 위와 같은 단순 비교로 행복의 질이나 양이 설명되지 않음은 두말할 나위가 없다. 분식집에서 식사하는 을이 이탈리아 레스토랑의 갑과 자신을 비교하지 않는다면 양자는 각자 나름의 행복을 누린다고 할 수 있다. 강아지가 강아지이고 고양이가 고양이이듯이 갑은 갑이고 을은 을이다. 그런데 이와 반대로 만약 갑처럼 휴일을 소비하지 못하는 자신의 처지를 을이 비관하고 있다면, 바로 그러한 생각이 머리를 스치고 지나가는 순간에 을의 행복은 나락으로 떨어지고 말 것이다. 비교의 독에 닿는 순간은 숟가락처럼 검게 변색되는 것이다. 여기에서 행복에 독을 넣는 주체는 다름 아니라 비교, 즉 자기보다 훨씬 행복한 타자가 있다는 자의식의 발동이다. 세상에서 비교를 당해낼 힘센 장사는 없다. 세상에는 갑보다 더욱 유복하고 부유하고 화려한 슈퍼 갑이 있으며, 또 슈퍼 갑보다 더욱 행복해 보이는 더블슈퍼 갑이 있을 수 있다. 이러한 비교의 줄서기는 더블슈퍼 갑으로 끝나지 않는다. 그것은 슈퍼의 슈퍼의 슈퍼의…… 이렇게 무한수열이 되는 것이다.

3 | 나보다 행복하다고 가정되는 타자

왜 이 자리에서 굳이 '나보다 훨씬 행복한 타자가 있다'는 자의식에 대한 이야기를 해야 하는 것일까? 그것은 그러한 자의식이 이 글의 문제의식과 직결되어 있기 때문이다. 서두에서 필자는 행복의 역설을 소개하였다. 그리고 이어서 우리나라 사람들의 행복지수가 OECD의 다른 나라에 비해서 극히 저조하다는 통계를 언급했었다. 왜 우리나라 사람들이 불행한 것인가? 2012년 보건사회연구가 발표한 자료에 따르면 한국은 OECD 회원국가에서 가장 불행한 그룹에 속한다. 10점 만점인 행복지수에서 한국은 4.2점으로, 34개국 가운데 32위를 하였다. 상위 1위인 덴마크는 점수가 8.09였다. 그리고 2006년 영국 레스터 대학의 화이트 교수가 제작한 178개국의 세계행복지도에 따르면 우리나라의 행복도는 102위를 기록하였다. 그러나 GDP가 1,400달러에 지나지 않는 부탄은 행복도가 세계에서 8위였다. 최빈국에 속하는 방글라데시가 가장 행복한 나라의 하나라는 것은 상식이 되었다. 그런데 우리나라의 GDP는 이미 오래전에 2만 달러를 넘어섰으며, 세계 13위의 경제 대국이다. 세계의 모든 나라들, 특히 개발

도상국이 가장 부러워하고 모델로 삼고 있는 나라가 우리나라이다. 그럼에도 우리는 자신이 불행하다고 느끼고 있는 것이다. 왜 나보다 훨씬 행복한 타자가 있다는 자의식 때문이다.

달리 말해서 우리나라에는 행복할 충분한 이유가 있음에도 불구하고 스스로 불행하다고 생각하는 사람들로 넘쳐나고 있다. 이러한 관점에서 보면 〈와이키키 브라더즈〉에 등장하는 모든 인물들도 불행할 이유가 없는 듯이 보인다. 포기하지 않고 계속 꿈을 좇아서 음악을 하는 성우이든, 음악을 접고 회사에 취직한 친구들이든 다른 사람들보다 특별히 불행해 보이지 않는다. 그럼에도 불구하고 행복하지 않다고 생각하는 것이다. 앞서 언급했던 갑과 을의 예를 생각해 보기로 하자. 을은 분식집에서 점심을 맛있게 먹고 있다. 장발장처럼 돈이 없어서 굶주린 배를 움켜쥐고 허기를 채우기 위해 빵을 훔치지 않아도 좋다. 그는 점심을 즐기고 있는 것이다. 그럼에도 갑이 머리에 떠오르는 순간에 자기가 행복하다는 사실을 잊고서 불행하다고 생각하기 시작한다. 그러한 생각이 향유할 수 있는 행복의 기회를 망치는 것이다.

을이 분식집에서 점심을 하는 날이 휴일이라는 사실을 상기하기로 하자. 휴일은 무슨 날인가? 동료와 경쟁하며 일하지 않아도 되는 날, 아직 갈 길이 멀지만 목적지에 이미 다다랐다는 듯이, 그리고 세상에서 할 일을 완수했다는 듯이 두 발을 뻗고 편히 쉴 수 있는 날이다. 모두가 자신이 주인이 되는 날이다. 그럼에도 을은 자기가 하인인 듯이 생각을 하고 있지 않은가. 타인과 비교하는 순간에 을은 하인의 처지로 영락한 것이다. 알랭 드 보통(Alain de Botton)은 『불안』에서 "실제적 궁핍은 급격하게 사라졌지만, 역설적이게도 궁핍감과 궁핍에 대한 공포는 사라지지 않았고 외려 늘어나기까지 했다."고 현대사회를 진단했다. 이러한 보통의 지적은 새삼스러운 것이 아니다.

이미 오래전에 뒤르켐(Emile Durkheim)도 『자살론』에서 당시의 통계자료를 분석하면서 현대인의 불행의 원인을 상대적 빈곤과 미래에 대한 막연한 두려움에서 찾았다. 뒤르켐에 따르면 과거 신분사회에서 사람들은 정해진 신분과 역할을 하늘이 점지한 운명으로 생각하고 살았다. 아리스토텔레스와 같은 철학자나 기독교와 같은 종교도 불평등을 자연의 질서로 간주하였다. 평민이라면 평민으로, 양반이라면 양반으로 살아야 했던 것이다. 평민이 양반으로 신분상승할 수 없는 사회였던지라 평민은 양반과 자신을 비교하면서 신세 한탄할 필요가 없었다. 이밥에 고깃국이 없어도 굶지 않고 사는 것으로 만족하였다. 그러나 그와 같이 정해진 신분의 구별이 없는 민주주의 사회는 그러한 자족감이 불가능한 사회이다. '아메리칸 드림'이라는 용어가 말해주듯이 누구든지 노력하기만 하면 원칙적으로 부자가 되고 성공하며 고위공직자가 될 수 있다. 1778년에 〈미국 독립의 장점에 관한 연설〉에서 역사가인 램지는 미국의 민주주의를 다음과 같이 요약했다. "설사 가장 가난한 사람의 아들이라 해도 국가의 고삐를 쥘 수가 있다." 개인은 완성된 존재가 아니라 '되어가는 과정'의 존재인 것이다. 그래서 아무리 높은 꿈을 꾸어도 지나치지 않다. 원칙적으로 꿈에는 상한선이 없다. 사다리에서 한 단을 오르면 그다음 단으로, 또 그다음 단으로 무한히 저 높은 곳을 향하여 오를 수가 있다. 그러나 이와 같이 원칙적으로 내가 최고가 될 수 있다는 가능성은 무엇을 의미하는가? 내가 아직 최고가 아니라는 부정적 존재론을 함유하고 있다. 나는 아직 내가 아닌 것이다. 을은 아직 갑이 아니며, 갑은 아직 슈퍼 갑이 아니다. 이것은 밑 빠진 독에 물 붓기, 즉 욕망의 논리이다. 행복을 붙잡을 수 없는 구조에 있는 것이다.

이러한 욕망의 논리를 잘 말해주는 한 예로 헬레나 노르베리-호지의 『행복의 경제학』에서 소개한 흥미로운 에피소드가 있다. 저자는 히말라야산맥에 위치한 오지 마을 라다크에 25년간 살면서 현지 주민들의 삶을 연구한 지역학 학자였다. 그는 유럽에 비하면 너무나 가진 것 없이 사는 주민들이, 그럼에도 불구하고 모든 것을 다 가지고 있다는 듯이 행복하게 사는 모습에 감명을 받았다.

> 라다크의 물질적 생활수준은 높았다. 크고 넓은 집에 여가시간도 많았으며, 실업이라는 것은 아예 존재하지도 않는다. 굶주리는 사람도 없었다. 물론 서구 사회와 같은 편의시설이나 사치품은 없었다. 하지만 이들에게는 훨씬 더 지속가능하고 훨씬 더 즐겁고 훨씬 더 풍족한 삶의 방식이 있었다.

그런데 유감스럽게도 노르베리-호지는 이 외부 세계로부터 고립되었던 라다크 마을이 1970년대에 외부에 노출되고, 관광객이 북적거리기 시작하면서 불과 10년이라는 짧은 시기에 엄청나게 변한 모습을 목격하지 않으면 안 되었다. 외부 소비문화와 접하게 되면서 주민들은 이전에는 몰랐던 결핍과 가난을 깨닫게 되었다. 텔레비전도 없고 핸드폰도 없으며, 으리으리한 저택도 없고 대통령이나 국무총리도 없으며, 술집도 없고 오락실도 없다는 사실을 배우게 된 것이다. 부유한 관광객들과 비교할 때 자기네들은 너무나 가난하다고 느끼기 시작하였다. 마을에 있는 것을 보는 것이 아니라 마을에 없는 것만을 보고, 자기보다 행복한 타자를 발견하게 되었기 때문이다.

우리가 살고 있는 현대사회는 자기보다 행복한 타자를 상상하는 사람들의 사회이다. 실제로 갑이 을보다 더욱 행복한지는 문제가 되지 않는다. 1에 1을 더하면 2가 되고, 거기에 또 1을 더하면 3이 되는 것과 마찬가지로 타자도 자기보다 더욱 행복하다고 가정이 되는 것이다. 그러면서 수단과 목적의 관계가 전복되기 시작한다. 정말로 원하는 것은 행복이었는데, 어느 순간에 그러한 소망이 숫자를 더해서 부피를 늘리는 행동으로 변질된 것이다. 『리바이어던』의 11장에서 홉스는 사람들은 원하는 재화를 획득하는 데서 행복을 느끼지만 진정 자신이 원하는 것이 무엇인지는 모른다고 주장하였다. 바쁘게 숫자를 더하는 데 열중하다 보면 어느 순간에 궁극적 목적(finis ultimus)과 최대의 선(summum bonum)이 눈앞에서 사라져 버린다.

행복하기 위해서 우리는 어떻게 해야 하는가? 자기보다 행복한 타자가 있다는 생각에 농락당하지 말아야 한다. 그리고 가지지 못한 것의 이름으로 가지고 있는 것을 무효화시키지 말아야 한다. 행복하다고 가정되는 타자는 존재하지 않는 허구이기 때문이다. 돈으로 판돈을 키우는 휴일은 축제의 시간이지 않은가. 소비문화에 오염되기 이전에 라다크 마을은 가진 것으로 즐기는 축제의 시간이었다. 김밥과 라면을 먹으면서 그것이 스테이크가 아니라는 사실로 불평을 하지 않았다. 불만이 지나치면 절망과 시기, 적개심이 눈덩이처럼 커지게 마련이다. 그러나 휴일은 모든 것이 아름다운 시간, 더 이상 더하거나 뺄 것이 없이 완성된 시간이다.

4 | 일하는 만족감

앞서 우리는 휴일의 행복에 대해서 이야기하였다. 그렇다면 노동의 시간에 우리는 행복할 수 있는 것일까? 소수의 운 좋은 사람을 제외하면 대부분의 사람들은 일주일에 5~6일을 직장에서 일해야 한다. 주말을 아무리 행복하게 보낸다고 할지라도 일터에서 불행한 사람은 결코 행복한 사람이라 불릴 수 없을 것이다. 더구나 우리나라 사람들은 다른 나라에 비해 일하는 시간이 훨씬 많은 나라로서도 유명하다. OECD의 통계에 따르면 우리나라 사람들은 연평균 약 2,300시간 일을 한다. OECD에 가입한 나라 가운데 연 2,000시간 이상을 일하는 나라는 한국과 그리스밖에 없다고 한다. 한편 행복하기로 이름난 네덜란드인들은 일주일에 37시간, 연 1,390시간을 일한다고 한다. 한국의 절반밖에 일하지 않는 것이다. 물론 우리나라도 점차 근로 시간을 줄여나가야 할 것이다. 그러나 현재 우리의 현실을 감안할 때 노동에서 기쁨을 찾지 못한다면 반쪽의 행복밖에 누리지 못할 것이다.

노동이란 무엇인가? 인간은 노동하는 동물(Homo laborans)이라는 개념도 있지만 인간은 노동을 해야만 먹고 살 수가 있다. 『창세기』에 따르면 노동은 하나님이 인간에게 부과한 형벌이다. 최초의 인간은 에덴동산에서 일하지 않고서 놀고먹을 수 있었다는 것이다. 그러나 나무에서 과일을 따고 요리를 하는 가장 기본적인 활동도 노동의 범주에 포함시켜야 한다면 아담과 이브도 일종의 노동을 했다고 말해야 옳다. 자연 대상에 힘을 가해서 그것을 변형시키는 행위가 노동이기 때문이다. 후기 산업사회에서는 자연이 아니라 타자의 욕망을 충족시키는 서비스업의 비중이 훨씬 더 커졌지만 아무튼 감정노동도 노동의 하나라는 사실에는 변함이 없다. 나무가 노동을 통해서 책상으로 변형될 수 있듯이 화가 난 사람도 감정노동의 서비스를 통해서 기분이 좋은 사람으로 변형될 수가 있다. 아무튼 힘을 투자함으로써 세상에 크고 작은 변화가 생기는 것이다.

그런데 노동을 통한 세상의 변화는 일방적이지 않다. 그것은 쌍방적인 변화를 가져온다. 노동은 자연만 변화시키는 것이 아니라 노동하는 사람도 변화시키기 때문이다. 예를 들어 가구를 만들기 위해 대패질을 하는 목수의 손에는 굳은살이 생기고, 보디빌딩을 하는 사람의 몸에는 울퉁불퉁한 근육이 생긴다. 이러한 이유로 노동하는 주체는 완성된 주체가 아니라 과정 중의 주체, 되기의 주체가 된다. 험한 자연환경과 싸우면서 혹독하게 노동을 해야 했던 과거에는 노동이 곧 마모를 의미하였다. 기계화되기 이전에 대부분의 농부들은 남자라면 50이 되기 전에, 여자는 30이면 벌써 할아버지나 할머니처럼 노쇠해졌다. 얼굴이 햇볕에 그을리고 피부가 망가지며 허리가 휘어서 노년도 되기 전에 노년처럼 보였던 것이다. 고된 노동을 천직으로 알았기 때문에 소리 내어 불만을 토로하지는 않았다고 해도 현재의 기준에서 보면 그러한 삶이 결코 행복했다고 말할 수는 없었을 것이다. 노동이 그들의 삶을 망가뜨렸다고 해도 과언이 아니었다.

그러나 기계화되고 자동화된 현대에 노동은 노동자를 과거처럼 마모시키지 않는다. 노동자를 대신해서 기계가 닳고 마모되기 때문이다. 고대 희랍의 덕(arete)처럼 이제 노동은 자신의 탁월함을 증명하는 활동이 되었다. 더구나 신분에 속박되지 않은 민주주의 사회에서 노동은 자기가 원하는 이상적인 모습으로 자기를 형성하는 과정이 되었다. 노동을 하기 전에 나는 아직 내가 원하는 나(교사)가 아니다. 그러나 공부의 노동을 계속하다 보면 나무가 책상이 되듯이 나는 교사로 변형이 된다. 이와 같이 노동을 해야 하는 평일에 우리는 자기를 완성하는 작업에 임하게 된다. 이러한 작업이 만족스럽게 이루어질 때 자발적으로 생기는 감정이 만족감이다.

헤겔의 구분을 따른다면 휴일의 기쁨이 쾌락이라면 평일의 기쁨은 만족이다. 평일에 나는 나를 벼르고 두드려서 내가 원하는 작품으로 나를 만드는 과정에 있다면, 휴일에 나는 이미 내가 완성되었다는 듯이 휴식을 취하며 쾌락의 꿀맛을 즐길 수 있다. 나는 일하면서 되어가고 쉬면서 잠정적인 완성의 상태에 머무를 수가 있다. 긍정심리학의 창시자인 마틴 셀리그만은 『긍정심리학』에서 다음과 같은 질문을 던짐으로써 우리는 자신이 노동에서 행복을 찾을 수 있는지 없는지 점검할 수 있다고 말하였다. 이 일을 할 때 다른 일보다 훨씬 만족스러운가? 이 일을 할 때는 기분이 좋은가? 이 일을 할 때 흥분(warm glow)이 되는가? 이 일을 할 때 진정으로 살아 있는 느낌을 주는가? 다른 일보다 더욱 집중해서 일할 수 있는가? 그것이 내가 진짜 나라는 느낌을 주는가? 이 일을 할 때에 내가 보다 온전해지며 보다 많이 성취하는 느낌을 주는가?

노동의 즐거움은 '내가 진짜 나라는 느낌'과 직결되어 있다. 노동을 하면서 내가 원하는 작품으로 완성되어 간다면 나는 진짜 나라는 느낌을 느낄 수가 있는 것이다. 만약에 내가 세상으로부터 소외되어 있다면 노동을 통해서 나는 다시 세상에 참여하는 길을 찾을 수가 있다. 그럼에도 행복과 노동이 모순관계에 있는 듯이 생각하는 사람들이 많다. 최근에 100점을 만점으로 봤을 때 한국 직장인의 평균 점수는 55점이라는 조사 결과가 나왔다. '수우미양가'로 따지면 '가'에 해당하는 점수다. 이와 같이 낮은 점수는 현대 소비문화의 영향을 반영하고 있다고 할 수 있다. 휴일의 논리와 소비의 논리를 강요하는 문화적 환경 때문에 무심결에 노동은 불행이며 스트레스라는 생각에 젖어 있는 것이다. 행복하게 일을 할 수 있으면서도 스스로는 불행하다는 고약한 자의식에 오염되는 것이다.

5 | 지자에서 호자, 그리고 락자를 향하여

공자의 어록에는 다음과 같이 유명한 말이 있다. "아는 것은 좋아하는 것만 같지 못하고, 좋아하는 것은 즐기는 것만 같지 못하다"(子曰 知之者 不如好之者 好之者 不如樂之者). 이 짧은 글만큼 의미심장하면서 처세술에 도움이 되는 문상도 찾기 어려울 것이다. 가장 바람직한 것은 지식이나 지혜가 아니라 쾌락이라는 것이다. 우리에게 고정된 공자의 이미지 — 얼마나 고지식하고 꼬치꼬치 예의를 따지는 인물인가! — 와는 어울리지 않는 주장인 듯이 보인다. 그러나 우리의 주제는 공자가 아니라 쾌락이다.

지자(知者)는 누구인가? 언뜻 학생과 학자의 모습이 떠오르지만 사실 우리는 모두 예외 없이 아는 사람들이다. 지식사회니 정보사회라는 말이 인구에 회자될 정도로 우리는 아는 세계, 지식이 범람하는 세계에 살고 있다. 눈을 뜨기만 해도 온갖 정보가 화살처럼 시야에 들어온다. 아는 것보다 모르고 사는 것이 더욱 어려울 지경이다. 담배를 너무 많이 피우면 폐암에 걸린다는 것을, 술을 매일 마시면 알코올 중독에 걸린다는 것을, 고기를 될 수 있으면 절제하고 채소와 과일, 등 푸른 생선을 많이 먹어야 한다는 것을, 밥 한 공기가 300칼로리이며 라면은 500칼로리라는 것을,

소주 한 병의 칼로리는 밥 두 공기라는 것을 잘 알고 있다. 몰라도 걱정할 필요가 없다. 인터넷을 검색하면 전광석화처럼 빠르게 답을 얻을 수가 있다.

그러나 지자가 호자(好子)이지는 않다. 폐암에 걸리기 쉽다는 사실을 잘 알고 있으면서도 금연할 생각이 없는 사람은 호자가 아니다. 육류를 피해야 건강에 좋다는 사실을 알면서도 육류를 고집하는 사람도 호자가 아니다. 호자는 자기가 알고 있는 것을 실천하고 싶은 사람을 일컫는다. 몸무게를 줄이기 위해서 다이어트와 운동을 하려고 하거나 실제로 하고 있는 사람은 호자이다. 알고 있는 지식을 가지고 삶을 꾸려나가길 원하기 때문이다.

호자가 락자는 아니다. 지식을 생활에 활용한다고 해서 그러한 생활을 즐긴다고 볼 수는 없다. 주린 배를 움켜쥐고 수많은 유혹에 저항하면서 힘겹게 다이어트를 하는 사람이 있다고 하자. 만약 그가 다이어트를 즐기는 단계에 이르지는 못했다면 그는 호자이지 락자는 아니다. 오락을 하듯이 다이어트를 즐겨야 한다.

지자에게 지식은 자기와 무관한 것이다. 지식과 자신이 남남처럼 등을 돌리고 있는 형편이다. 그러나 호자에게 지식은 욕망의 대상, 원하기는 하지만 아직 자기 것으로 가지기에는 요원한 대상이다. 반면에 락자는 몸으로 체화된 지식, 살아서 걸어 다니는 지식이다. 예를 들어 골프를 배우고 싶은 의욕이 없는 사람에게 귀동냥해서 얻는 골프 지식은 자신과 무관한 지식이다. 그러나 막 골프에 입문한 사람에게는 골프에 관한 사소한 지식 하나도 중요하지만, 그렇다고 아직 편하게 골프를 잘하는 단계는 아니다. 반면에 골프 자세로 몸매가 완성된 선수는 골프를 즐길 수가 있다.

지자와 호자, 락자 가운데 평범한 우리와 가장 가까운 인물은 두말할 나위 없이 호자이다. 우리는 모두 건강하고 행복하게 살기를 원하며,

이에 필요한 지식도 충분히 가지고 있다. 그렇지만 알며 원한다고 해서 모두 다 행복한 사람이 되는 것은 아니다. 우리가 원하는 행복은 아직은 실현되지 않은 행복, 앞으로 다가와야 할 미래의 행복으로, 한편으로 '우리'와 다른 한편으로 행복 사이에는 엄청난 거리가 있다. 적어도 행복의 관점에서 보면 나는 아직 내가 아니며, 지금의 나는 진정한 나가 아니고, 나의 삶도 진짜가 아니라 가짜처럼 보인다. 나는 알면서도 모르는 듯이 살고 있는 것이다.

소크라테스는 지덕합일설을 주장했다. 그에 따르면 행복이 무엇인지 알고 있는 사람은 행복하게 살고 있는 사람, 이미 행복한 사람이다. 지자는 락자인 것이다. 이러한 논리에 따르면 불행한 사람은 행복에 대해 무지한 사람이라고 할 수가 있다. 다이어트 하는 것이 몸에 좋다는 것을 알고 있으면서도 다이어트를 하지 못한다면 그는 그것에 대해 제대로 알지 못하고 있다는 말이 된다. 어떻게 좋은 것이 좋다는 것을 알면서도 좋은 것을 좋아하지 않을 도리가 있겠는가? 알면서도 모르는 듯이 살 수는 없는 일이다.

5장

몸과 마음: 자기기만과 혐오

미국 월스트리트에서 흔히 회자되는 속담 가운데 "시장은 두려움과 욕심이라는 두 가지 감정에 의해 움직인다."는 말이 있다. 이 속담이 시사하듯, 영어에서 감정을 나타내는 단어 558개를 분석한 결과, 부정적인 단어가 62퍼센트인 데 반해 긍정적인 단어는 38퍼센트에 불과했으며, 영어에서 감정을 나타낼 때 가장 흔하게 사용되는 단어 24개 중 긍정적인 단어는 6개뿐이었다. 이는 전반적으로 우리 인간이 부정적인 것에 집착하는 경향이 있다는 것을 말해준다.[1]

1 | 혐오: 존재와 행동

몇몇 그림을 보면서 혐오가 무엇인지 생각해 보자. 먼저 르네상스 시대 이탈리아의 화가 도메니코 기를란다요(Domenico Ghirlandajo)가 1490년에 그

1 강준만, 『인문학은 언어에서 태어났다』, 2014, 8쪽.

린 〈손자와 함께 있는 노인의 초상〉이라는 제목의 그림을 보기로 하자.[2] 이 초상은 15세기 유럽에서 가장 부유했던 도시 피렌체의 은행가이며 중개상인이었던 프란체스코 사세티를 지극히 사실주의적인 세밀화법으로 그린 인물화이다. 화가는 그림을 의뢰한 사세티를 미화시키거나 얼굴의 결함을 감추지 않고서 있는 그대로 화폭에 담았다. 노인은 다정하고 자상한 눈길로 손자를 바라보고 있다. 필자가 이 그림을 보여주는 이유는, 노인의 얼굴이 독자들에게 어떤 반응과 감정을 유발하는지 궁금해서이다. 나이가 들면 그전에 곱고 아름다우며 생기가 넘치던 얼굴에 주름과 검버섯이 생기고 살은 탄력성을 잃고 흐물흐물해진다. 그런데 이 그림 속의 노인은 거기에 덧붙여서 사마귀투성이인 괴상망측한 코를 가지고 있다. 코가 아니라 조개와 따개비가 달라붙은 바위처럼 보인다. 바위가 아니라 사람의 코라는 사실에서 불쾌감을 느낄 것이다. 반면에 그의 손자는 얼마나 귀엽고 아름다운가? 아름다움이 쾌감을 선사한다면 추함은 불쾌감을 안겨준다. 그의 코는 우리가 정상이라고 생각하고 있는 코의 모습과 너무나 다르다. 우리는 사람의 코는 당연히 이러저러한 형상이어야 한다는 지식을 가지고 있다. 아름답기로 소문난 연예인의 얼굴에서 보이는 이상적 코의 이미지가 어떠한지도 알고 있다. 코는 코답게 보여야 하는 것이다. 그런데 이 노인의 코는 흉측한 모양의 딸기나 따개비 바위처럼 보인다. 코가 있어야 할 자리에 딸기나 따개비가 붙어있지 않은가. 이때 정상적인 코와 너무나 다른 모습에 우리가 느끼는 것은 불쾌감이다. 그렇지만 그러한 불쾌감이 오래 지속되지는 않는다. 노인은 무한한 호의를 가지고 손자를 바라보고 있을 뿐 아니라 손자도 그의 눈길에 신뢰와 사랑을 가득 담아서 그에게 답하고 있기 때문이다. 손자와 손녀에 대한 할아버지 할머니의 내리사랑만큼 우리의 문화적 심금을 울리는 코드도 어려울 것이다.

2 https://ko.wikipedia.org/wiki/%EB%8F%84%EB%A9%94%EB%8B%88%EC%BD%94_%EA%B8%B0%EB%A5%BC%EB%9E%80%EB%8B%A4%EC%9A%94#/media/%ED%8C%8C%EC%9D%BC:Domenico_ghirlandaio,_ritratto_di_nonno_con_nipote.jpg

우리는 그러한 모습을 아름답게 바라보고 그것에 감동할 준비가 되어 있다. 이 그림에는 코가 흉측한 한 노인의 모습만 담겨있는 것은 아니다. 여기에는 내리사랑이라는 훈훈한 내러티브가 자리를 같이한다. 그의 얼굴에는 세월이 스치고 지나간 상흔이 깊이 패어있기는 하지만 그럼에도 그는 손자에 대한 애정이 빛을 발하고 있다. 이 그림의 주제는 그러한 내리사랑의 이야기이다. 손자를 바라보는 할아버지의 애정 앞에서는 외모의 추함도 문제가 되지 않는다. 외모가 추하다고 해서 사랑이 허용되지 않는다면 그것은 지옥일 것이다. 반면에 아무리 외모가 아름다운 사람도 영원히 젊고 아름다울 수는 없다. 세월의 압력에 무너지지 않는 아름다움이라는 것은 존재하지 않는다. 그러나 사랑은 영원할 수가 있다. 사랑은 시간의 압력도 견뎌낼 수가 있다. 이 점에서 사랑은 노화하고 죽어가는 몸에 대한 영혼의 승리이다. 할아버지의 사랑을 듬뿍 받았던 손자는 그가 세상을 떠난 후에도 여전히 그의 따뜻한 눈길을 기억할 것이다.[3]

이제 다른 그림 하나를 보기로 하자. 이 그림은 16세기 플랑드르의 화가였던 캥탱 마시(Quentin Matsys)가 화류계 여성이 수도승을 성적으로 유혹하는 모습이 담긴 〈어울리지 않는 연인들〉이다.[4] 어떤 느낌이 드는가?[5] 수도승은 앞서 노인처럼 늙지는 않았지만 그럼에도 이순을 넘긴 나이로, 얼굴에는 특별히 지적할 만한 결함이 보이지는 않는다. 우리의 눈길이 머무는 것은 얼굴 자체가 아니라 그의 엉큼하고 교활한 표정이다. 음탕한 표정이라고 해도 좋다. 수도승 복장의 성직자가 화류계 여성과 노골적인 성적 희롱을 일삼고 있는 것이다. 그렇지 않아도 신뢰가 가지

3 어린 시절에 사랑을 받지 못하고 성장한 사람은 다른 사람도 사랑하지 못한다. 아름답다는 말을 듣지 못하고 어른이 된 사람은 아름답다는 말에서 이질감을 느낀다. 사랑을 받은 사람이 사랑을 할 수가 있다. 그리고 사랑을 받은 사람은 모두 아름다운 사람이다. 누군가를 사랑하는 사람은 세상을 아름답게 만드는 사람이다.

4 https://www.nga.gov/collection/art-object-page.52622.html

5 영어 제목이 "Ill-Matched Lovers"이다. 이와 같이 나이 차이가 많이 나는 연인의 모습은 고대 로마시대부터 화가들이 즐겨 화폭에 담는 주제였다. 자기 주제도 모르고 젊은 여자에게 추근대는 노인의 이미지가 풍자의 대상이었던 것이다.

않는 교활한 얼굴이 성직자의 복장과 대비되면서 더욱더 교활하게 보인다. 수도승이라면 모름지기 세속적 욕망을 초월한 경지에서 거룩하고 성스러운 인격을 보여주어야 하지 않은가. 더구나 그는 혈기왕성한 젊은 청년과는 거리가 멀다. 젊은이라면 펄펄 끓는 뜨거운 피를 식히지 못해서 멧돼지처럼 식식거리며 어리석은 행동을 할 수도 있다. 성적인 유혹에 넘어가더라도 그러겠거니 하면서 눈을 감아줄 수도 있다. 그런데 이 문제의 수도승은 아직 노년은 아니라고 해도 이순을 넘긴 장년으로 보인다. 성직자가 아니라고 해도 그는 화류계 여성과 성적으로 탐닉하기에는 지나치게 나이가 많은 것이다. 이런 사실을 생각하면 그는 더욱더 꼴불견으로 보인다. 혐오스럽게 느껴지는 것이다. 이때 혐오스러운 것은 그의 외모가 아니라 그의 표정이며 태도, 행동이다. 나이가 지긋한 성직자가 그런 외설적 행동을 하는 모습이 우리에게 용납되지 않는 것이다.

마지막으로 독자들이 보는 그림은 톰마소 파사노(Tommaso Fasano)가 흑사병의 피해자를 묘사한 1765년의 작품 〈1764년에 나폴리에 창궐했던 열병에 관하여〉이다.[6] 우리는 흑사병이 얼마나 무서운 전염병인지 잘 알고 있다. 근대 초기에 흑사병이 휩쓸고 지나간 도시에서는 주민의 1/3이 사망했으며, 길거리에는 시체가 부패하는 악취가 진동했다고 한다. 이 그림을 보는 순간에 우리는 등줄기가 오싹해지는 한기와 토할 것 같은 혐오감을 느끼게 된다. 흑사병은 감염되면 치명적이지만 소리 소문 없이 조용히 죽어갈 수 있는 질환이 아니다. 흑사병에 감염된 사람의 온몸이 흑사병의 존재를 소리 높여 증언한다. 오한이나 발열, 두통과 같은 증상만 있는 것이 아니다. 온몸에 출혈성 반점이 생기고 상처 부위에서는 출혈이 있으며, 몸의 일부는 살이 푸르딩딩하게 괴사하고 있다. 이 그림의 흑사병 피해자는 그냥 죽어있는 것이 아니라 징그럽고 끔찍한 모습으로 죽어 있다. 시체에서 인간은 사라지고 대신 그 자리에서 흑사병이 눈을 시퍼렇

6 움베르트 에코, 추의 역사, 오숙은 옮김, 열린책들, 2008, 189쪽

게 뜨고서 우리는 노려보고 있는 것만 같다. 이 그림에 대한 설명을 인용하기로 한다. "환자들의 불쾌한 냄새, 극악한 통증, 특히 썩어 문드러지는 살을 제대로 이해하고 싶은 사람이 있다면 해로운 종양에 걸린 자가 단 한 명뿐일지라도, 그 몸 안에 생겨 쌓이는 고름 때문에 얼마나 역겹고 고약한 악취가 나는지, 방에 들어가 그 냄새만 맡아도 기분이 나빠져 구역질을 일으키게 된다는 것만 생각하면 된다. 우리는 당연히 기절하여 쓰러질 것이다. 이 분위기는 주변의 공기를 오염시키고, 이어서 그 작은 방들을 채운 공기 전체를 오염시키며, 나아가 전체 병동을 오염시킬 것이다."7

흑사병으로 사망한 사람의 그림은 혐오스럽다. 그러나 여기에서 우리가 느끼는 혐오는 수도승에 대한 혐오와는 전혀 다른 것이다. 어찌 생각하면 우리는 흑사병 희생자를 혐오할 이유가 전혀 없는 듯이 보인다. 흑사병은 우리의 선하고 악한 행동이나 인격, 신앙과는 아무런 상관이 없이 천둥이나 벼락처럼 우발적이다. 그림의 희생자는 평생 이웃을 위해 살았던 훌륭한 인격자이었을 수도 있으며, 그의 죽음은 도시 공동체로서는 너무나 안타까운 손실이었을 수도 있다. 그렇지만 흑사병은 사람을 가리지 않는다. 달리 말해서 우리는 흑사병의 희생자를 혐오할 이유를 전혀 가지고 있지 않다. 오히려 동정하고 애도해야 마땅할 수도 있다. 그는 우리가 혐오해야 할 아무런 원인이나 이유를 제공하지 않았던 것이다. 우리가 수도승을 혐오해야 할 100가지 이유가 있다고 하자. 그러나 흑사병 희생자에 대해서는 혐오할 이유가 하나도 없다. 그렇다. 우리는 그(이름을 피터라고 하자)를 혐오하지 않는다. 우리는 피터의 존재가 아니라 흑사병의 존재를 혐오한다. 그것이 짓이겨놓은 육체의 망가진 모습을, 그것의 악취를 혐오한다. 반면에 수도승에 대한 혐오감의 대상은 그의 존재라기보다는 그의 행동이다.

7 움베르토 에코, 『추의 역사』, 오숙은 옮김, 열린책들, 2008, 189쪽.

우리는 혐오의 대상을 두 가지로 분류할 수 있다. 하나가 존재라면, 다른 하나는 행동이다. 존재와 행동은 구분이 가능하다. 예를 들어, 피렌체 은행가 사세티의 코는 행동을 하지 않는다. 숨을 들이마시고 내쉴 때 물론 코는 움직인다. 그렇지만 그가 두 팔로 손자를 안는 것과 같은 의미에서 코가 움직이는 것은 아니다. 코의 움직임에는 그의 의도나 사랑, 인격이 담겨있지 않다. 이 점에서 코는 자연의 꽃이나 나무처럼 존재한다고 할 수 있다. 그것은 움직이기는 하지만 행동하지는 않는다. 마찬가지로 콜레라 희생자의 시체는 존재하기는 하지만 행동하지는 않는다. 거기에는 행위의 주체로서 피터가 부재하기 때문이다. 그러나 수도승은 이러저러한 욕망을 가지고서 행동을 한다. 그러한 행동의 주체로서 그는 무엇이 옳고 그른지에 대한 도덕적 관념도 가지고 있다. 그는 수도승으로서 자신의 행동이 당당하거나 떳떳하지 않다는 사실을 잘 알고 있다. 그래서 그러한 밀회하는 장면이 발각되면 그는 당황해서 얼굴을 붉힐 것이다. 이때 혐오스러운 것은 그의 존재가 아니라 그의 인격과 파렴치한 행동이다.

존재와 행동의 차이를 조금 더 생각해보기로 하자. 여기에서 필자가 말하는 존재는 돌이나 나무와 같은 물질적 존재를 염두에 두고 있다. 영혼이나 이성, 언어도 존재하기는 한다. 그렇지만 영혼은 비물질적으로 존재한다. 이때 인간은 물질적이면서 동시에 비물질적인 존재로 정의될 수가 있다. 인간은 물질적 몸을 가진 존재가 틀림이 없지만 그렇다고 몸으로 환원되지는 않는다. 몸의 무게나 형상, 장기, 세포 등으로 인간의 본질이 설명되지도 않는다. 그는 몸이면서 동시에 몸을 초월한 정신적 존재이기 때문이다. 이 점에서 돌이나 나무와 질적인 차이를 가지고 있다. 돌은 언제나 돌이고 나무는 언제나 나무이다. 돌과 나무는 돌과 나무라는 자신의 본질을 초월할 수가 없는 것이다. 여기에 있던 돌이 저쪽으로 움직여도 돌은 여전히 돌이다. 좌측에 있든 우측에 있든 돌은 자신을 초월할 수 있는 정신적 역량이나 행위 능력을 가지고 있지 않다. 그러나 인간은 자신을 초월할 수 있는 정신적 존재이다. 캥탱 마시의 수도승도 자신을 초월할 수 있는 역량을 가지고 있다. 성적 욕망에 굴복하며 탐닉하는 대신에 그러한 욕망을 다스리며 극복하기 위해서 성 안토니우스 성자처럼 금식을 하고, 그것으로도 부족하면 몸에 채찍질을 하며 욕망에 재갈을 물릴 수가 있다. 그러한 성자의 인품을 기대할 수는 없는지 모른다. 그렇지만 적어도 성직자로서 최소한의 본분을 지킬 수는 있지 않은가? 달리 말해서 그는 자유롭게 자신의 행동을 선택할 수 있는 존재이다. 선택이 화류계의 여성과 희희낙락하는 대신에 수도원에서 성경을 읽으며 기도하는 행동을 선택할 수도 있다. 땀을 흘리며 수도원의 정원을 가꿀 수도 있다. 그는 그러한 행동을 통해서 성욕으로부터 해방될 수도 있다. 그럼에도 불구하고 그는 발정기의 동물처럼 행동하고 있는 것이다. 인간이 짝짓기하는 동물처럼 행동하다니! 이와 같이 성욕에 눈이 멀어 체면과 신분을 저버린 그의 행동은 사세티와 정반대의 짝을 이룬다. 사세티는 코의 결함에도 불구하고 인격적으로 행동한다. 그렇지만 수도승은 성직자임에도 불구하고 동물처럼 행동하고 있다. 인격화의 정반대는 동물화이다. 그를 바라보는 독자는 수도승이 저렇게 타락할 수 있다는 사실에 혐오감을 느끼는 것이다.

수도승에 대해서 이러한 질문을 해볼 수가 있다. 만약 그림의 수도승이 낯선 타자가 아니라 우리가 잘 아는 친지나 친구, 지인이라고 가정을 해보자. 그 경우에도 그에게 혐오감을 느낄까? 혐오감은 대상이 너무나 추하거나 불결하기 때문에 슬쩍 닿기만 해도 나 자신도 감염될 거 같은 느낌에서 생기는 강력한 거부반응이다. 흑사병 희생자가 그렇고 오물이나 분비물과 같은 것들이 그러하다. 도덕적으로 너무나 타락한 사람이나 엽기적인 범죄자에 대해서도 그러한 거부감을 느낀다. 그런 사람과는 가까이 지내거나 우정을 나눌 수도 없다. 원칙적으로 혐오의 대상이 되는 사람은 나와 영원한 타자이지 않으면 안 된다. 그런데 문제의 인물이 내가 친하게 지내는 동료라면 그렇게 타자 취급을 할 수 없지 않은가. 그렇다. 우리는 자신이 좋아하는 사람을 혐오할 수가 없다. 혐오와 사랑, 우정은 공존할 수가 없기 때문이다. 그러한 상황에서 발생하는 감정이 분노이다. 무시하며 잊고 지내기에는 너무 가까운 관계에 있는 사람이 부도덕하거나 파렴치한 행동을 하면 우리는 그러한 행동을 한 그에 대해서 분개한다. 내가 그의 지인이라는 사실에 대해서 수치심이 들기도 한다. 어떤 식으로든 나는 그의 행동으로 인해서 크거나 작게 부정적인 영향 아래 놓이는 것이다. 이것은 물론 불쾌한 감정이다. 그러한 감정의 부담은 오랫동안 짊어지고 있으면 있을수록 정신 건강에 해롭다. 이때 우리는 친구를 불러서 그를 책망하고 그러한 행동에 대해 해명을 요구할 수도 있다. 그가 자신의 잘못을 인정하고 사과한다면 다행이다. 다시 우정을 유지할 수가 있는 것이다. 반면 그가 자신의 행동을 반성하지 않는다면 더 이상 가까운 관계를 유지할 수 없을 것이다. 그에 대한 분노는 혐오감으로 발전할 수 있다. 더 이상 그를 사람으로 취급하지 않는 것이다. 그런 인간과는 다시는 상종하고 싶지 않다고 할 수 있다. 이때 그는 혐오스러운 행동을 한 사람이 아니라 혐오스러운 사람으로 혐오가 본질화되어 버린다. 이러저러한 개별적 행동이라면 바로잡을 수도, 선한 행동으로 만회할 수도 있다. 문법적으로 행동은 명사가 아니라 동사이다. 혐오스러운 사람과 혐오스러운 행동을 한 사람의 차이는 사소한 차이가 아니다. 후자의 경우에 혐오와 사람은 서로 떼어낼 수 있는 독립적인 관계이며 양자의 결합은 우발적이다. 또 다른 상황이 주어진다면 그는 바람직한 행동을 할 수가 있다. 그러나 혐오스러운 사람의 경우에는 혐오가 그의 본질이 되어버린다. 혐오와 그의 존재를 분리시킬 수가 없는 것이다. 거북이가 기어가는 동물이고 토끼는 깡충깡충 달리는 존재이듯이 그는 본질적으로 혐오스러운 존재가 된다. 그는 혐오스러운 행동 외에는 다른 행동을 할 수가 없는 것이다. 이것이 캥탱 마시의 그림에 등장하는 수도승의 캐릭터이다. 그림은 한순간의 행동이나 모습을 영원으로 응고시킨다. 1년 전에 보든 오늘 보든 그림의 수도승은 상대방 여성에게 추파를 던지고 있다. 수도승이 추한 성욕으로 체화되어 있는 것이다.

물론 그림 속의 수도승과 진짜 수도승을 착각하면 안 된다. 이 그림의 모델은 존경받는 수도승일 수도 있고 다만 수도승의 복장을 한 상인일 수도 있다. 그림에서 그는 여성에게 추파를 던지는 한순간으로 영원히 응고되어 있지만 그림 밖에서 그는 착실한 가장일 수가 있다. 내부로 닫혀 있는 물질적 존재가 아니라 세상을 향해 열려 있는 행동의 가능성과 잠재력이라고 할 수 있다. 즉 그는 그림과는 전혀 다른 행동을 할 수가 있다. 그리고 그림과 똑같은 행동을 했다고 가정하더라도 주어진 특정한 상황을 고려하면 겉으로 보이는 것과는 다른 의미로 이해할 수도 있다. 그는 배우처럼 다만 파렴치한 역할을 의도적으로 연기했을 수가 있다. 연기를 진실로 착각할 수 있는 가능성을 배제할 수는 없는 것이다. 달리 말해서 그의 행동의 의미는 표면으로 완전히 설명되지 않는다. 그의 존재 가능성이 하나의 행동으로 탕진되지 않는 것이다. 이 때문에 우리는 수도승을 추악한 성욕으로 본질화할 수가 없다. 그가 여성에게 추파를 던지는 행동을 했다는 사실을 부정하자는 것이 아니다. 다만 그의 존재가 그러한 추파의 행동과 동일시 될 수 없다는 사실을 지적하고자 할 따름이다. 혐오스러움이 그의 본질이 될 수가 없다.

2 | 혐오의 본질화

2019년 말 중국 우한에서 발병한 코로나19는 세상을 뒤바꿔놓았다. 그중의 하나가 급증하는 혐오범죄이다. 코로나바이러스 감염증과 혐오 사이에 무슨 관계가 있을까 자문하는 독자도 있을 것이다. 당연히 깊은 관계가 있다. 이유는 인간이, 파스칼의 말을 빌리면 갈대처럼 연약한 존재라는 사실에서 찾을 수 있다. 만약 인간이 고통과 질병, 죽음을 모르는 강력한 존재라면 혐오와 같은 감정에 휩쓸리지 않을 것이다. 그런데 인간은 잠깐만 방심해도 넘어져서 코가 깨지고 교통사고를 당하거나, 아무 잘못한 것이 없는데 덜컥 독감에 감염이 된다. 코로나19처럼 소리도 냄새도 형체도 없는 바이러스에 대해서는 속수무책이다. 마땅한 대책이 없으면 불안이 증폭되면서 자신도 희생자가 될 수 있다는 두려움이 혐오감으로 폭발하기 시작한다. 다 너 때문이라는 것이다. 너만 없으면 이러한 고통을 당하지 않아도 된다는 것이다. '너'는 이 모든 고통의 원인이다. 우리는 코로라19의 발원지가 중국이라고 알고 있다. 그것이 확인되지 않은 소문일 수도 있다. 그럼에도 이유를 모르고 넋 놓고 있는 것보다는 소문이라는 지푸라기라고 있는 것이 낫다. 욕하고 미워할 대상이 중국이라는 것만으로도 위안이 된다. 최근 영미와 유럽에서 중국인 혐오범죄가 극성을 부렸는데 그러한 범죄의 대상에는 많은 일본인과 한국인도 포함되어 있었다.[8] 혐오의 대상이 진짜인지 꼼꼼하게 따져보지 않기 때문이다. 혐오는 즉각적으로 폭발하기 때문이다. 자신의 생명과 안전을 위협하는 대상(혹은 그것과 유사하게 보이는 대상)에 대한 과잉 방어가 혐오이다. 내가 누군가를 혐오한다면, 그것은 내가 약자라는 증거이다.

인간이 가진 감정 가운데 가장 강력한 것이 혐오이다. 혐오는 증오보다도 더욱 끔찍하다. 증오와 달리 혐오는 '묻지마' 감정이다. "나는 너를 혐오한다."라는 말을 "나는 너를 증오한다."는 말과 비교해보면 양자의 차이가 분명해진다. 증오에는 이유와 원인이 있다. 억울한 일을 당해도

8 코로나19 이후로 미국에서 아시아계 미국인을 향한 혐오가 증가하고 있다. 중국계뿐만이 아니다. 아시아계 전체가 혐오의 타깃이 되었다. 2021년 현재 그러한 혐오 범죄가 전년 대비 149%나 증가했다고 한다. 최근에 미국 볼티모어에서 한국인이 운영하는 주류매장에서 50대 남성이 한인 자매를 벽돌로 공격하였다. 최근에 한국계 노인이 '묻지마 폭행'을 당해서 코뼈가 부러지는 사건도 있었다. 밖으로 나가기가 무섭다며 귀국을 서두르는 한인 유학생들도 적지 않았다.

호소할 길이 없었던 전근대의 서사에는 증오와 복수의 플롯들이 많았다. 『로미오와 줄리엣』은 서로를 증오하는 두 가문의 이야기였다. 증오는 복수를 부르고, 피의 응징으로 끝난다. 그러나 혐오에는 이유가 없다. 중국인들이 코로나19를 의도적으로 세계에 감염시키는 행동을 했을까? 하지 않았다. 나쁜 것은 사람이 아니라 바이러스였다. 그리고 모든 종류의 감염이 그러하듯이 코로나19는 우발적으로 발생한 사건이었다. 한때 에이즈 환자들이 온 세계의 증오를 온몸에 받았던 시절이 있었다. 가해자가 아니라 피해자였음에도 불구하고 우리는 그들을 가해자로 취급했던 것이다.[9] 이때 우리는 진실을 따져보려 하지 않는다. 자라 보고 놀란 가슴 솥뚜껑 보고도 놀란다는 속담이 있다. 뱀과 비슷한 막대기만 봐도 겁을 먹고 도망가는 것이다. 이처럼 겁에 질린 사람은 대상이 아니라 자신의 선입관에 반응하는 사람이다. 자기 자신의 생각에 겁을 먹고 도망가거나 두려워하고 혐오하기도 하는 것이다. 우리는 자신이 무엇을 혐오하는지 혐오의 정체나 원인을 모를 수가 있다. 혐오는 본능적으로 순간적으로 작동하기 때문이다.

혐오가 무서운 것은 증오와 달리 혐오가 피해자의 행동을 따지지 않는다는 사실에 있다. 인종차별, 외국인 혐오, 자민족중심주의 등이 대표적인 예이다. 우리가 잘 알고 있듯이 유대인 혐오의 정서는 오랜 역사를 가지고 있다. 다른 사람들에게 피해를 주는 '행동'을 했기 때문이 아니다. 다름 아니라 그가 유대인이라는 '존재'이기 때문이다. 이때 존재는 지극히 관념적이다. 막대기를 뱀으로 착각하는 의미에서 관념적이다. 이 때문에 다음과 같이 우스꽝스럽고 역설적인 일이 발생할 수가 있다. A는 골수로 유대인을 혐오하는 사람인데 우연히 B와 사랑에 빠졌다. B는 선량하고 다정다감한 인격자였다. 그런데 나중에 알고 보니 B는 유대인이었다. 외모로

9 『은유로서의 질병』에서 수잔 손탁(Susan Sontaq)은 에이즈를 예로 들면서 질병을 사람으로 은유화(혹은 의인화) 하는 편견을 비판적으로 분석하였다.

중국 사람과 한국 사람을 구별하기가 어렵듯이(나는 불가능하다고 생각한다) 유대인과 그렇지 않은 사람을 구별하기는 참으로 어렵다. 외모는 물론이고 언행으로도 구별하기가 어렵다. 나는 어려운 것이 아니라 불가능하다고 생각한다. 유대인을 유대인으로 만들어주며 비유대인과 구별해주는 유대인적 본질이라는 것은 존재하지 않기 때문이다. 달리 말해서 에이즈 인간이 존재하지 않듯이 혐오할 대상으로서 유대인이라는 것은 존재하지 않는다. 이러한 이유로 유대인은 존재하는 것이 아니라 상품처럼 생산되었다. 중세에 몇몇 도시는 유대인에게 노란 리본을 달도록 강요하였다.[10] 리본을 착용하지 않으면 벌금이나 구금, 채찍질 등을 감수하지 않으면 안 되었다. 눈으로 식별할 수가 없기 때문에 리본이라는 스티그마를 필요로 했던 것이다. 이것이 제도적 본질화이다.

혐오는 세계를 한편으로는 보약, 다른 한편으로는 독약으로 이분화하는 심리적 기제이나. 한편에는 정결하고 위생적이며 선한 '우리'가 있다면 다른 한편에는 그러한 우리를 악과 질병, 죽음으로 오염시키는 나쁜 '그들'이 있다. 그들이 실제로 우리를 오염시키는 행동을 하기 때문이 아니다. 만약 그랬다면 처음부터 A는 B와 사랑에 빠지는 일이 생기지 않았을 것이다. 우리는 혐오의 대상이 무엇인지도 모르면서 다만 혐오할 따름이다. 어떻게 모르는 것을 혐오할 수가 있을까? 말이 안 되는 듯이 보인다. 그렇지만 그렇게 말이 안 되는 것이 혐오의 본질이다. 에이즈가 온 유럽을 공포로 휩쓸었을 유럽인들은 그렇게 말이 안 되는 이유로 에이즈 환자들을 혐오하였다. 이때 혐오의 대상은 우리가 아닌 타자들, 즉 이성애자가 아닌 동성애자들이었다. 인종차별주의자가 누구인가? 나(우리)와 피부색

10 "Any person who is diseased, maimed, mutilated, or in any way deformed, so as to be an unsightly or disgusting object, or an improper person to be allowed in or on streets, highways, thoroughfares, or public places in this city, shall not therein or thereon expose himself to public view, under the penalty of a fine." 재인용. Gretchen Henderson, *Ugliness: A Cultural History*, Reaktion Books, 2015, p. 111.

이 다른 사람을 싫어하는 사람들이 인종차별주의자이다. 여기에 내재하는 논리는 다음과 같다. 내가 백인이라면 내가 흑인이 나쁘다는 사실을 알기 때문에 흑인을 혐오하는 것이 아니다. 나는 흑인에 대해서 전혀 모르기 때문이다. 내가 아는 것은, 흑인은 나와 다르다는 사실밖에 없다. 그런데 왜 흑인을 악하다고 생각하는가? 나에게 답은 명명백백하다. 내가 선하고 아름답기 때문에 나와 다른 것은 악하고 추하다. 다시 말해서 인종차별주의자들은 자기만이 선하고 아름다우며 훌륭하다는 확신을 가지고 있다. "나는 무조건 선하다. 그러므로 나와 다른 타자는 무조건 악하다." 이러한 자기 확신의 논리로 무장한 인종차별주의자는 타자가 과연 악한지 아닌지에 대해서 고민할 필요가 없다. 따지지 않고 무조건적으로 미워하는 것으로 옳다고 믿기 때문이다. 이러한 이유로 인해서 A와 B의 우스꽝스러우면서도 비극적인 사례가 자주 발생한다. 미국에서 인종차별이 심하던 20세기 중반까지 '한 방울 규칙'(one-drop rule)이라는 제도가 있었다. 당시에 흑인인지 백인인지 육안으로 구별되지 않는 사람들이 적지 않았는데 이러한 사람들에게 인종적 정체성을 확정하기 위해서 조상으로 소급해 올라가는 제도였다. 자신의 1/8 이상 흑인의 피가 섞여 있으면 자동적으로 흑인, 그렇지 않으면 백인으로 분류하는 것이었다. 이를테면 나의 부모의 부모의 부모, 즉 증조부의 한 분이 흑인이면 나는 흑인이 된다. 그래서 다음과 같은 일이 발생할 수가 있다. 자신이 백인이라고 믿으면서 흑인들을 미워하고 경멸하면서 살았는데 나중에 우연한 기회에 아버지의 할머니가 흑인이었다는 사실을 발견하고 경악하는 것이다. 어쩌면 이 사람은 이로 인해서 정체성의 혼란을 겪는 것이 아니라 그러한 진실을 철저히 숨기기 위해서 더욱 공공연하게 흑인을 혐오하는 언행으로 자기를 기만할 수가 있다. 아무튼 이러한 사례들이 말해주는 것은 혐오의 역설적 혹은 자기모순적 성격이다. 우리는 타자에 대해서 알기 때문에 타자를 혐오하는 것이 아니라 단지 자기와 같지 않다는 이유로 타자를 혐오하는 것이다. 혐오의 반대는 지극히 배타적인 자기애, 자민족중심주의이다.

3 | 자아와 비자아, 나와 타자,

자기에 대한 맹목적인 애정을 뒤집으면 타자에 대한 맹목적 혐오가 된다. 그리고 타자를 뒤집으면 자아가 된다. 주체와 타자 사이에는 본질적으로 차이가 없는 것이다. 그리고 타자를 악으로 고정화하고 본질화함으로써 주체는 자기 자신도 고정화하고 본질화하는 존재론적 오류를 범한다. 인간에게는 본질이 없다. 그러나 돌은 본질이 있다. 돌은 여기서 보든 저기서 보든 돌이며, 주어진 돌로서 완전하게 규정된 존재이다.[11] 그러나 인간에게는 그와 같이 주어지고 고정된 본질이 없다. 『잃어버린 시간을 찾아서』의 작가 프로스트(Marcel Proust)를 생각해보자. 그의 본질이 작가인가. 아니다. 그는 작가이면서 의대 교수의 아들이었으며 동성애적 취향이 남자였고 누군가의 친구였다. 돌이 돌이듯이 프루스트가 작가였던 것은 아니었다. 그리고 작가였지만 스스로를 넘어서고 극복하기 위해서 끊임없이 자신을 절차탁마하는 작가였다. 살아있는 모든 존재는 선이나 악으로 고정된 본질을 가지지 않는다. 죽어서 더 이상 변치 않는 것들만이 하나의 본질로 고정된다. 이것이 의미하는 것이 무엇인가? 인간은 하나의 의미나 가치로 환원되지 않은 다양한 가능성의 넓은 스펙트럼에서 살아간다. 선이나 악이라는 개념이나 미와 추라는 개념은 추상적 보편에 지나지 않는다. 그래서 양자는 배타적이며 이항대립적인 관계에 있다. 즉 선을 뒤집으면 악이 되고 악의 부정은 선이 된다.

그렇지만 살아있는 존재인 인간은 선과 악, 미와 추의 넓은 스펙트럼에 걸쳐있다. 선이나 악의 어느 하나로 고정된 존재가 아니라 양극단 사이에

11 만약 돌이 생각한다면 자신이 본질적으로 규정된 존재라는 말을 수긍하지 않을 것이다.

서 부단히 변화하는 존재이다. 이 점에서 인간은 선이면서 악이고 미이면서 추인 애매모호한 존재이다. 살아있는 것은 근본적으로 애매모호한 존재이다. 내부를 향해서 자폐증적으로 밀폐된 존재가 아니라 미래와 세상을 향해서 문을 활짝 열어젖힌 개방된 존재이기 때문이다. 내가 아무리 싫어도 친구를 따라서 강남에 갈 수도 있다. 남자이면서도 여성적으로 행동할 수 있으며 어른이면서도 어린아이처럼 눈밭에서 뛰어놀 수가 있다. 그러한 유연성과 탄력성, 변화무쌍함이 강한 생명력의 특징이다. 면역력이 강한 사람들은 웬만한 추위도 겁내지 않으며 야채나 과일을 빡빡 문질러 씻지 않더라도 양껏 집어서 맛있게 씹어 삼킨다. 지저분하고 더러운 것을 먹더라도 위장이 잘 소화시킬 것이라고 믿는 것이다. 가리고 따지고 구별하는 것이 없이 다 긍정하는 것이다. 그렇지만 위장이 약한 사람들은 단단한 음식을 삼키지 못하며 면역력이 약한 사람들은 잠시 문을 열어놓아도 견디지 못한다. 이와 같이 심약한 사람들은 자신을 보호할 방어막을 두세 겹으로 쳐놓고 그 안으로 숨지 않으면 안심하지를 못한다. 그는 자신이 위험한 세상에 노출되어 있다고 생각하며 방문을 닫고 옷깃을 여미는 것이다. 즉 그의 울타리 밖에 있는 모든 것들은 악하고 추하며 위험한 것으로 배척되는 것이다. 그가 실제로 다른 사람보다 병에 잘 걸리고 허약하며 위장이 약하기 때문이 아니다. 그는 다른 사람보다 훨씬 체력이 뛰어나고 건강할 수가 있다. 그러나 그러한 신체적 소여는 중요하지 않다. 중요한 것은 자신을 바라보는 태도이며 자신과 관계하는 존재론적 방식이다. 그는 타자와 접촉하기 이전에 이미 자신은 선하고 아름다운 순수한 존재로, 그렇지 못한 타자와 접촉하면 자신이 악과 추로 오염될 것이라고 자신을 '선험적'으로 규정하고 있다.

자신을 이성애자로 본질화하는 사람은 기회가 될 때마다 그러한 자신의 본질을 확인하고 또 확인하려고 한다. 즉 동성애자를 관념적으로 혐오함으로써 자신의 성적 본질을 증명하는 것이다. 관념적이라는 단서를 붙인 이유는 동성애자가 누구인지 구체적으로 알지 못하기 때문이다. 동성애에 대한 그의 혐오는 자신의 정체성을 강화시키기 위해서 만들어낸 허구적 이미지에 의한 것이기 때문이다. 그는 동성애를 혐오하지 않으면 자신의 정체성이 희석되어 사라질 것이라는 두려움으로 인해서 자기가 싫어하는 모든 사람을 동성애자로 낙인찍는다. 이 점에서 누군가를 극단적으로 혐오하는 사람들은 자기의 존재를 화석화하고 사물화하는 인물들이다. 가령 따분한 대화를 극단적으로 싫어하는 사람을 생각해볼 수 있다. 그는 자신을 재치 있는 대화 능력으로 본질화하고 있다. 잘난 척하는 동료들을 극단적으로 싫어하는 사람도 마찬가지이다. 그는 자신을 겸손으로 본질화하고 있다. 최근에 싫어하는 사람들에게 벌레 충(蟲)을 붙이는 언어 행위가 유행한 적이 있었다. 나이가 들어서 행동이 굼뜨고 어눌한 노인들을 틀딱충이라고 부르는 것이다. 이때 그러한 비어를 사용하는 사람은 자신을 젊음으로 본질화하고 있다.

인간은 생로병사 하는 존재이다. 영원한 생명이나 젊음도 없으며 영원한 늙음도 없다. 살아있는 존재는 탄생하는 순간부터 끊임없는 변화와 순환의 과정에 놓인다. 영원히 변치 않는 것이 있다면, 그것은 죽음이다. 죽음은 엔트로피 제로이다. 우리는 살아있기 때문에 건강과 질병, 아름다움과 추함, 현명함과 어리석음 등 양극단에서 진자운동을 하고 있다. 죽어야만 진자운동이 멈춘다. 그런데 극단적으로 질병과 노화, 죽음을 두려워하는 사람들이 있다. 이러한 사람들은 자신을 건강과 젊음, 아름다움으로 고정화하고 박제화한다. 자기 자신도 병에 걸리고 노화하며 끝내는 죽어야 한다는 사실을 직면할 용기가 없기 때문이다. 그러한 용기가 없기 때문에 혐오로 자신의 진실을 외면하고 방어하는 것이다.[12]

12 자신의 불완전성을 인정하고 수용하는 능력을 갖춘 사람이 성숙한 사람이다. 인격의 성장단계에 대해서는 매슬로우(Abraham Harold Maslow)의 욕구단계설을 참조할 수 있다. https://ko.wikipedia.org/wiki/%EB%A7%A4%EC%8A%AC%EB%A1%9C%EC%9D%98_%EC%9A%95%EA%B5%AC%EB%8B%A8%EA%B3%84%EC%84%A4

4 | 인간의 유약성

모든 동물과 식물, 박테리아와 바이러스도 생로병사하는 존재이다. 인간이라고 예외가 아니다. 꽃이 피고 지듯이, 토끼가 태어나서 활동하다가 죽듯이 인간도 태어나서 성장하며 활동을 하다가 나중에는 죽음을 맞이한다. 시작이 있으면 끝이 있고, 탄생이 있으면 죽음도 있고, 젊음이 있으면 노년도 있다. 싱싱하게 빛나고 탄력적인 젊음이 있는가 하면 누추하고 무기력하고 축 늘어진 노년도 있다. 세월의 흐름에도 변치 않는 영웅은 세상에 없다. 불멸과 불변은 인간이 아니라 신들에게만 허용되는 특권이다. 그럼에도 모든 인간은 신들처럼 언제나 젊고 아름다우며 건강하고 행복하기를 바란다.

인간만이 죽지 않고 영원히 존재하려는 욕망을 가지고 있는 것은 아니다. 모든 동식물들도 그러한 욕망을 가지고 있다. 차이가 있다면 인간은 그러한 욕망을 언어화한다는 점에 있다. 돌이켜보면 인간의 역사는 그러한 불사의 욕망과 떼어놓을 수 없는 듯이 보인다. 선사시대가 시작되기 훨씬 이전에도 인류는 불사와 영원, 혹은 재생을 비는 장례풍습과 조상숭배 의식을 가지고 있었다. 철학과 종교도 예외가 아니었다. 플라톤에게 이데아의 세계는 불변하는 영원의 세계였다. 기독교의 에덴동산은 노화와 죽음이 없는 영원한 젊음과 건강, 아름다움의 세계였다. 노화와 고통, 죽음은 자연적인 사건이 아니라 인간이 신의 명령을 거역한 벌로서 설명이 되었다. 원래 인간은 불멸의 존재였다는 것이다.

자신의 불완전성을 수용하지 못하는 미성숙한 사람은 자신이 전지전능한 존재라는 환상을 가지고 있다. 이러한 환상이 자기도취적 유아의 특징이다. 이 때문에 자신이 언제나 행복하고 기분이 좋고 만족스러워야 하며 주위의 타인들은 자신을 위해서 봉사해야 한다는 무의식적 관념을 가지고 있다. 만약 자신이 춥고 배가 고프다면 그것은 다른 사람들의 잘못인 것으로 간주한다. 여기에서 공격성이 나타난다. 자기를 불행하게 만든 사람에 대해 분노가 폭발하는 것이다. Martha Nussbaum, "Compassion: Human and Animal." in *Ethics and Humanity: Themes from the Philosophy of Jonathan Glover*, Eds. Ann Davis, Richard Keshen, and Jeff McMahan. Oxford: Oxford UP, 2010.

물론 노화와 죽음은 피할 수 없는 인간의 숙명이다. 생명의 탄생과 죽음은 자연적으로 발생하는 우주의 섭리이기도 하다. 그럼에도 인간은 그러한 노화와 죽음의 운명에서 벗어나려는 노력을 결코 중단한 적이 없었다. 스피노자에 따르면 모든 생명체는 자신의 존재를 끊임없이 지속하려는 욕망을 본질로 가지고 있다. 그는 선과 악, 미와 추, 기쁨과 고통과 같은 대립적 개념도 존재의 지속 여부와 관련해서 정의를 하였다. 선이란 무엇인가? 그것은 다름이 아니라 나의 존재 유지에 도움이 되는 물질들이나 생각, 행동, 사건들이다. 이때 진선미는 서로 떼어놓을 수 있는 개별적인 덕목들이 아니다. 그것들은 불가분의 관계에 있다. 그렇다면 악이란 무엇인가? 그것은 존재를 유지하려는 노력을 방해하거나 간섭하고 훼방하는 모든 물질들이나 생각, 행동, 사건들이다. 이 점에서 죽음보다 더욱 불쾌하고 고통스러우며 추하고 악한 것은 없다.[13] 노화가 질병보다 고통스러운 이유이기도 하다. 질병을 치유하면 건강을 되찾을 수 있지만 노화는 죽음으로 향하는 자연적 과정, 즉 회복과 치유가 불가능한 죽음의 과정이기 때문이다.

젊고 건강할 때 우리는 자신이 원하는 것을 모두 할 수 있다는 자신감을 가진다. 젊음이란 원하는 것을 할 수 있는 능력의 몸으로 정의될 수 있다. 일제 강점기의 언론인 겸 소설가였던 민태원은 「청춘예찬」에서 "청춘! 이는 듣기만 하여도 가슴이 설레는 말이다. 청춘! 너의 두 손을 가슴에 대고, 물방아 같은 심장의 고동을 들어 보라. 청춘의 피는 끓는다. 끓는 피에 뛰노는 심장은 거선의 기관같이 힘 있다."고 말하였다. 우리는 원한다면 달려갈 수 있으며 한강을 헤엄쳐서 건너갈 수 있고 바위를 들어 올릴 수도 있다. 그러한 능력이 기쁨이며 보람이고 행복이다. 그런데 질병은 그러한 능력에 급작스러운 제동을, 노화는 점진적인 제동을 건다.

13 그러나 부활과 재생을 믿는 사람이라면 육체의 죽음을 그렇지 않은 사람만큼 두려워할 필요가 없다. 부활을 믿는 사람은 죽음을 마취에 의한 의식의 상실 정도로 받아들일 수도 있을 것이다. 이 책의 필자는 무신론자이다.

할 수 있었던 몸이 할 수 없는 무기력한 몸으로 바뀌는 것이다. 가볍게 뛰었던 다리가 무겁게 걷는 다리로, 나중에는 지팡이에 의지하지 않으면 이동이 불가능한 다리로 바뀐다. 그러다가 죽으면 완전한 정지와 정막의 몸으로 전환된다. 모든 질병과 고통은 그러한 죽음의 다가옴을 예고하는 사건들이다.

우리는 자기가 싫어하고 미워하는 것들을 멀리 눈에 띄지 않는 거리로 밀어내고 싶어 한다. 싫은 것은 발걸음 소리가 들리거나 그림자만 보여도 불쾌감과 고통의 감정을 불러일으킨다. 그런데 문제는, 가장 싫어하고 미워하는 대상이 바로 자신의 몸이라는 사실에 있다. 생로병사의 과정에서 건강과 젊음이라는 것은 몸의 작은 일부, 정상이라기보다는 예외에 지나지 않는 듯이 보인다. 몸은 끊임없이 병에 걸리거나 다치고 맥없이 기운이 빠지기도 하며 주름살과 흰머리가 생기기 때문이다. 나의 본질이 영원히 생존하려는 욕망이라면 그러한 본질을 위협하는 최대의 적, 불구대천의 원수는 바로 나의 몸이다.[14] 나의 적은 타자가 아니라 나 자신인 것이다. 이 사실을 모르는 사람은 없을 것이다. 17세기 독일의 시인이자 극작가인 안드레아스 그리피우스(Andreas Gryphius)는 「밤이여, 빛나는 밤이」(Night, Luminous Night)에서 늙고 병이 든 자신의 몸에 대해 다음과 같이 탄식하였다.

> 난 나 자신이 끔찍하다. 지금은 닳아버린 속눈썹 너머 내 입술과 코를 볼 때면, 불면과 괴로운 호흡으로 흐릿한 내 눈의 동공을 볼 때면 사지가 떨린다. 갈증으로 검어진 내 혀는 말할 때면 더듬거리고 뭔가를 중얼거린다. 피곤한 내 영혼은 위대한 위안자를 부르고, 살에선 무덤의 냄새가 나니 의사들은 떠나고 통증이 돌아온다. 내 육신은 혈관과 피부, 뼈에 불과하다. 앉아있기는 고역이고 누워 있기는 고문이다. 내 넓적다리는 간절히 목다리가 필요하다. 다가오는 이 시간이 모두 연기와 안개라면 명성과 영예, 젊은, 예술의 가치가

14 Bauman, Mortality, *Immortality and Other Life Strategies*, Stanford University Press, 992, p. 36.

무엇이랴? 그것은 우리를 죽이기에 여념이 없는 고통인걸"[15]

노화하는 몸에서는 생명의 향기와 약동이 아니라 죽음의 악취가 배어 나오기 시작하는 것이다. 누워있다가 일어나고 앉는 것과 같은 가장 기본적인 활동에도 제동이 걸리기 시작한다. 녹슬고 망가진 기계처럼 몸이 삐걱거리고 투덜거리다가 갑자기 정지하기도 하는 것이다. 말도 입에서 자연스럽게 흘러나오는 것이 아니라 쥐어짜듯이 억지로 노력해야만 간신히 한마디가 튀어나온다. 세상을 통째로 삼켜버릴 듯이 영웅적이었던 미켈란젤로도 노쇠한 자신의 몸에 대해 그리피우스와 같은 혐오감에 사로잡혔다. "내 얼굴은 무서운 모습이다. 내 옷은 너덜너덜 누더기가 되어 들판의 까마귀도 겁을 먹겠다. (중략) 만약 죽지 않는다면 나는 산산조각이나 버릴 것 같다." 누더기와 같은 자신의 몸을 바라보는 것이 너무나 끔찍하고 고통스러워서 차라리 빨리 죽는 것이 낫다는 것이다.

1944년 모로코에서 태어나 프랑스에서 활동하는 작가 다니엘 페나크(Daniel Pennac)는 생로병사 하는 삶의 적나라한 과정을 가감 없이 『몸의 일기』(*Journal d'un corps*)에 담아내었다. 우리는 자신을 몸이 아니라 의식과 마음이라고 생각하는 경향이 있다. 마음은 늙지 않으며 주름살이나 종양이 생기지도 않는다. 스토아 철학자들처럼 자신을 생각과 동일시하면 노화하는 몸의 진실에 눈을 감을 수도 있다. 그러나 페나크는 시간의 흐름을 타면서 변하는 몸의 미세한 변화에도 주목하였다. 노년에 대한 기록의 한 대목을 인용하겠다. "점점 짧아지는 보폭, 몸을 일으킬 때의 현기증, 굳어버린 무릎, 터지는 정맥, 또다시 비대해진 전립선, 쉰 목소리, 백내장 수술, 이명, 광시증, 자꾸만 헐어 달걀노른자처럼 돼버린 입술 가장자리, 바지 입을 때의 어설픈 동작"[16] 몸의 모든 질환을 다 열거하려면

15 움베르트 에코, 『추의 역사』, 오숙은 옮김, 열린책들, 2008, 177쪽.
16 다니엘 페나크, 『몸의 일기』, 조현실 옮김, 문학과 지성, 2015, 457쪽.

한두 쪽의 종이로도 부족하다. 아무튼 이와 같이 노쇠한 몸의 증상을 소개한 다음에 다음과 같이 마무리를 한다. "내 몸과 나는 서로 상관없는 동거인으로서, 인생이라는 임대차 계약의 마지막 기간을 살아가고 있다."[17] 물론 몸과 나는 서로 무관한 동거인이 아니다. 그럼에도 저자의 마음은 자신의 몸을 제3자처럼 바라볼 수가 있다. 마음의 시간과 몸의 시간이 일치하지 않는 것이다.

그렇다. 마음의 시간과 몸의 시간은 일치하지 않는다. 이러한 몸과 마음의 불일치가 철학사를 관통하는 중심 주제이며 고민거리이기도 하였다. 대부분의 철학자들은 자신을 몸이 아니라 마음과 동일시하였다. 플라톤과 같은 관념론적 철학자는 몸은 시시각각으로 변한다면 마음은 영원히 변치 않는다고 생각하였다. 세상에 믿을 수 없는 것이 몸이기 때문에 마음의 변치 않는 진리에 의존해야 한다는 영혼불멸설을 주장하였다. 마음은 병들지도 않으며 노화하지도 않고 주름살도 생기지 않는다는 것이다. 가령 나이가 들면 몸에서는 퀴퀴하게 발효하는 냄새가 난다. 그렇지만 마음에는 그와 같이 흉한 악취가 없다. 이와 같은 몸과 마음의 이분법이 의미하는 것은 무엇인가? 나는 유약성이라고 생각한다. 병들고 노화하고 죽어서 인간의 운명을 외면하고 영혼이라는 환영으로 도피하려는 것이다. 필자는 이와 같이 이원론이 혐오감의 적지 않은 원인이 되었다고 생각하고 있다.

영혼은, 우리는 죽어야 하는 몸이지만 그러한 몸의 중심에는 불변하고 불멸하며 영원한 존재(생명)가 있다는 믿음에서 생겨난다. 이러한 영혼불멸의 믿음은 그 자체로 특별히 나쁠 것은 없다. 오히려 바람직할 수도 있다. 문제는 그러한 영혼에 대한 믿음이 몸을 경멸하고 혐오하는 정서를 야기할 수 있다는 점에 있다. 가령 특히 초대기독교에서 오리게네스나 아우구스티누스와 같은 성자들은 몸을 악과 동일시하였다. 몸은 순수한

17 위의 책, 458쪽.

몸이 아니라 타락한 몸, 원죄로 오염된 몸이라는 것이다. 고행하는 수도승들은 몸에 채찍질을 가하고 금식을 하는 등 몸에 고통을 줌으로써 영혼을 순화시킬 수 있다는 믿음을 가지고 있었다. 이와 같이 몸을 경멸하는 전통은 서양이나 기독교에 제한되는 것이 아니었다. 대부분의 문화권은 마음을 과대평가하고 몸을 과소평가하였다. 그러한 마음중심주의로부터 생로병사 하는 몸을 혐오하는 정서가 자라기 시작했던 것이다.

우리는 인간이 유약한 존재라는 사실을 인정할 뿐 아니라 흔쾌히 긍정해야 한다. 젊음과 건강뿐 아니라 늙음과 질병, 아름다움뿐 아니라 추함도 신이 아닌 인간의 본질이다. 몸만이 병에 걸리고 노화하는 것은 아니다. 마음이 늙으면 몸도 늙고 그 반대도 참이다. 나이가 들면 마음에도 볕이 잘 들지 않고 기억력도 둔화되고 생각의 속도로 느려진다. 우리는 마음만 먹으면 못할 일이 없다고 생각하지만 진실은 그 반대에 있다. 우리는 마음이 눈에 보이지 않는다는 이유로 터무니없이 과대평가하며 자신이 마음의 주인이라고 생각하는 경향이 있다. 그런데 과연 우리는 마유의 높은 위치에서 몸을 내려다봐도 좋을 것일까? 그렇지 않다. 혐오는 자신을 과대평가함으로써 생겨난다. 먼저 마음은 몸과 달리 언제나 투명하고 아름답다라고 과대평가하고, 그다음에는 그러한 마음과 자신을 동일시하는 것이다. 이때 병들고 추하며 노쇠하는 모든 것들은 혐오의 대상으로 전락한다. 물론 우리는 그와 같이 아름답고 고결하며 투명한 마음을 가지고 있지 않다. 그러한 생각은 자기기만에 지나지 않는다. 최근에 읽었던 소설 『밝은 밤』의 한 대목에서 필자는 그러한 자기기만의 한 사례를 발견하였다. 주인공의 증조부는 현실의 난관과 맞닥뜨리기 전에는 자기가 대단한 인물이라고, 신앙을 위해서 웃으면서 불 속에 뛰어들었던 순교자들과 같은 사람이라고 생각하고 있었다. 그래서 정신대로 끌려갈 위기에 처한 여자를 구하기 위해서 그녀와 야반도주를 하고 결혼을 했다. 그녀를 "구하기 위해 내 인생을 희생하겠다는 마음이었다. 그 결과로 그는 평생을 억울함과 울화와 죄책감을 안고 살아야 했다. 자기가 그렇게 대단한 사람이 아니라는 걸 부모를 떠날 때만 해도 몰랐던 것이다. 아니, 그는 평생을 몰랐다. 자기가 얼마나 작은 손해에도 예민하고 속이 좁은 사람인지, 자신은 부모를 떠날 만큼 용기가 있다고 생각했지만 그건 그저 충동일 뿐이었다."18

덧붙이는 말

인간의 취약성

우리가 남을 미워하고 혐오하는 원인의 하나는 자신에 대한 과대평가에 있다. 우리는 자신이 모든 것을 잘해야 하며 언제나 젊고 건강하고 또 가장 행복해야 한다고 무심결에 믿고 있다. 이러한 믿음은 치명적이다. 인간이 병에 걸리기 쉽고 나중에는 늙어서 죽어야 하는 존재라는 사실을 은폐하고 있기 때문이다. 혐오는 이러한 존재론적 진리를 외면하기 위한 자기기만이다. 병약하고 추한 것을 타자화하기 때문이다.

감정에는 수동적인 감정과 능동적 감정이 있다. 수동적 감정은 나를 노예로, 능동적 감정은 나를 주인으로 만든다. 우리는 자기 감정의 주인이 되어야 한다.

우리는 자신이 생각한 것보다 연약한 존재이다. 우리는 자신의 감정을 극복할 수 있는 존재가 아니다. 마음을 아무리 독하게 먹어도 장대높이 뛰기처럼 미움에서 사랑으로, 불행에서 행복으로 단숨에 비약할 수가 없다. 그러므로 그러한 극복이 필요하지 않도록 자신의 몸과 마음을 언제나 최선의 상태로 유지해야 한다. 짜증이나 신경질과 같이 사소한 감정에

18 최은영, 『밝은 밤』, 문학동네, 2021, 61쪽.

자신을 내맡기지 말고, 누군가를 미워할 계기를 아예 만들지 말아야 한다. 일단 누군가를 미워하는 마음이 생기면 미움을 극복하는 것은 불가능하다고 생각해야 한다.

인간은 전능한 존재가 아니다. 우리는 전능(할 수 있음)과 무능(할 수 없음), 기쁨(쾌)과 슬픔(불쾌), 지와 무지 사이의 넓은 스펙트럼에 걸친 존재이다. 우리는 할 수 있는가 하면 할 수 없고 할 수 없는가 하면 할 수 있는 존재, 부정적이면서 동시에 긍정적인 존재이다. 예를 들어 걸을 수 있지만 날아갈 수가 없고 책상을 들 수는 있지만 바위를 들 수는 없다. 신은 아니지만 그렇다고 식물은 아니고, 사자처럼 잘 달리지는 못하지만 사자보다 훨씬 지혜롭다. 이와 같은 양극단에 사이에서 크고 작은 진폭으로 왕복 운동을 하는 존재가 인간이다. 한 극단이 전지전능한 힘이라면 다른 한 극단은 무지와 무능이다. 전자에 해당하는 감정이 기쁨이라면 후자에 상응하는 감정이 슬픔이다. 기쁨과 슬픔은 가장 기본적인 감정이다. 이러한 기본 감정의 강도와 지속성의 차이, 단일성과 복합성의 차이에 따라서 다양한 감정들이 생겨난다. 가령 기쁨과 슬픔이 오래 지속되면 행복이 되고 우울이 된다. 기쁨과 슬픔의 강도가 강해지면 환희와 고통으로 발전한다. 지겨움이나 권태처럼 감정이 부재한 듯이 보이는 상태도 있다. 그렇지만 권태는 감정의 부재가 아니라 낮은 강도의 감정이다. 살아있는 동안에는 언제나 감정이 있다.

이와 같이 우리는 언제나 감정과 더불어서 존재하기 때문에 감정과 관련된 언어들도 풍부하다. 최현석의 『인간의 모든 감정』에 따르면 감정을 표현하는 우리말 어휘가 434개였다. 그 가운데 긍정적인 어휘가 28%, 부정적인 어휘는 72%였다. 우리는 기분이 좋을 때보다는 슬플 때가 훨씬 많은 것이다.

우리는 누구나 기쁘고 행복한 삶을 원한다. 그럼에도 어휘의 7할이 슬프고 불행한 감정을 표현하고 있다는 사실이 무엇을 의미하는 것일까?

기쁘고 행복한 삶을 원하는 데 정작 우리에게 찾아오는 것은 슬프고 불행한 삶이다. 우리는 혼자가 아니라 다른 사람들과 더불어서, 또 자신이 선택하지 않은 내키지 않은 환경에서 살아가기 때문이다. 자발적으로 좋아서 하는 일이 있는가 하면 마지못해 억지로 해야 하는 일도 있다. 달리 말해서 우리는 한편으로 행복을 원하지만 다른 한편으로는 불행을 강요당한다. 이때 원하다가 능동이라면 강요당하다는 수동이다. 과거 노예제도의 사회에서 강요당하는 일을 하는 사람은 노예나 하인이었다. 능동적으로 행동할 때 우리가 삶의 주인이라면 수동적으로 바뀌는 순간에 우리는 삶의 노예가 된다.

감정은 크게 능동적인 감정과 수동적인 감정으로 대별될 수 있다. 전자는 '나는 원한다'로, 후자는 '나는 원해진다'(혹은 강요된다)로 표현될 수 있다. 내가 좋아서 축구를 한다고 하자. 이때 나는 능동적이고 기쁨을 느끼는 주체이다. 더구나 축구를 잘하면 세상이 내 것처럼, 내가 세상의 주인처럼 느껴지면서 자신감도 증가한다. 그런데 배구를 하고 싶은데 축구를 하도록 강요되었다고 하자. 나의 행동은 수동적이 되면서 기쁨도 느끼지 못하고, 꿔다 놓은 보릿자루처럼 남의 세상에 살고 있다는 고약한 느낌도 든다.

행복한 삶을 살기 위해서는 자기 행동의 주체가 되어야 한다. 수동적으로 강요된 행동을 하면 불행과 불만의 덫에서 빠져나올 수가 없다. 그렇지만 강요된 행동을 한다고 해서 반드시 불행해지는 것은 아니다. 불행한 노예가 있는가 하면 주인보다 행복한 노예도 있을 수 있다. 다시 축구의 예로 돌아가 보자. 강요된 축구를 하면 처음에는 짜증이 나고 의욕도 생기지 않지만 열심히 공을 찾아 뛰어다니다 보면 나도 모르게 재미를 느낄 수도 있다. 식욕이 당기지 않아서 먹기 싫었던 밥도 먹다보면 어느새 그 맛을 즐기는 자신을 발견할 때가 많다. 즉 슬픔이 기쁨으로, 강요되었던 노동이 내가 좋아하는 놀이로 바뀌었던 것이다. 처음에 축구하는 행동의 원인이 타자(의 명령)였다면 나중에는 내가 능동적 원인이 되어 있다. 하고 싶은 일과 하기 싫은 일이 범주적으로 결정되어 있는 것은 아니다. '내가 그것을 원한다'고 생각하는 순간에 하기 싫은 일도 하고 싶은 일로 바뀐다.

불행한 사람은 싫어하는 일을 하는 사람이라면 행복한 사람은 하고 싶은 일을 하는 사람이다. 그렇지만 자기가 하고 싶은 일만을 하도록 태어난 특권적 존재는 세상에 없다. 루이 14세와 같은 왕이라도 예외가 아니다. 누구든지 원치 않는 일, 자기가 선택하지 않은 일을 해야 할 때가 있다. 행복한 사람은 연금술사처럼 자신에게 강요된 일(흙수저)을 자기가 원하는 일(금수저)로 바꾸는 사람이다. 나와 무관하게 그 자체로서 기쁘거나 슬픈 일이라는 것은 존재하지 않는다. 독약도 입맛에 맞으면 보약이 될 수 있다. 달리 말해서 그 자체로서 독약이나 보약이라는 것은 없다. 나에게 좋으면 보약이고 나에게 좋지 않으면 독약이다. 좋다라고 말하는 순간에 독약도 보약이 된다. 이것이 삶의 연금술이다.

행복이란 무엇인가? 장기적으로 지속되는 기쁨이 행복이다. 모든 것을 할 수 있다는 전능감이 행복이다. 할 수 없다고 느끼는 순간에 행복은 불행으로 오염이 되어버린다. 불행은 장기적으로 지속되는 슬픔과 고통이다.

당연한 말이지만 우리가 경계해야 하는 감정은 물론 슬픔이며 불행이다. 그렇지만 당연하다고 해서 이것이 생각할 필요가 없다는 말은 아니다. 슬픔과 불행이라는 사건은 천둥이나 벼락처럼 자연발생적이다. 그렇지만 이를 맞이하는 태도는 나의 고유한 것이다. 우리는 예고 없이 몰아닥치는 불행을 어쩔 수 없이 견뎌야 하는 때가 있다. '내가 그것을 원한다'며 언제나 나의 것으로 주체화할 수 있는 것은 아니다. 극단적인 예이겠지만 운이 나쁘면 나는 자동차에 치여서 즉사할 수도 있고 식물인간이 되거나 장애인이 될 수도 있다. 죽음과 식물인간을 주체화할 수는 없는 일이다. '그것을 원한다'고 긍정할 수 있는 나가 없기 때문이다. 이와 같은 극단을 얘기하자는 것이 아니다. 슬픔과 불행은, 특히 거듭되는 슬픔과 불행은 우리를 망가뜨리기 쉽다. 어떤 일이 있어도 우리는 망가지면 안 된다. 그러기 위해서는 우리를 압박해 들어오는 슬픔과 고통에 대해서 생각하지 않으면 안 된다. 생각해보라. 슬픔으로 망가진 인간이란 슬픔이 되어버린 인간이다. '나는 슬프다'가 아니라 '슬픔이 나이다'로 슬픔이 본질화된 인간이다. 기쁨과 행복의 가능성이 완벽하게 고갈됨으로써 슬픔으로 사물화되는 것이다. 머리끝부터 발끝까지 슬픔이 묻어나오는 것이다. 그런데 이와 같이 슬픔이 본질이 된 사람(체화된 슬픔)보다 더욱더 망가진 사람들이 있다. 그것은 자신이 감당해야 하는 고통과 슬픔을 타자에게 투사하는 사람들이다. "남대문에서 할 말을 동대문 가서 한다"나 "종로에서 뺨 맞고 한강에 가서 눈 흘긴다"는 속담에 해당되는 경우이다.

슬픔과 불행을 경계해야 하는 이유는 분풀이, 투사의 기제에 있다. 기쁨과 같은 긍정적인 감정은 변명을 필요로 하지 않는다. 기쁨은 모든 것을 할 수 있는 능력인 반면에 슬픔은 아무것도 할 수 없는 무능력이다. 불행은 스스로 그러한 무능력의 짐을 덜기 위해서 변명과 희생양을 필요로 한다는 사실에 있다. 불행의 원인을 타자에게서 찾고 불행의 결과를 타자에게 돌리는 것이다. 행복과 달리 불행은 자족적이지 않다. 끊임없는 변명과 희생양을 찾아서 순간적이나마 고통의 완화를 노린다. 스스로 불행한 것으로 모자라서 주위를 불행으로 오염시키는 것이다. 시샘과 원망, 혐오의 정동으로 공기를 오염시키는 것이다.

불행은 폭탄 돌리기의 논리로 주위를 오염시킬 수가 있다. 자기보다 지위가 높은 사람에게 모욕을 당했다고 하자. 이때 우리는 그러한 모욕을 '내가 원한다'로 주체화함으로써 자기 발전의 기회로 삼을 수도 있다. 그 반대가 타자화이거나 투사이다. 투사는 물이 위에서 아래로 흐르듯이 힘이 센 사람으로부터 그렇지 못한 약자를 겨냥한다. 혐오 표현, 악성 댓글 등이 그러하다. 약자에게 혐오의 오물을 투척하는 것이다.

습관적으로 부정적인 감정을 자기보다 약한 타자에게 투사하는 사람들이 있다. 어떻게 이러한 습관에서 벗어날 수가 있을까? 물론 교육이 중요하다. 그렇지만 교육보다 더욱 중요한 것은, 우리 모두가 행복해지는 것이다. 스스로 자기 감정의 능동적인 주인이 되는 것이다. 행복은 변명이 필요치 않기 때문이다.

앞서 행복은 내가 원하는 일을 할 수 있는 역량이라고 말했다. 그렇지만 그렇게 전능한 인간은 존재하지 않는다고도 말했다. 그렇다면 이 대목에서 다음과 같은 반론이 있을 수가 있다. 원칙적으로 우리는 행복할 수 없는 존재라고. 그러나 그렇지 않다. 기쁨을 유지하기 위해서 우리가 모든 일을 다 잘할 필요는 없다. 온 세상을, 온 우주를 다 가져야만 행복한 것은 아니다. 더구나 우리가 세상의 모든 것을 다 원하는 것은 아니다. 어리석은 사람은 새처럼 날 수가 없기 때문에 자기는 무능력하며 또 불행하다고 한탄한다. 자기가 사는 집이 친구의 집만큼 크지도 않고 화려하지도 않다고 불평을 하면서 불행해한다. 나는 이렇게 생각한다. 자기가 할 수 없는 것은 생각하지도 말자. 할 수 없는 것을 욕망하면서 불행이 몸집을 키우지는 말자. 할 수 있는 것만을 하자. 그러면 내가 할 수 있는 능력의 범위 안에서 나는 전지전능한 존재가 될 수 있다.

우리가 살고 있는 환경에 대해서 생각해보자. 살기에 좋은 환경을 쾌적한 환경이라고 한다. 그 반대가 불쾌한 환경이다. 우리는 몸에 적합한 기온이나 습도 속에 있으면 쾌적감을 느끼지만 그렇지 못하면 불쾌감이 생긴다. 습하고 무더운 장마철에 불쾌지수가 올라가는 이유이다. 물론 환경만 그런 것이 아니다. 주어진 환경에 따라서 몸이 쾌적해지기도, 불쾌해지지도 한다. 몸이 쾌적하면 가볍고 산뜻하며 날아갈 것 같은 느낌, 모든 것을 할 수 있는 자신감이 들지만, 그 반대의 경우에는 몸이 무겁고 답답하며 무엇을 하고 싶은 의욕도 생기지 않는다. 이와 같은 무기력이 오랫동안 지속되면 좌절감으로, 그리고 나중에는 우울증으로 발전한다. 이 때문에 우리는 우울증으로 발전하기 이전에 불쾌한 환경으로부터 재빨리 벗어나야만 한다. 물론 정신적인 노력도 한 방법이다. 기쁘고 긍정적인 생각을 하도록 노력하다 보면 어느새 유쾌해진 자신을 발견하기도 한다. 그러나 아무리 정신력이 강한 사람이라고 해도 불쾌한 환경의 압력을 정신의 힘으로 이기기는 어렵다. 대부분의 경우에 나를 바꾸는 것보다 환경을 바꾸는 것이 훨씬 수월하다. 마르지 않는 눅눅한 빨래처럼 불쾌한 기분에 젖어 있으면 몸을 일으켜 움직일 기운도 생기지 않는다. 정신의 승리를 위해 노력하기 위해서는 지구를 들어 올리는 아틀라스의 역능이 필요하다. 더구나 자신을 바꿀 수 있는 마땅한 방법을 찾기도 어렵다. 자신을 바꾸라는 말은 너무나 막연하고 추상적이며 그것의 실체가 잡히지 않는다. 그러니 내가 처해있는 환경을 바꾸는 것이 현명하다. 너무나 무덥다면 더위를 참으면서 방안에 있지 말고 밖으로 나가서 나무 그늘로 피신을 하거나, 냉방이 잘 된 커피숍으로 도망가면 된다. 마음이 헝클어져서 일이 손에 잡히지 않으면 마음을 다잡기 위해서 억지로 노력할 필요가 없다. 책과 공책으로 어질러진 책상을 정리하거나 먼지가 자욱한 집을 청소하면 된다. 모든 것이 제자리에 있어야 마음도 제자리를 찾아가기 시작한다. 보이지 않는 마음을 정돈하지 말고 보이는 물건을 정돈하면 된다. 주변 환경이 쾌적해지면 무겁고 눅눅해서 밑으로 가라앉는 몸도 상쾌하고 가벼워지기 시작한다.

6장

폭력과 희생양, 왕따

1 | 들어가는 말

폭력에 대한 논의에서 가장 빈번하게 언급되는 사상가는 벤야민(Walter Benjamin)이다. 그는 「폭력비판을 위하여」("Zur Kritik der Gewalt")에서 법을 정립하고 유지하는 '신화적 폭력'과 법을 파기하는 '신적 폭력'으로 구별하였다.[1] 폭력의 윤리성을 주장하고 총파업을 옹호하였던 소렐(Georges Sorel)의 『폭력에 대한 성찰』(*Reflexions sur la violence*), 폭력을 정당한 권력과 부당한 폭력으로 분류한 한나 아렌트(Hanna Arendt)의 「폭력론」("Civil Disobedience on Violence")도 그냥 지나칠 수 없는 이론적 이정표이다. 아감벤(Giorgio Agamben)과 자크 데리다(Jacques Derrida), 지젝(Slavoj Zizek)도 이러한 폭력론의 논쟁에 뛰어들었다. 지젝과 아감벤과 같은 좌파 이론가가 사회의

---

* 이 글은 『알』 10호(2012년)에 개재되었던 필자의 논문 「르네 지라르의 폭력론」(119-139쪽)을 이 책의 목적에 맞게 수정 보완한 것이다.

1 발터 벤야민, 『역사의 개념에 대하여 폭력비판을 위하여 초현실주의 외』, 최성민 옮김, 길, 2009, 77-117쪽.

제도적 · 구조적 폭력에 저항하기 위해서는 폭력의 필연성을 주장했던 반면에 데리다는 폭력과 비폭력, 폭력과 정의를 분명하게 구분하는 작업의 불가능성을 대변하였다. 이러한 논의의 와중에 비상사태의 관점에서 국가의 폭력을 논의한 칼 슈미트(Karl Schmitt)의 『정치신학』(*Politische Theologie: Vier Kapitel zur Lehre von der Souveranitat*)도 재조명을 받기 시작하였다.[2]

그런데 이상하게도 희생양의 관점에서 폭력의 생리와 메커니즘을 훌륭하게 설명했던 르네 지라르(Rene Girard)가 최근의 연구에서는 무시되고 있다. 그의 『폭력과 성스러움』(*La Violence et le Sacre*) 및 『희생양』(Le bouc emissaire)은 폭력에 관한 이론에서 고전으로 자리 잡고 있음에도 아감벤이나 지젝, 데리다에게는 그가 눈에 띄지 않는 듯이 보인다. 이것은 국내의 폭력에 대한 연구에서도 예외가 아니다. 몇몇 논문을 제외하면 대부분 연구들이 벤야민이나 아감벤, 지젝을 축으로 이루어지고 있는 실정이다. 지라르의 폭력론은 너무 인류학과 신화에 치우쳐 있으며 최근 뜨거운 감자로 부상한 벤야민의 신적 폭력과 연결되기에는 이론적으로 아귀가 맞지 않기 때문인지 모른다. 그의 이론에는 비상사태나 계엄령과 같은 국가적 폭력이나 법적 폭력에 대한 비판적 성찰이 부재하기 때문에 진보적 지식인에게는 환영받지 못하는 듯이 보인다. 그러나 그는 폭력의 성격과 역할, 심리에 대해서 독자적인 견해를 제시하였다. 나는 그의 폭력론을 폭력의 경제학으로 부르고 싶은 유혹을 느낀다. 그것은 밑지는 장사가 아니라 수지맞는 장사이기 때문이다.

완벽한 사회는 존재하지 않는다. 유럽이든 동양이든 신화적 우주론에 따르면 현재는 과거의 기쁨과 영광의 빛이 바랜 침울한 세계이다. 금의 시대에서 은의 시대로 전락하더니 이제는 폭력이 난무하는 철의 시대로 접어든 것이다. 만약 금과 은의 시대처럼 사회의 구성원이 모두 행복하다

2 여기서 언급한 폭력론은 우리말로 번역이 된 것들이다. 지젝, 『폭력이란 무엇인가』, 이현우 · 김희진 · 정일권 옮김, 난장이, 2008; 슈미트, 『정치신학』, 김항 옮김, 그린비, 2010; 데리다, 『법의 힘』, 진태원 옮김, 문학과 지성사, 2004; 아감벤, 『예외상태』, 김항 옮김, 새물결, 2009.

면 폭력의 사건은 발발하지 않을 것이다. 그러나 평온한 듯이 보이는 사회도 그 배후를 보면 불안과 불만, 증오와 거짓의 뇌관이 소리 없이 타들어가고 있다. 잘못 건드리면 터지는 폭발물을 사회가 안고 있는 것이다. 이때 사회가 해체되지 않고 유지되기 위해서는 폭발물을 제거하거나, 그것이 불가능하면 인명 피해를 최소화하는 장소에서 터뜨려야 한다. 피해가 불가피하다면 피해를 최소화하는 것, 이것이 폭력의 경제학, 지라르의 용어로 희생양의 메커니즘이다. 우리나라 학교에서 기승을 부리는 왕따(집단따돌림)도 그러한 폭력의 경제학에 속한다. 학급의 학생들 모두가 불행하다면 그 불행을 한 학생에게 몰아주는 것이다. 이와 같이 우리 사회에서 구체적으로 발생하는 폭력을 설명하는 데 있어서 아감벤이나 지젝, 데리다 등의 이론은 아무런 도움이 되지 않는다. 혁명이나 정치적 전복, 자살폭탄테러 등 우리의 피부에 와닿지 않는 막연하고 추상적인 폭력의 이해에는 빛을 던져줄 수가 있지만 우리의 구체적 현실을 설명해주는 힘을 갖고 있지 못하다. 지라르의 폭력론이 중요한 까닭이 여기에 있다. 그의 희생양 제의(祭儀) 이론은 현실의 폭력의 생리를 설명해주는 틀을 제공하기 때문이다.

2 | 르네 지라르와 폭력의 문제

르네 지라르는 1923년 남프랑스의 아비뇽에서 태어났다. 처음에 그의 학문적 관심은 역사, 특히 중세의 역사에 있었다. 그가 샤르트 국립고등대학원을 졸업하면서 1947년에 쓴 논문은 그의 고향인 아비뇽의 중세사에 관련된 것이었다. 졸업 후에 유학 갔던 미국 인디애나 대학에서도 그의 전공은 여전히 역사학이었다. 그러나 1950년에 박사학위를 마친 그가 정작 대학에서 가르쳤던 과목은 역사학이 아니라 프랑스 문학이었다.

이것이 그의 운명의 나침판을 바꿔놓는 계기가 되었다. 학문에도 '출세'가 있다면 그는 1961년에 『낭만적 거짓과 소설적 진실』(*Mensonge romantique et vérité romanesque*)이라는 제목의 문학비평서를 처녀작으로 출판하면서 세계적 스타의 자리에 오르게 되었다. 그의 두 번째 저술 『폭력과 성스러움』이 출판되기까지는 12년의 세월을 기다려야 했다. 전자에서 천착했던 욕망의 지평으로부터 후자의 폭력의 지평으로 옮겨가기 위해서 오랜 기간의 연구가 요구되었던 것이다. 그의 『폭력과 성스러움』은 프랑스 아카데미상을 수상하는 영예를 안았으며, 2004년에 간행된 『문화의 기원』(*Les orgines de la culture*)은 아카데미 프랑세즈로부터 '올해의 상'(prix Aujourd'hui)으로 선정되었다. 그는 미국에 유학을 온 이후로 프랑스가 아니라 미국에 체류하면서 학문 활동을 하였는데, 존스 홉킨스대학을 거쳐서 1981년에는 스탠퍼드대학의 석좌교수로 임명되었던 그는 1995년에 정년퇴임을 하고, 2005년에는 아카데미 프랑세즈의 종신회원으로 선임되었다. 이듬해에는 독일의 튜빙겐대학으로부터 레오폴드 루카이 상(Dr. Leopold Lucas Prize)을 수상했다. 그의 저서 목록을 보면 알 수 있겠지만 그는 역사학, 문학비평, 사회학, 인류학, 철학 등 광범한 분야에 관심을 가지고 학제적 연구를 수행하였다. 우리말로 번역된 책으로 위에 언급된 것 이외에 『나는 사탄이 번개처럼 떨어지는 것을 본다』(*Je vois satan tomber comme l'eclair*)와 『그를 통해 스캔들이 왔다』(*Celui par que le scandale arrive*)가 있다.

"우리 주위에는 왜 이다지도 폭력이 많은 것일까?" 『그를 통해 스캔들이 왔다』의 서두에서 지라르가 던진 이 질문은 그가 평생을 고민하면서 풀어야 했던 화두였다.[3] 그는 지금 폭력이 위험 수위를 넘어 "불길이 번져나가거나 전염병이 퍼져나가는 과정과 흡사한 확대 과정"[4]에 들어섰다고 진단하였다. 그에 따르면 과거의 전쟁은 이제 테러와 가정폭력,

3 지라르, 『그를 통해 스캔들이 왔다』, 김진식 옮김, 문학과지성사, 2007, 15쪽.
4 같은 책, 16쪽.

학교 폭력 등으로 대체되고 있다. 사태가 그러하다면 이러한 폭력의 과잉을 설명할 수 있는 이론을 정립하는 것이 절실하게 된다. 지라르에게 폭력은 '욕망'과 '모방'과 '희생양'을 통해서 설명되어야 하는 사회적 현상이다.

그의 폭력론을 설명하기 위해 하나의 역사적 사례를 소개하기로 하자. 『나는 사탄이 번개처럼 떨어지는 것을 본다』에 소개된 아폴로니우스(Apolllonius)는 1세기에 그리스의 티아나에 살았던 신피타고라스학파의 철학자로서, 그가 당시에 창궐하던 페스트를 기적적으로 치유했다는 신화적 기록이 있다. 당시에 역병을 물리치기 위해 온갖 대책을 강구했지만 실패했던 에페소스 시민들은, 지푸라기라도 붙잡는 심정으로 그에게 도움을 청하였다. 그는 그들이 자기의 명령을 따라야 한다는 단서와 함께 역병의 퇴치를 약속한다. 그리고 그는 군중을 극장으로 데리고 갔다. 무대에는 수호신의 그림이 있고, 그 앞에는 허름한 옷차림의 거지가 앉아있었다. 어리둥절해 있는 시민들에게 그는 "돌을 들어 모든 신의 적인 저 녀석에게 던지시오"[5]라고 명령을 내린다. 거지가 역병을 퍼뜨린 악마라는 것이다. 처음에 망설이던 시민들은 한두 명이 먼저 돌을 던지는 것을 보고 너나나나 할 것 없이 모두 돌을 던지기 시작하였다. 표정을 흉하게 일그러뜨리며 단말마의 비명을 지르는 거지가 그들의 눈에 진짜 악마처럼 보였다. 잠시 후에 "얼마나 많은 돌을 던졌던지 거지 시체 주변에 커다란 돌무더기가 만들어질 정도"가 되었다. 시체를 확인하기 위해서 아폴로니우스가 돌을 파헤치자 "그 자리에는 몰로스 개와 닮은, 그러나 어미 사자만큼이나 커다란 짐승 하나가 있었다. 돌을 맞아서 곤죽이 된 그 짐승은 광견병 걸린 개처럼 거품을 토한 채 쓰러져 있었다. 사람들은 악령을 쫓아낸 바로 그 자리에다가 수호신 헤라클레스의 흉상을 세워주었다."[6]

5 같은 책, 70쪽.
6 같은 책, 70쪽.

아폴로니우스가 페스트를 물리친 기적의 진위여부는 우리의 관심사가 아니다. 근대에 접어들기 전까지만 하더라도 역병은 인구의 절반을 전멸할 정도로 끔찍한 전염병으로, 치유의 대책이 없었기 때문에 인간의 죄에 대한 신의 징벌로 간주되었다. 소포클레스(Sophocles)의 『오이디푸스왕』(*King Oedipus*)에서도 올림포스의 신들이 오이디푸스의 죄를 벌하기 위해 페스트를 도시에 퍼뜨린다. 이러한 역병의 서사는 다음과 같은 플롯의 전개를 특징적으로 가지고 있다. ① 역병으로 인한 도시의 위기, ② 치유자로서 아폴로니우스의 등장, ③ 역병의 원인으로서 거지의 죄악, ④ 폭력을 통한 원인을 제거, ⑤ 아폴로니우스의 신성화. 지라르에 따르면 역병은 '사회적 위기', 거지는 '희생양', 시민들의 돌 던지기는 '경쟁적 모방', 아폴로니우스는 '폭력의 성스러움'을 대변하고 있다. 오이디푸스왕에 대해서도 마찬가지이다. 페스트가 테베를 휩쓸자 위기에 빠진 도시는 원인 제공자로서 그를 지목하고 그를 추방한다. 그러자 위기가 해소되고 도시는 평안을 되찾게 된다. 이 두 서사에서 공통점은 공동체 전체의 위기가 한 사람의 희생에 의해서 해소되고, 그럼으로써 폭력에는 치유의 신성한 힘이 부여된다는 데에 있다.

희생양 만들기를 통해서 페스트를 물리친 아폴로니우스의 사례는 우리나라에서 빈번하게 발생하는 집단따돌림 현상에도 적용될 수가 있다. 차이가 있다면 대규모의 위기가 소규모인 학급의 위기로 대체되었다는 점이다. 아폴로니우스의 일화에서 역병으로 인한 도시의 위기는 무한경쟁을 강요하는 학급의 위기로 축소되는 것이다. 그리고 ② 치유자의 등장은 왕따를 시키는 가해 학생의 등장으로, ③ 역병의 원인으로서 거지는 피해 학생으로, ④ 폭력을 통한 원인 제거는 왕따시키기를 통한 스트레스의 제거에 대응될 수가 있다. 그리고 ⑤의 신성화는 가해 학생을 가진 학급 권력으로 이해될 수 있을 것이다. "학교 다니는 저는 늘 왕따였어요"라는 사례 연구에서 피해자 인수(가명)는 고등학교를 중퇴하고 검정고시를 준비하는 만 17세의 소년이다.[7] 그가 처음으로 왕따를 당하게 계기는 매우 사소한 일에서 비롯되었다. 그가 초등학교에 다니던 시절 담임선생님이 청소 시간에 책상을 오른쪽으로 옮기라고 지시를 했는데 잘못 알아듣고 왼쪽으로 옮긴 일이 있었다. 이 일로 학급 친구들의 놀림감이 되면서 그렇지 않아도 내성적이던 인수는 더욱 내면으로 위축이 되고 자신감을 잃게 되었다. 집단따돌림이 심해지자 그는 대인기피증에 걸리고 나중에는 우울증까지 생기게 되었다. 아폴로니우스의 일화에서 돌에 맞은 거지가 악마처럼 보이듯이 인수도 비정상적으로 행동하게 된 것이다. 가해자들은 주로 상스럽고 불쾌한 욕을 하고 때리거나 발로 차기도 하며 놀이나 일에 끼워주지 않는 것과 같은 행위의 반복을 통해서 애초에는 그렇지 않았던 피해자를 진짜 비정상인으로 만드는 것이다.[8] 이때 왕따를 주도했던 학생은 다른 학생들로부터 영웅처럼 대접받는 경우도 있다. 그들에게 공부에서 비롯되는 스트레스를 해소할 수 있는 길을 열어주었기 때문이다.

3 | 폭력의 원인으로서 경쟁적 욕망

폭력은 제한된 재화와 무한한 욕망의 충돌에서 비롯한다. 모든 사회의 구성원이 풍요롭고 여유 있는 생활을 원하지만, 불행하게도 그러한 욕망을 충족시킬 수 있는 재화와 자원은 한정되어 있는 것이다. 그렇다면 욕망의 충족이 근본적으로 불가능한 상황에 우리가 살고 있다고 할 수 있다. 만약 우리가 사유재산제도가 없는 원시공동체의 원주민처럼 재화를 공유하고 또 가지고 있는 것으로 만족한다면 갈등이나 반목도 일어나지

7 황수진, "학교 다니는 저는 늘 왕따였어요," 『상담사례연구집』, 1/1, 2011, 158-88쪽.
8 이춘재 · 곽금주, 『학교에서의 집단 따돌림: 특성 및 실태』, 집문당, 1999.

않을 것이다. 지라르에 따르면 갈등의 원인은 한정된 재화 자체에 있다기보다는 욕망이 똑같은 대상으로 향한다는 점에 있다. A가 a를 원하고 B는 b를 원하고 C는 c를 원하는 것과 같이 욕망하는 대상이 다르다면 욕망의 충돌이 빚어지지 않을 것이다. 이해관계가 충돌하는 것은 A와 B, C가 똑같은 대상을 서로 차지하기 위해 경쟁을 하기 때문이다. 호화로운 저택을 구입하고, BMW를 타고 다니며 멋있는 이성과 결혼해서 건강하게 살고 싶어 하는 것이 우리 모든 욕망의 현주소이다. "못 먹는 밥에 재 집어넣는다"는 속담도 있듯이 그러한 욕망을 충족시킬 가능성이 없으면 비싼 차를 못으로 긁어서 마음을 달래기도 한다.

지라르는 우리가 원하는 특정한 대상이 다른 대상들보다 본질적으로 더욱 커다란 가치를 가지고 있지는 않다고 주장한다. 그는 이것을 욕망의 "코페르니쿠스적인 혁명"이라고 말한다. "사람들은 욕망이 객관적이거나 아니면 주관적이라고 생각하고 있다. 하지만 욕망은 사실 그 대상을 가치 있게 만드는 타인에 근거하고 있다."[9] 일반적으로 우리는 세상에 아주 희귀하고 귀중한 보화가 있으며, 이것을 사람들이 모두 소유하고 싶어서 경쟁이 일어나고, 그 부수적인 결과로서 폭력이 발생한다고 생각하는 경향이 있다. 그러나 지라르의 코페르니쿠스적 혁명에 의하면 욕망의 인과관계는 그러한 짐작과는 정반대의 방향으로 흐른다. 황금을 예로 들 수 있다. 스페인 군인과 선원들이 신대륙을 발견하기 전까지 인디언들은 황금을 귀중하게 여기지 않았다. 황금을 경쟁적으로 욕망하는 유럽인들을 보고서 그들도 황금을 욕망하기 시작했다. 마찬가지의 이유에서 세상에서 마릴린 먼로(Marilyn Monroe)가 가장 섹시하고 매력적인 여자는 아니다. 우리는 다만 그렇게 그녀를 바라보는 다른 사람의 욕망을 욕망하고 있는 것에 지나지 않는다.

9 지라르, 『나는 사탄이 번개처럼 떨어지는 것을 본다』, 김진식 옮김, 문학과 지성사, 2004, 22쪽.

르네 지라르의 폭력론의 핵심은 욕망이 근본적으로 '모방적'이라는 사실에 있다. 나의 욕망은 나의 고유한 욕망이 아니라 타자 욕망의 모방이다. 이것이 지라르가 『낭만적 거짓과 소설적 진실』에서 처음으로 소개했던 '삼각형의 욕망이론'이다.[10] 욕망의 대상과 주체 사이에는 중재자가 있다는 것이다. 기사가 되고 싶은 돈키호테의 욕망은 자연발생적인 것이 아니라 그가 읽었던 기사도 소설의 중재에 의해서 야기되었다. 사촌이 땅을 사면 배가 아프다는 속담이 있다. 내가 가진 소나타로 만족하며 살고 있다가도 사촌의 BMW를 보면 나도 '덩달아서' 그것을 사고 싶은 욕심이 생기게 된다. 이때 나의 욕심의 원인은 나가 아니라 사촌의 자동차이다. 나의 사촌도 예외가 아니다. 그도 성공한 친구들이 BMW를 타고 다니는 것을 보고서 자기도 그러한 욕망을 품게 되었기 때문이다. 물론 사촌의 친구도 예외가 아니다. 그도 다른 친구의 욕망을 모방하고 있다. 이와 같이 친구의 친구의 친구의 친구의 …… 로 이어지는 욕망의 사슬은 끝이 없이 계속된다. 이와 같이 하나의 대상을 향해서 모든 사람들이 달려들면서 경쟁은 과열되기 시작한다. "서로 상대방으로 인해 경쟁적 욕망이 커질수록 이 욕망은 위험해진다. 이런 갈등을 지배하는 것이 바로 에스컬레이터 법칙, 즉 '한술 더 뜨기' 법칙이다."[11] 모두가 이왕이면 친구보다 '한술 더 떠서' 더 고급스러운 자동차를 구입하기 위해 경쟁하는 와중에 경쟁은 어느새 폭력으로 변질이 되는 것이다. 지라르에 따르면 "사회를 통합시키지 않고 분리시키는 것은 바로 무제한의 야망과 과도한 경쟁이다."[12]

모방적 욕망이 가열되면 홉스(Thomas Hobbes)가 말하는 "만인의 만인에 대한 투쟁"으로 발전한다. 이러한 전면전을 미연에 방지하기 등장한 것이

10 『낭만적 거짓과 소설적 진실』(김치수 · 송의경 옮김, 한길사, 2001)의 1장 제목이 "삼각형의 욕망"이다.

11 『그를 통해 스캔들이 왔다』, 19쪽, 21쪽.

12 『나는 사탄이 번개처럼 떨어지는 것을 본다』, 74쪽.

과도한 욕망을 제한하는 사회제도와 질서, 규범, 관습이다. 고급승용차를 향한 지나친 경쟁을 피하기 위해서 사장은 BMW, 이사는 제네시스, 전무는 그랜저 등 직급에 따라서 차등을 둘 수가 있다. 이런 식으로 사회적 재화의 배분과 욕망에 제한을 가하기 시작한다. 말하자면 사회는 크고 작은 차이의 체계인 것이다. 남녀노소의 구분을 비롯해서 지배자와 피지배자의 구분, 신분의 차이 등이 사회의 질서와 안정을 유지하는 데 기여하게 된다. 가장인 아버지를 정점으로 어머니와 장남, 차남, 막내의 피라미드적 위계가 있다면 가족은 맛있는 음식을 놓고서 경쟁을 하지 않아도 된다. 아버지의 권위가 "하지 말라!"는 금지의 명령을 가하기 때문이다. 이러한 금지는 차이가 차이로서 유지되기 위한 최소한의 조건이다. 아버지는 아버지이고 아들은 아버지가 아니며 아들은 아들이다. 레비-스트로스(Claude Lévi-Strauss)와 같은 인류학자들은 근친상간의 금지와 족내혼의 금지가 사회가 성립하기 위한 가장 기본적 조건이라고 주장하였던 이유가 여기에 있다. 어떠한 경우에도 아들과 아버지의 차이가 유지되어야 하며 아들이 어머니와 결혼하는 일이 없어야 한다.

그러한 차이의 질서가 무너지는 순간에 사회는 위기에 처하게 된다. 『오이디푸스왕』에서 오이디푸스는 어머니와 결혼하는 근친상간을 범함으로써, 아버지와 아들, 어머니와 아내, 자식과 형제의 차이를 무효화시키게 되었다. 조카스터는 그의 어머니이면서 동시에 아내이며, 안티고네는 그의 딸이면서 동시에 여동생이기도 하다. 성경이나 고대 희랍신화 등 대부분 창조설화에 따르면, 현재의 모습(코스모스)을 갖추기 이전에 우주는 혼돈, 카오스의 상태에 있었다. 물, 불, 공기, 흙, 낮과 밤이 서로 분화되지 않은 채 헷갈리게 혼재하고, 남자와 여자, 아버지와 아들 등도 구분되지 않은 원초적 상태에 있었다. 페스트와 같은 전염병이나 지진, 혹은 혁명이 사회를 휩쓸고 지나가면 사회 전체는 무차별적인 혼란에 빠지게 된다. 당연히 이러한 원초적 상태는 만인의 만인에 대한 투쟁과 폭력을 야기한다. 그리고 전염병처럼 폭력은 구성원 모두를 감염시키기 시작한다. 아폴로니우스의 사례가 그러하듯이 누군가 한 명이 노략질은 한다면 다른 사람들도 덩달아서 노략질을 하게 된다. 구성원들이 폭력의 쌍둥이(짝패, double)가 되는 것이다.

이 총체적인 혼란과 폭력으로부터 벗어나기 위해 등장하는 것이 희생양의 메커니즘이다. 만인의 만인에 대한 폭력으로서의 전면전의 위험을 한 사람(혹은 소수)에 대한 만인(다수)의 폭력으로 바꿔놓는 것이다. 아폴로니우스와 오이디푸스왕의 서사에서 역병이 돌자 시민들은 공포에 휩싸이고 도시는 아수라장이 된다. 그러자 그것을 초래한 책임자를 찾아서 응징하면 흑사병이 물러날 것이라는 여론이 형성되기 시작한다. 우리가 겪는 억울한 불행과 빈곤, 병마의 원인은 모두 "세상에 죽일 놈," "천하에 몹쓸 놈"인 그에게서 비롯되었다는 합의가 이루어지게 된다. 마녀사냥의 물결이 휩쓸고 지나갔던 중세 말에는 마녀들이 당시 중세인의 불행과 절망, 가난에 대해서 책임을 져야 했다. 역사상 유대인도 그와 같이 가장 만만한 희생양의 하나였다. 전염병으로 사람들이 죽어나가면 유대인이 우물이나 강물에 독약을 풀었다는 소문이 퍼지기 시작하였다. 1923년에 발생한 관동대지진도 마찬가지였다. 수많은 한국인들이 자경단의 죽창에 찔리고 몽둥이에 맞아 죽어야 했다. 걷잡을 수 없이 번지는 폭력을 진화시킬 수 있는 방법은 하나의 대상에게 집중해서 폭력을 행사하는 것이었다. 이와 같이 희생양을 만드는 과정에서 중요한 것은 사회 구성원들 모두가 만장일치로 희생양을 결정해야 한다는 것이었다. 오로지 한 명이 악한이라면 나머지 사람들은 죄가 없이 무고하다고 믿고 안심할 수가 있었다. 그 희생양을 제거하면 사회에는 평화와 행복이 찾아오리라는 믿음을 구성원들이 공유하고 있었던 것이다.

그러나 희생양은 폭력과 혼란의 궁극적 원인이거나 악한이 아니다. 아폴로니우스가 돌 던져 죽이도록 했던 거지는 전염병과 아무런 관계가 없었다. 그의 행동과 무관하게, 그에게는 모든 사회 구성원의 모방적 폭력이 하나로 '대체'되는 탈출구의 역할이 부과되었을 따름이다. "누구나 언제든지 다른 사람들의 짝패, 즉 타인들의 매력과 증오의 대상이 될 수 있다."[13] 희생양을 만드는 과정은 욕망의 논리가 그러하듯이 인과관계가 전복되어 있다. "이 불쌍한 사람이 악마처럼 흉악해서 돌에 맞아 죽은 것이 아니다. 오히려 그는 돌에 맞았기 때문에 흉악한 모습의 악마가 되었다. 에페소스 사람들이 분노에 차서 돌을 던지다 보니 거지의 시체는 곤죽이 되어 있었다."[14] 희생양으로 만들기 위해서 그들은 먼저 죄 없는 사람이 악마라고 믿어야 했다. 당시에 무지몽매했던 에페소스 사람들은 자기들의 행동의 진실을 알지 못하였다. 집단적인 자기기만과 최면에 걸려 있었던 것이다. 지라르는 오이디푸스왕도 예외가 아니라고 주장하였다. 그는 부친을 살해하고 근친상간을 범하는 죄를 짓지 않았다. 테베 시민들의 죄를 대신해서 희생되기 위해서 그에게는 인륜을 짓밟는 천인공로 할 근친상간의 죄가 부과되었던 것이다.

『폭력과 성스러움』에서 지라르는 한 명의 희생양에게 가해지는 만장일치의 집단적 폭력의 비대칭성에 주목하였다. 한쪽 천칭 저울에 오이디푸스왕이 있다면 다른 한편에는 몇십만 명의 테베시민이 있다. 후자의 죄를 대신하기 위해서 오이디푸스왕은 전체 시민의 합에 상응하는 대죄(大罪)의 범인이지 않으면 안 된다. 그러면서 전체 시민을 고통에서 구원할 수 있는 초자연적인 능력을 가진 자로 간주되어야 한다. 역설적으로 그는 절대적 악이면서 동시에 절대적 선이 되어야 하는 것이다. 도시 전체를 혼란에 빠뜨리기 위해서 그는 평범한 악인이 아니라 사탄이 되어야 하며, 희생양의 자격으로 도시를 구원하기 위해서 그는 평범한 사람이 아니라 신과 같이 초자연적 존재이어야 한다. 초자연적 존재가 아니라면 어떻게

13 지라르, 『폭력과 성스러움』, 김진식 · 박무호, 민음사, 1993, 122쪽.
14 『나는 사탄이 번개처럼 떨어지는 것을 본다』, 90쪽.

사회 전체에 평화를 가져올 수가 있겠는가! 이처럼 폭력은 성스러운 아우라를 덧입게 된다.

4 | 희생양이 아니라 사랑, 그리고 차별화의 제도

위와 같이 욕망의 성격이 경쟁적이며 모방적이라면 지라르의 세계에서 폭력은 피할 수가 없다는 결론이 나온다. 그가 바라보는 사회는 너무나 암울하고 비관적인 것이다. 각자가 자신의 고유한 욕망을 추구하는 것이 아니라 타자의 눈치를 보면서 타자의 욕망을 욕망하는 악순환의 구조에 맞물려 있는 것이다. 그리고 갈등과 경쟁의 스트레스는 희생양 만들기를 통해서 평형상태를 되찾아야 하는 듯이 보인다. 그렇다면 그러한 악순환에서 벗어날 가능성이 없는 것일까? 폭력으로부터 자유로운 세계가 가능할까? 지라르는 이러한 질문에 대답하기 위해서 『나는 사탄이 번개처럼 떨어지는 것을 본다』와 같이 종교적 색채가 농후한 후기의 저술에서 예수를 희생양의 악순환을 대체하는 새로운 전범적 대안으로 제시하였다.

인간을 본질적으로 모방하는 존재로 규정하였던 지라르는 폭력에 대한 해결책도 모방으로부터 찾았다. 모방의 바깥, 모방의 진공 지대는 존재하지 않기 때문이다. 일찍이 『희생양』에서 그는 좋은 모방과 나쁜 모방을 구분하였다. 나쁜 모방은 타자가 욕망하는 재화 — 한정된 재화 — 를 덩달아서 욕망하기 때문에 경쟁과 폭력을 야기한다. 그리고 만인의 만인에 대한 투쟁이라는 파국을 피하는 유일한 길은 희생양에게 모든 책임을 돌리는 것이다. 그(들)에게 우리의 악을 투사함으로써 그들은 유죄이며 우리는 무죄라고 자위하는 전략인 것이다. 이러한 "나쁜 상호성은 사람들을 서로 대립시키면서 행동을 획일화함으로써 '같은 것'이 성행하게 만든다."[15] 그러나 반면에 좋은 상호성도 있다. 소유하거나 독점될 수 없는 것(신, 이데아, 진리)을 욕망하는 것이다. 그리고 위기의 상황이 도래하면 "너희는 무죄이고 나는 유죄"라고 말하면서 스스로 희생양의 역할을 떠맡는 자세를 취하는 것이다. 예수는 욕망의 대상을 자기도 욕망하는 대신에 그것을 타자에게 양보함으로써 모방적 악순환의 사슬을 끊었다. "우리 이웃이 우리에게 과도한 요구를 하거나 혹은 그렇게 보일 때는 언제나, 나도 그 사람에게 똑같이 행하지 말고 그 대신에 그 잠재적 경쟁자에게 그 분쟁의 대상을 넘겨주어서, 희생양으로까지 이어질 수도 있는 폭력의 상승 작용이 시작되는 것을 피해야 한다."[16] 모방하는 동물인 우리가 모방에서 벗어날 수가 없다면 예수를 전범으로서 모방해야 한다는 것이다. 나쁜 모방을 좋은 모방으로 대체하여야 하는 것이다.

폭력의 악순환을 중단하기 위해 예수를 모방하라는 요청은 우리가 실천하기에 불가능하며, 또 너무 개인적이며 윤리적인 요청인 듯이 보인다. 하지만 그는 제도적 개혁을 통해서 폭력을 감소할 수 있다고 주장하였다. 죽음충동을 인간의 본질로 파악했던 프로이드를 반박하면서 그는 폭력이 사회적 제도의 파생물이라고 생각하였다. 그렇다면 어떠한 제도적 개혁이 가능한 것일까? "개인과 공공영역의 모든 양상을 구분하고 또 차별화함으로써 폭력이 발발하는 것을 막을 수 있다."[17] 그는 차별화를 통한 폭력의 감소를 대안으로 내놓았던 것이다. 앞서 설명하였듯이 폭력은 차이의 소멸 결과이면서 원인이다. 그가 전염병을 자주 언급하였던 이유가 여기에 있다. 전염병은 모든 사람을 똑같이 감염시키고 환자로 동일화함으로써 차이의 폭력적인 소멸을 초래하는 것이다. 가져온다. 『햄릿』(*Hamlet*)에서 셰익스피어(Shakespeare)가 죽음은 위대한 평등자(leveler)라고 말했듯이 역병도 왕이나 신하, 남자와 여자, 노인과 청소년의 구분을 가리지 않고서 도시를 휩쓸고 지나간다. 혁명이나 폭동, 반란과 같은

15 『그를 통해 스캔들이 왔다』, 27쪽.
16 위의 책, 27쪽.
17 『그를 통해 스캔들이 왔다』, 30쪽.

인간의 폭력도 마찬가지이다. 그러한 지각변동은 사회적으로 각인된 차이를 삭제하면서 모든 구성원들을 잠재적 폭력의 행위자로 만들어놓는다.

그러나 과연 그러한 제도적 차별화가 모두가 평등한 민주주의 사회에서 가능한 것일까? 과거의 사회적 · 신분적 · 경제적 차이는 평등의 요구에 자리를 내어주고 있지 않은가. 차이의 마지막 보루였던 남녀의 성적 차이도 성전환수술 등의 과학테크놀로지의 도움을 빌려서 점차 이완되고 있지 않은가. 유전공학은 유기체와 무기체, 탄생과 발명의 경계마저 허물고 있는 형편이다. 현대사회는 무차별의 사회로 이동하고 있는 것이다. 스콧 래쉬(Scott Lash)는 『포스트모더니즘과 사회학』(*Sociology of Postmodernism*)에서 현대의 가장 중요한 특징으로 차이의 소멸을 손꼽았다. 그렇다면 제도화된 차별화의 필요성을 역설한 지라르의 입장은 시대착오적이지 않을까. 지라르도 스스로 "현대사회는 평등을 열망한다. 그래서 개인들의 경제적 · 사회적 신분과는 전혀 무관한 차이들도 본능적으로 인간 조화의 장애물로 보려는 경향이 있다."고 지적한 바 있다.[18]

『문명화과정』(*The Civilizing Process: Sociogenetic and Psychogenetic Investigations*)에서 노르베르트 엘리아스(Norbert Elias)는 근대 이후로 권력이 중앙집권화되면서 과거에 개인이 행사했던 폭력이 국가에게 독점적으로 귀속되었다고 주장하였다. 같은 맥락에서 막스 베버(Max Weber)도 현대를 관료제 사회라고 진단하였다. 예를 들어 교통사고의 경우에 당사자들은 주먹으로 문제를 해결하거나 큰소리로 기선을 제압하려 하지 않는다. 전화하고 명함을 교환하는 것으로 충분하다. 보험사 직원과 교통순경이 그들을 대신해서 싸워주고 갈등을 해결해주는 것이다. 복수도 피해자가 직접 하는 것이 아니라 국가가 나서서 대신해 준다. 국가에게 폭력의 전권이 위임되기 때문에 과거와 같은 만장일치의 집단폭력과 희생양 만들기가 들어설 자리가 없는 것이다. 그렇다면 차이의 소멸로 인해서 발생할 수 있는 크고

18 『폭력과 성스러움』, 78쪽.

작은 폭력들이 공권력의 중재와 간섭에 의해서 흡수된다고 말할 수 있지 않을까?

그럼에도 과거의 어느 때보다도 현대사회에서 폭력이 더욱 편재한다는 지라르의 주장은 올바르다. 그의 설명에 따르면 희생양을 통해서 갈등과 적개심을 한꺼번에 배출한 다음에는 잠정적이지만 평화와 질서의 시기가 찾아왔다. 그러나 폭력이 국가에 의해 독점된 현대에는 그러한 직접적 폭력이나 복수가 불가능하다. 그는 다음과 같이 말하였다. "현대사회보다 희생양을 더 많이 만들어낸 사회는 없을 것이다. …… 현대사회는 희생양을 가장 많이 구원해주고 있다."[19] 현대사회에서 개인은 폭력을 내면화하거나 간접적인 우회로를 통해서 배출하지 않으면 안 되기 때문에 폭력의 양태도 은근하고 은밀하게 바뀌기 시작하였다는 것이다. 피의 폭력을 불러왔던 희생양 제의도 무혈의 희생양으로 진화하고 있다. 학교와 직장의 '왕따'가 대표적 현상이다. 집단의 갈등이나 경쟁이 한 사람의 희생자를 통해서 해소될 기회를 얻는 것이다. 최근 심각한 사회 문제로 대두되고 있는 인터넷 폭력, 악성 댓글도 마찬가지이다.

5 | 왕따와 결론

폭력을 경감하기 위해서 제도적 차별화의 장치를 강구해야 한다는 지라르의 주장은 수긍하기가 어렵다. 개성이나 라이프 스타일, 취미활동 등을 통해 개인적 차원에서의 차별화와 차이 내기는 바람직하다. 그러나 제도적 차별화의 요구는 보수적이거나, 심하게 말하면 반동적으로 들린다. 최근의 폭력에 대한 논의를 살펴보면 이러한 혐의가 더욱 짙어진다. 벤야민이나 아감벤, 지젝의 폭력이론은 기존의 정치형태를 전복하는 과격

19 『나는 사탄이 번개처럼 떨어지는 것을 본다』, 208쪽.

하고 혁명적이며, 메시아적인 메시지를 담고 있다. 이들은 기존의 제도적·사회적 차이를 유지하기 위해서 공권력의 이름으로 노동자나 소외계층에 행해지는 폭력에 대해서 지극히 비판적이다. 예를 들어, 지젝은 공권력에 대해 폭력으로 저항했던 쌍용자동차 노조의 파업을 환영하였다.[20] 『폭력이란 무엇인가』에서 그는 심지어 자살테러도 미국 제국주의에 대한 폭력적 저항으로서 부분적인 의미를 인정하였으며, 자본주의적 경제를 뇌사시킬 수도 있는 월스트리트 시위를 쌍수를 들어서 환영하였다. 폭력이 정치적으로 의미화되는 담론에서는 폭력을 정당한 폭력(권력)과 그렇지 않은 폭력으로 구분했던 한나 아렌트도 그의 비판으로부터 자유롭지 못하다. 보수적인 지라르의 폭력론이 현대의 폭력 논의에서 주목받지 못하는 것은 너무나 당연한 귀결이라고 할 수 있다.

그럼에도 서두에서 언급했듯이 너무나 추상적이며 급진적이어서 현실의 폭력을 설명하기 어려운 벤야민이나 지젝에 비하면 지라르의 폭력론은 실용적인 장점을 가지고 있다. 학교나 직장의 폭력을 설명하기에 적합한 이론적 틀을 제공해주는 것이다. 가해자들은 마음에 분노와 학업 스트레스가 쌓여 있는데, 혼자 힘으로는 그것을 해소할 수 없기 때문에 피해자를 필요로 한다. 2012년 12월 28일 〈경향신문〉에 실린 기사 "올해도 6만 명이 학교를 떠났다"에는 학교를 중퇴한 14살 김영훈(가명)의 이야기가 있다. 학교에 다니던 시절에 그는 성적순에 따라서 평가되는 경쟁적 분위기에 적응하지 못했다. 성적이 좋지 않으면 교사와 부모는 그에게 자괴감과 열등감이 드는 언행을 서슴지 않았다. 그러나 중학교를 중퇴한 그를 사회가 반갑게 맞이해주는 것은 아니었다. 택배와 같은 아르바이트 이외에는 마땅히 할 일도 없었으며, 가출한 비행소년이 아니라면 어울릴 친구도 없었다. 그의 마음에 사회에 대한 원망과 분노가 쌓여가기 시작했다. 그러한 감정을 푸는 가장 손쉬운 길이 폭력이었다. 그의 말을 빌리면

20 지난 6월에 한국을 방문했던 지젝은 29일 오전에 쌍용자동차 분향소를 방문하였다.

"짜증나거나 사는 게 싫어지면 담배를 피우고 깝죽대는 애들을 때렸어요. 몇 달 전엔 정말 죽고 싶은 날도 있었어요. 그날 용기가 나지 않아서 길에서 마주친 중3 학생을 때려줬어요." 이러한 불만의 상황이 학급에서 발생하면 왕따 만들기로 표출이 된다. 앞서 소개했던 인수의 경우 사소한 실수 하나가 학급 동료들이 그를 왕따시킬 수 있는 빌미를 제공한다. 한 학생이 아니라 모든 학생들이 집단적 폭력에 가담하는 것이다. 지라르가 지적했듯이 폭력은 모방적이 된다.

그렇다면 희생양 메커니즘에 대한 지라르의 처방도 왕따의 문제를 해결하는 데 도움이 될 수 있을까? 그에 따르면 사회적 차이가 소멸하는 순간에 혼란이 들어서고, 그 틈새에서 폭력이 발생한다. 만약 왕이 갑자기 사망하고 마땅한 후계자가 없으면 기존 왕국의 질서가 뒤흔들리면서 왕이 되고 싶은 무리들이 무더기로 등장하고, 음모와 권모술수, 폭력이 판을 치게 마련이다. 다시 질서와 평안을 회복하는 방법은 왕위 계승자에게 될 수 있으면 빠른 시일에 왕권을 물려주고, 왕을 참칭했던 자들을 처단하는 것이다. 참칭했던 자의 정체가 분명치 않으면 무고한 자라도 잡아서 희생양으로 만들어야 한다. 이처럼 차이의 있음이 사회적 질서를 유지하기 위한 필수적 조건이라면 학교의 왕따는 어떠한가? 중국과 더불어서 우리나라의 교육은 초등학교부터 무한경쟁과 성적순 줄세우기로 악명이 높다. 성적에 의한 질서와 차이가 이처럼 분명한 나라를 찾기도 어려울 것이다. 그렇다면 왕따와 폭력이 학교에 들어설 틈이 없어야 하지 않을까? 이러한 반론에 대해서 지네르는 아마 다음과 같이 대답할 것이다. '과거 계급사회의 차이가 불변적인 위계였다면 현재 학교에서 성적에 의한 차이 만들기는 언제라도 전복될 수 있는 가변적 차이이다'라고. 이러한 가변적 차이는 안정된 질서라기보다는 무한한 경쟁을 자극하는 불안한 차이로, 폭력의 가능성을 중심에 안고 있다. 경쟁 자체가 폭력의 또 다른 얼굴이라고 그는 대답할 것이다. 그리고 학교에서 수석 자리를 차지하는 것처럼 모방적인 욕망이 어디에 있겠는가? 욕망의 대상 하나를 가지고 모든 학생들이 경쟁에 임해야 하는 것이다.

필자는 왕따와 폭력을 해소할 수 있는 최선의 방법은 경쟁의 최소화와 다양성의 극대화에 있다고 생각한다. 자기 자신이 다른 사람들과 별 차이가 없다고 생각하면서 자신의 정체성을 확신하지 못하는 사람들이 경쟁을 통해서 차이를 크게 벌려놓고 싶어 한다. 성적이나 성공, 명성 등의 기준을 가지고 자신에게 부재하는 차이를 생산하려는 것이다. 이를 위해서는 경쟁과 폭력을 거치지 않으면 안 된다. 이러한 경쟁적 상황은 죄수의 딜레마와 같은 맥락에 있다.

1년, 1년	3년, 0년
0년, 3년	2년, 2년

두 명의 죄수 A와 B가 있는데, 개인적 이해를 따지면 상대를 배신하는 것이 최고의 생존전략이다. 물론 하나의 단서가 있다. A나 B 가운데 한 명이 상대방을 배신하지 않는 경우에만 그러하다. 이때 한 명은 무죄로 방면될 수가 있지만 순진하게 상대방을 배신하지 않은 죄인은 3년을 감옥에 수감되어야 한다. 반대로 두 죄인이 서로를 배신한다면 똑같이 2년의 구형을 받는다. 그리고 A와 B가 모두 상대를 배신하지 않는다면 똑같이 1년의 형을 살게 된다. 그러기 위해서는 상호 신뢰가 있어야 할 것이다. 그런데 불행하게도 무한경쟁의 사회에서는 상호 신뢰가 가능하지 않다. 최고의 생존전략인 1등의 자리는 하나밖에 없으며, A가 그 자리를 차지하면 B는 2등으로 뒤처지고, 상대를 이기지 않으면 내가 살 수 없기 때문이다. 그러나 상대가 경쟁자가 아니라 친구인 사회에서는 다른 플롯이 전개될 수 있다. 성적순으로 줄을 세우지 않는 상황에서는 맨 앞에 서기 위해서 다투지 않아도 좋다. 이 죄수의 딜레마에서 내가 주장하려는 것은 개인적인 최고의 선택과 공동체적 최고의 선택은 동일하지 않다는

것이다. 개인적 이해만을 따진다면 최고의 선택은 당연히 0이다. 그러나 두 사람 모두의 이익을 염두에 두면 최선의 선택은 1년과 1년이다. 두 죄인이 경쟁하는 관계가 아니라 협력하는 관계가 서로의 이익을 극대화하는 것이다.

위와 같은 결론이 가능하기 위해서 지라르의 욕망이론에 수정을 가해야 한다. 그는 개인에게 고유한 욕망은 없으며 모든 욕망은 타자의 욕망이라고 주장하기 때문이다. 이러한 경우에 죄수의 딜레마에서 최선의 선택은 배신이 될 것이다. 그러나 나는 욕망이 모방적이며 폭력은 모방적 경쟁에서 비롯되었다는 지라르의 주장을 전폭적으로 지지하지 않는다. 아니면 모방에는 경쟁적인 것뿐 아니라 상호호혜적인 것도 존재한다고 가정해야 한다. 푸코(Michel Foucault)와 들뢰즈(Gilles Deleuze)가 주장하였듯이 모방적이지 않은 욕망, 타자의 시선에서 자유로운 순수한 쾌락이나 폭력이 존재한다. '결핍'으로서 욕망이 아니라 자발적인 충일함으로써의 쾌락도 인정되어야 하는 것이다. 최근에 필자가 읽었던 파스칼 메르시어(Pascal Mercier)의 『리스본행 야간열차』(*Nachtzug nach lissabon*)에 다음과 같은 인상적인 대목이 있다. 바닷가에서 고기잡이하는 어부를 보고서 주인공은 그러한 생활에 만족하는지를 묻자 어부들이 이구동성으로 대답한다.

> "만족하냐고? 다른 삶을 모르는걸!"
> 어부들의 웃음소리가 점점 커지더니 나중에는 그칠 줄을 모르는 웃음바다로 변했다. 그레고리우스도 얼마나 흥겹게 따라 웃었던지 눈물이 흐를 지경이었다.[21]

여기에서 어부들은 타자의 욕망을 욕망하지 않는다. 그들을 지배하는 감정은 욕망이 아니라 열정(passion)이며, 모방적 경쟁에 임하지 않는다. 경쟁하면서 모방할 다른 삶을 모르기 때문이다. 비록 지라르는 『낭만적

21 파스칼 메르시어, 『리스본행 야간열차』, 전은경 옮김, 들녘, 2007, 262쪽.

거짓과 소설적 진실』에서 이러한 열정을 '낭만적 거짓'으로 간주하고 '소설적 진실'은 욕망의 삼각형에 있다고 주장하였지만, 메르시어의 어촌이나 오스트레일리아의 원주민들에게 그러한 열정은 엄연한 현실이다.[22]

22 Yasmine Musharbash, "Boredom, Time, and Modernity: An Example from Aboriginal Australia," *American Anthropologist* 109. 2 (Jun 2007): pp. 307-17를 참조하기 바람.

7장

미사저니, 가부장제도, 여성혐오

인간은 지정의의 동물이다. 생각하고 느끼며 의욕하고 행동하는 동물이다. 그런데 철학의 역사는 생각과 의지는 후하게 쳐주면서도 유난히 감정에 대해서는 인색하였다. 감정은 억압하고 제어해야 하는 대상, 가만히 놔두면 큰일 나는 대상으로 보았던 것이다. "감정이 있다"라는 말 자체가 그러하다.[1] 우리는 감정이 있다는 말을 중립적 서술이 아니라 화가 났다는 표현으로 받아들이는 것이다. 즉 감정의 있음이 분노의 있음으로 이해되는 것이다. 감정은 긍정적이기보다는 부정적인 방향으로 흐르는 것이다. 예를 들어, 감정을 표현하는 언어에서 부정적인 어휘가 긍정적 어휘보다 압도적으로 많다. 영어뿐만이 아니다. 우리말도 그렇다. 「한국어 감정표현단어의 추출과 범주화」에서 손선주 외 연구자는 사전에서 추출한 감정 표현 단어 426개 가운데 "'슬픔'에 해당하는 단어가 128개로 가장 많았고, '분노'가 84개, '기쁨'이 83개 순으로 많게 나타났다."고

1 이종임 · 박진우 · 이선민, "청년 세대의 분노와 혐오 표현의 탄생 : 온라인 커뮤니티 〈에브리타임〉의 '혐오-언어' 표현 실태분석을 중심으로," 『방송과 커뮤니케이션』, 22(2), 2021, 5-37쪽.

지적했다. 기쁨은 슬픔과 분노를 합한 빈도수의 29%에 지나지 않았던 것이다.[2] 감정이 철학에서 배척을 당했던 이유를 충분히 짐작할 수 있는 통계자료이다. 감정을 얘기하면 얻는 것보다 잃는 것이 더 많은 것이다.

그렇다면 우리 논의의 주제인 분노와 혐오의 감정은 어떠한가? 이 주제에 대한 대부분의 연구들은 분노와 혐오를 분명하게 개념적으로 구분하지 않았다. 일례로 온라인 커뮤니티 〈에브리타임〉에 실린 글들을 분석한 이종임, 박진우, 이선민의 「청년 세대의 분노와 혐오 표현의 탄생」은 경쟁을 강조하는 능력주의가 경쟁의 낙오자들을 혐오하거나 비하하도록 만드는 원인이라고 지적하였다. 옳은 진단이다. 그렇지만 증오와 혐오의 차이를 구태여 구분하려는 시도를 하지는 않았다. 이것은 이형석 · 전정환의 「증오범죄와 표현의 자유」에 대해서도 마찬가지이다. 이 연구에 의하면 증오범죄는 "인종, 종교, 민족, 성적지향 등에 대한 혐오와 편견을 동기로 하는 범죄"로서 정의가 된다.[3] 그렇지만 혐오와 증오의 차이를 규명하지는 않는다. 구부하기가 너무나 어렵기 때문이다. 연구자는 그러한 정의의 어려움을 혐오표현과 증오범죄라는 용어의 사용으로 우회하고 있다. 표현은 혐오로, 범죄는 증오로 규정하고 있는 것이다. 그럼에도 필자는 연구자들이 의도하지는 않았지만 표현과 범죄의 구분은 증오와 혐오를 개념적으로 구별하는 작업에 중요한 단초를 제공하였다고 생각한다. "나는 흑인을 혐오한다"는 말을 내뱉은 화자는 아직 혐오의 행동으로 발전하지 않은 상태에 있다. 물론 얼굴에 침을 뱉거나 구타하는 행동으로 발전할 가능성을 배재할 수는 없지만, 그것은 잠재성의 차원에 머물 따름이다. 그런데 행동이 가미되는 순간에 혐오는 증오로 전환된다. 주먹이 혐오를 증오로 바꿔놓는 것이다. 이것이 의미하는 것은 무엇인가? 잠재적

2 손선주 · 박미숙 · 박지은 · 손진훈, "한국어 감정표현단어의 추출과 범주화," 『감성과학』, 15.1, 2012, 105-120. 110쪽.

3 이형석 · 전정환, "증오범죄와 표현의 자유 - 표현의 자유 위축효과와 헌법적 정당성을 중심으로," 『법학연구』, 20(3), 2020, 359-389쪽.

행동을 수반하지 않은 감정은 증오가 아니다. 그렇다고 증오의 감정이 반드시 행동으로 발현된다고 주장하려는 것은 아니다. 누군가를 증오한다고 해서 반드시 행동이 뒤따르는 것은 아니다. 혐오에 대해서도 마찬가지이다. 우리는 혐오와 증오의 감정을 밖으로 표현하지는 않은 채 마음의 후미진 귀퉁이의 음지에서 독버섯처럼 길러갈 수가 있다.[4] 혐오와 증오는 서로 구별할 수 없을 정도로 겹치는 감정의 영역대를 가지고 있다. 그럼에도 필자가 주장하고 싶은 것은, 혐오와 달리 증오가 행동과 관련된 감정이라는 사실이다. 혐오가 존재에 치우쳐 있다면 증오는 행동에 보다 기울어져 있다. 이것은 「한국어 감정표현단어의 추출과 범주화」에서도 확인할 수가 있다. 손선주 외는 혐오 표현의 대표적인 예로서 "'징그럽다(87.5%)', '더럽다(86.3%)', '역겹다(80%)', '흉측하다(80%)', '구역질 나다(76.3%)'"를 들었다.[5] 이외에도 가관이다나 가소롭다, 경박하다, 괴상하다, 구질구질하다, 꼴불견, 넌더리, 느글거리다, 느끼하다, 달갑잖아, 더럽다, 망측하다, 징그럽다, 찜찜하다와 같은 낱말들이 혐오 표현으로 분류되었다. 이러한 낱말들은 혐오식품에 대한 반응과 크게 다르지 않다. 우리는 증오식품이라는 표현을 사용하지 않는다. 증오식품이라는 말은 증오를 적용할 수 없는 대상에 적용하는 범주의 오류이다. 식품이 무슨 잘못된 행동을 했겠는가! 다만 그런 식품은 먹기에는 너무 더럽거나 비위생적이고 징그럽게 보이거나 곰팡이가 슬어서 상한 음식일 따름이다. 이때 우리는 식품의 영양성분이 아니라 그것의 시각적 외관에 대해서 그러한 혐오의 표현을 사용한다. 설탕이나 기름으로 도배한 듯이 좌르르 기름기가 도는 음식은 느끼하게 느껴진다. 실제로 먹어보면 담백한 음식일 수도 있다. 그럼에도 겉모습이 그렇게 보이면 느끼하게 느껴진다는 사실에는 변함이 없다.

4 윌리엄 블레이크의 「독사과」(A poison tree)를 보라. 이 시에 대한 논의는 필자의 『생각: 의식의 소음』에 실려 있다.
5 괄호 안의 퍼센트는 연구자들의 설문에 응한 사람들이 이러한 특정 어휘가 혐오 표현이라고 응답한 빈도수이다.

물론 가소롭다나 경박하다, 꼴불견이다와 같은 표현들을 우리는 음식에 적용해서 사용하지는 않는다. 우리가 싫어하는 특정한 부류의 사람들에게 붙이는 말들이다. 그런 사람들은 너무 품위가 없어 보이거나 자기 주제를 모르고 나대거나 나이나 지위, 성별에 어긋나게 옷을 입거나 그렇게 행동하는 사람들이다. 그렇다고 우리가 이러한 사람들을 미워하거나 증오하지는 않는다. 우리에게 악행을 저지르거나 위해를 가하거나 피해를 입히지도 모욕을 주지도 않았기 때문이다. 우리에게 크고 작은 물질적·감정적 피해와 손실을 입힌 사람을 가소롭거나 꼴불견이라고 말하지는 않는다. 우리는 격분하고 격노하거나 노여워하고 분해하거나 괘씸하게 생각을 한다.[6] 혐오스러운 사람과 가해자는 구별되어야 한다. 전자와 우리는 거리를 멀리하면서 접촉을 피하려고 하지만 후자에 대해서는 기회가 주어지면 복수를 하려고 한다.

이와 같이 필자가 혐오와 증오의 감정을 구분하려는 이유는 이 책의 문제의식과 직결되어 있다. 혐오는 심미적 감정이라면 증오는 도덕 감정이라고 생각하기 때문이다. 도덕 감정이 선과 악, 옳고 그름이 구분에 입각한 것이라면 심미적 감정은 좋음과 싫음, 아름다움과 추함의 구분을 축으로 한다. 도덕은 혼자가 아니라 다른 사람들과 같이 살아가는 사회에서 타인에게 직간접적으로 피해를 주는 언어나 행동을 금하는 일련의 규범들이다. 가령 자기 이익을 위해 타인을 속이거나 거짓말을 해서는 안 된다. 아무 이유 없이 타인에게 폭행을 가하거나 살인을 해서도 안 된다. 이러한 도덕적 언행의 규범에 어른을 공경하라와 같은 덕목도 포함될 수가 있다. 우리 모두는 사회가 제대로 유지되기 위해서 이러한 최소한의 규범이 필요하다는 사실을 잘 알고 있다. 이 때문에 그러한 규범을 위반하는 사람이나 불의한 행동에 대해서는 도덕적으로 분노한다. 그렇다

6 분노에 해당하는 어휘의 숫자는 혐오보다 4배 정도 많다. 우리의 대인 관계를 지배하는 정동은 혐오보다는 분노이다. 분노의 강도가 강해지고 지속 시간이 길어지면 증오가 된다.

고 인간의 모든 행동이 도덕적 간섭을 받는 것은 아니다. 앞서 언급한 혐오의 대상은 도덕적 규제의 적용 범위에 해당하지 않는다. 꼴불견으로 행동하거나 옷이 더럽다고 해서 그러한 사람을 법으로 응징할 수는 없다. 혐오식품을 먹는 사람에 대해서도 마찬가지이다. 호리병에 뱀과 술을 넣고서 오랜 동안 숙성시키면 뱀술이 된다. 뱀을 먹는다는 말만 들어도 구역질이 날듯 혐오감이 솟구친다. 그런 야만적인 취향을 가진 사람은 가까이하고 싶은 생각도 들지 않는다. 이때 우리는 그러한 인물을 증오하는 것이 아니라 혐오한다. 그렇다면 여혐과 남혐은 어떠한가? 여성과 남성의 행동이 부도덕하다면 우리는 증오라는 용어를 사용해야 마땅할 것이다. 그렇지만 우리와 다른 취향을 염두에 두고 있다면 증오가 아니라 혐오라는 용어를 적용해야 할 것이다.

혐오스러운 사람이란? 그리고 여성혐오 남성혐오

언제 어디서나 혐오스러운 사람들은 있었다. 그렇지만 시대와 사회에 따라서 혐오의 정도는 천차만별이었다. 작은 촌락에서 살아가는 원시 공동체에서는 상한 음식이나 부패한 동물의 시체 등에 대한 것이 아니라 혐오감은 비교적 낯선 감정이었다. 생로병사의 인간 운명을 자연스럽게 받아들이는 사회에서는, 현대인이라면 혐오스럽게 느끼는 피부질환이나 괴사하는 상처에 대해서도 혐오감을 보이지 않는다. 당연한 것을 혐오하는 사람은 없다. 문제는 과거에 당연하게 간주됐던 많은 행동이나 몸가짐, 옷차림, 외모, 음식 등이 현대의 심미적인 사회에서는 혐오스럽게 여겨진다는 사실에 있다. 예를 들어, 조선시대에서 개고기는 서민들이 즐겨 먹는 보양식의 하나였다. 값도 비쌌기 때문에 명절날이 아니면 맛볼 수 없는 진미였다. 그렇지만 현대사회에서는 개고기를 진미가 아니라 혐오식품으로 취급한다. 또 하나의 예를 조선시대에서 찾을 수 있다. 구한말에 조선을 방문했던 많은 서양인들이 서민들의 얼굴과 그들이 입고 다니는 옷을 보고서 혐오감을 느꼈다. 세수도 하지 않아서 얼굴에서는 땟국물이 흐르고, 빨래도 하지 않고 밤낮으로 입고 다녀서 원래 희었던 옷이 검은색으로 더럽게 변했기 때문이었다. 더구나 콧물이 흘러도 아무렇지도 않은 듯이 옷소매로 쓱싹 닦아내는 조선인들이 상종할 수 없는 야만인처럼 보였다. 당시에 서양인들은 청결과 위생을 문명의 척도로 삼았기 때문이었다. 그렇지만 원래 서양인들이 그렇게 위생과 청결을 강조하였던 것은 아니었다. 베르사유 궁전의 주변에 똥 냄새가 진동하였다는 것은 잘 알려진 역사적 사실이다. 하수도 시설이 갖춰지지 않았던 시절이기 때문에 급하면 아무 데에서나 볼일을 보곤 하였다. 노르베르트 엘리아스는 『문명화의 과정』에서 중세와 근대의 예절을 비교하면서 근대 이후에 생겨난 획기적인 변화의 하나는 수치심과 혐오감의 문턱이 낮아진 점이라고 지적하였다. 가령 중세인들은 식사를 하며 와인을 마실 때 하나의 컵으로 돌려가면서 마셨는데, 남의 입술 자국이 컵에 선명하게 찍혀 있기도 했다. 그리고 냅킨을 사용하지 않았기 때문에 손에 기름기가 묻으면 옷으로 쓱싹 닦아내기도 했다. 현대인이라면 혐오스러워서 몸서리를 칠 행동들이었다.

그렇지만 일부 혐오스러운 사람들이 있었다는 주장은 특정한 그룹의 사람들은 모두 혐오스럽다는 주장과 구별되어야 한다. 다른 지역의 사람들과 교류가 없었던 과거의 자민족중심주의적 사회에서는 이민족을 혐오스럽고 야만적인 사람들, 사람이라기보다는 짐승에 가까운 사람으로 취급을 하였다. 고대 희랍인들이 즐겨 읽던 신화나 문학 작품에는 기묘하게 생긴 괴물들이 대거 등장한다. 자기네가 세계에서 가장 아름답고 문명화되었다고 생각했던 희랍인들은 그러한 괴물의 형상을 빌려서 이민족의 모습을 상상하였다. 자신이 표준이라고 믿는 사람에게는 자기네와 다른 의상이나 외모가 짐승처럼 보이게 마련이다. 혐오는 동물화의 기제와 관련이 있다. 내가 인간이라면 타자는 동물에 가까운 것이다. 비근한 예로 콜럼버스가 신대륙에 상륙했던 이후로 유럽인들이 원주민을 대하는 방식은 그러한 동물화의 전형을 보여주었다. 당시 신대륙의 풍속을 그린 그림들을 보면 인디언이 야만인이나 동물처럼 묘사되었다는 사실을 확인할 수가 있다.[7] 이렇게 자기와 다른 타민족이나 인종을 동물화하고 혐오하는 것이 인종차별주의이다.[8]

그렇다면 남자와 여자의 관계는 어떠하였을까? 과연 몇몇 페미니스트들이 주장하듯이 여성혐오라는 것이 있었을까? 화류계의 여성처럼 특정한 계층의 여성이 아니라 남성과 다른 성으로서 여성 일반을 혐오하는 풍습이나 전통이 있었을까? 이 질문에 대답하기는 쉽지 않다. 앞서 말했듯이 증오나 혐오와 같이 강렬한 감정은 시대와 장소에 따라서 편차가 크다. 지금 필자가 제기하는 여성혐오에 대한 질문은 증오나 미움, 분노 등의 도덕적 감정과는 성격이 다른, 심미적 감정에 대한 것이다. 과연 과거에 여성 전체를 역겹거나 흉하게 보았던 전통이 있었을까? 나는 없었다고 생각한다. 여성 전체가 아니라 특정 부류의 여성을 혐오했던 사례들은 물론 존재했었다. 가령 중세 말 마녀재판이 횡행하던 당시에 마녀는 혐오의 대상이었다. 그리고 캥탱 마시(Quentin Matsys)의 〈추한 공작부인〉(The Ugly Duchess)처럼 여성의 허영심이나 성욕, 탐욕에 경종을 울리기 위해서 의도적으로 여성을 혐오스럽게 그린 그림도 있었다. 그리고 나이 많은 노인의 추한 모습의 전형은 대부분 남성이 아니라 여성이었던 것도 사실이다. 그럼에도 우리는 교훈이나 교화, 풍자, 정치적 공격의 목적으로

7 가령 테오도르 드 브리(Theodore de Bry)의 판화 〈신대륙에 상륙하는 콜롬부스〉를 참조할 수 있다.
https://ournativeamericans.blogspot.com/2018/06/1492-christopher-columbus-carried-ideas.html

8 https://ournativeamericans.blogspot.com/2018/06/1492-christopher-columbus-carried-ideas.html

혐오스럽게 재현된 그림과 혐오의 감정 자체를 혼동하면 안 된다. 〈추한 공작부인〉을 그렸다고 해서 마시가 여성을 혐오했다고 볼 증거는 없다.[9]

이 대목에서 우리는 알렉산더 포프(Alexander Pope)의 유명한 어록을 참고할 필요가 있다. 포프는 18세기 초중반에 활동했던 신고전주의 시인이었다. 후대의 낭만주의 시인들과 신고전주의 작가들은 문학의 쾌감이나 기쁨보다는 도덕적 교화와 교훈을 강조하였으며, 허구적 이야기도 그러한 교훈의 효과를 거두어야 한다고 보았다. 그러한 문학관을 그는 다음과 같이 피력하였다. "악은 너무나 끔찍한 외양의 괴물이기 때문에 보기만 해도 반드시 증오하도록 표현해야 한다."(Vice is a monster of so frightful mien, As, to be hated, needs but to be seen.) 18세기의 위대한 문학평론가 사무엘 존슨(Samuel Johnson)도 "악은 보임으로써 언제나 혐오감을 불러일으켜야 한다."고 주장하였다. 포프와 존슨의 말은 한편으로는 선과 악이라는 도덕적 특징, 다른 한편으로는 선하거나 악하게 생긴 사람의 몸에 대해서 많은 것을 생각하도록 만든다. 당연한 말이지만 현실에서 선한 사람은 모두 아름답게 생기고 악한 사람은 모두 추악하게 생긴 것은 아니다. 세상에 더할 나위 없이 선하게 생긴 사람이 세상에 더할 나위 없는 악당인 경우도 많다. 오스카 와일드(Oscar Wilde)의 『도리언 그레이의 초상』(*The Portarit of Dorian Gray*)을 보라. 겉모습에 속지 말라거나 책은 표지로 선택하지 말라는 도덕적 교훈도 많다. 이처럼 선과 아름다움, 추함이 일치하지 않는 것이 현실이다. 포프는 이와 같이 본질과 외양이 일치하지 않은 현실을 문학으로 교정할 필요가 있다고 주장하고 있는 것이다. 적어도 문학에서는 악한 사람은 끔찍한 괴물처럼, 선한 사람은 천사처럼 아름답게 묘사해야 한다는 것이다. 그래야만 그러한 작품을 읽는 독자는 악을 멀리하고 선을 가까이하는 교훈적 효과를 거둘 수 있기 때문이다. 문학은 현실에는 부재하는 악(한 인물)에 대한 혐오의 감정을 야기하기 위해서 노력해야 한다는

9 캥탱 마시(Quentin Matsys), 〈추한 공작부인〉(The Ugly Duchess)

것이다. 이때 독자들이 혐오스럽게 묘사된 악한 인물의 모습을 접하고서 악에 대한 혐오감을 느낀다고 하자. 이렇게 문학적으로 야기된 혐오의 감정이 실제의 현실에서도 나타난다고 가정할 수가 있을까? 필자는 어렵다고 본다.

이제 여성혐오라는 주제를 다루기로 하자. 지금 필자는 현실의 세계와 문학의 세계, 여성에 대한 혐오의 감정과 허구적으로 야기되는 혐오의 감정을 구분하고 있다. 이 점은 매우 중요하다. 이 점을 염두에 두지 않으면 우리는 여성혐오의 본질을 놓칠 수가 있다. "A를 혐오하다"는 서술형 동사와 "A를 혐오하라"는 명령어는 동일하지 않다. 전자가 존재의 언명이라면 후자는 당위성의 언명이다. 전자가 A를 혐오하는 현실을 서술하고 있다면 후자는 A를 좋아하는 현실을 개탄하면서 A를 혐오하도록 촉구하고 있다. 만약 이 명령문의 수신인이 이미 A를 혐오하고 있다면 이와 같은 명령을 발할 이유도 없을 것이다. 많은 학자들이 지적하듯이 『구약성경』에는 여성혐오적인 진술들이 옥에 티처럼 점점이 박혀있다. 대표적인 구절 하나를 인용하겠다. 남편이 출장을 떠난 틈을 타서 길가에 나가 젊은 남자를 유혹하는 여성에 대한 이야기인데, 성경은 남자의 모습을 다음과 같이 묘사하고 있다. "그가 단번에 그 여자를 따라갔는데 그 꼴이 소가 도살장으로 가는 것 같고 바보가 족쇄에 매이러 가는 것 같고 화살이 간 찌르기를 기다리고 새가 자기 목숨이 걸린 줄도 모르고 덫으로 날아드는 것 같았다."(『잠언』 7장, 22장) 이 대목에서 남자는 도살장에 끌려가는 소로 묘사되어 있다. 도살장으로 끌려가는 소는 자신의 죽음을 예감한 듯 눈물을 흘리면서 억지로 끌려간다고 한다. 기쁨에 겨워서 자발적으로 도살장으로 향하는 소는 없다. 그런데 이 성경의 남자가 그렇게 소처럼 억지로 끌려갔을까? 그렇지 않다. 성경에는 이 남자의 감정에 대해서는 입을 다물고 있다. 더구나 1인칭으로 그 남자의 생각과 감정을 대변하는 것이 아니라 3인칭 관찰자적 시점에서 그를 어리석고 불쌍한 자로 묘사하고 있다. 과연 그가 그러한 느낌으로 그녀에게 끌려갔을까? 그렇지 않다. 그는 그렇지 않아도 내심 뭔가 재미있는 일을 기대하고 있었는데 이렇게 좋은 기회가 자신에게 찾아온 행운을 감사하며, 그리고 온갖 즐거운 기대와 쾌락의 꿈에 부풀어서 그녀의 손을 잡았을 것이다. 그녀가 추하고 혐오스러웠다면 처음부터 그는 유혹에 넘어가지도 않았을 것이다. 이 점에서 그는 유혹을 당한 것이 아니라 유혹을 하였다고 말할 수도 있다. 그러나 『성경』에서는 그렇게 말하지 않는다. "여성을 멀리하고 여성을 혐오하라"고 젊은 남자들에게 훈계하는 것이 이 글의 목적이기 때문이다. 이것이 감정이 아니라 제도로서의 여성혐오이다. 물론 여기에서 우리는 단서를 달아야 한다. 혐오의 대상은 여성 일반이 아니다. 남자를 유혹하는 여성만이 그러한 혐오의 대상이다.

서양의 문학과 철학 텍스트에서 여성혐오적 발언들을 찾는 것은 어려운 일이 아니다. 그렇지만 그러한 문헌은 액면 그대로 받아들이면 안 된다. 사실의 서술이 아니라 교훈과 훈계의 목적으로 쓰여진 담론들이 대부분이기 때문이다. 그중에서도 특히 유명한 것이 서방교회 최초의 교부였던 테르툴리아누스(Tertullian)였다. 그는 당시 대부분 신학자들과 마찬가지로 매우 금욕주의적이었으며, 모든 종류의 육체적 쾌락을 경계하였다. 그는 쾌락에 발을 딛는 순간에 악의 수렁에 빠질 것이라고 경종을 울리는 설교로 유명하였는데, 여성을 향해서 2인칭 화법으로 다음과 같이 말했다. "너희들은 지옥으로 향하는 문이다. 너희들은 굳게 잠겨 있던 금단의 열매를 따먹은 자들, 하나님의 명령을 처음으로 어긴 자들, 악마가 감히 어찌할 수 없었던 남자를 유혹했던 자들이다. 너희는 하느님의 이미지인 남자를 파괴하였다."10 이 말은 서양 문화에 뿌리 깊이 박힌 여성혐오의

10 You are the devil's gateway: you are the unsealer of that forbidden tree: you are the first deserter of the divine law: you are she who persuaded him whom the devil was not valiant enough to attack. You destroyed so easily God's image, man. On account of your desert – that is, death – even the Son of God had to die. And do you think about

전통을 비판하는 논자들에 의해 자주 인용되는 대목이다. 그런데 이것을 여성혐오의 발언으로 볼 수가 있을까? 테르툴리아누스가 성적 순결을 기독교인의 가장 큰 덕목으로 강조하였다는 것은 잘 알려진 사실이다. 오리게네스나 아우구스티누스, 아퀴나스와 같은 교부철학자들은 성적 탐닉이 악의 원천이라도 되는 것처럼 끔찍하게 경계하였다. 초기 기독교인들은 다른 이교들과 자신의 차이를 극적으로 강조하고 차별화하기 위해서 금욕주의와 고행 등의 필요성을 역설하였다. 평신도들이 그러한 금욕을 실천하도록 성을 악마화하였던 것이다. 이러한 제도적 필요성에서 여성혐오의 전략에 의존하였다. 더구나 인용된 테르툴리아누스의 말을 액면 그대로 받아들일 수 없는 또 하나의 이유가 있는데, 그 맥락을 살펴보는 것으로 충분할 것이다. 이러한 여성혐오적 발언에 뒤이어서 그는 다음과 같은 말을 덧붙였던 것이다. 그럼에도 불구하고 너희들은 화려한 옷을 입고 자신을 치장할 생각이나 하는가?(And do you think about adorning yourself over and above your tunics of skins?). 여성의 화장이나 값비싼 의복의 착용을 금하기 위한 수사학적 전략으로 여성혐오적 발언을 하였던 것이다.[11]

감정으로서 여성혐오와 제도와 전략으로서 여성혐오는 다르다. 필자가 이러한 차이를 지적하는 이유는 여성혐오(misogyny)라는 용어의 오역을 피하기 위해서이다. 미사저니(misogyny)가 여성혐오인가? 이 질문에 대답하기 전에 먼저 우리는 가부장제도와 미사저니는 분리가 불가능하다는 사실을 상기할 필요가 있다. 『문학비평용어사전』은 미사저니를 "남성 혹은 여성이 여성에게 느끼는 증오와 공포"[12], 『네이버 영어사전』은 "여자를

adorning yourself over and above your tunics of skins? Beverley Clark, *Misogyny in the Western Philosophical Tradition: A Reader*, New York: Palgrave Macmillan, 1999, p. 50.

11 그런데 나중에 프로이트는 여성혐오의 발언들이 오히려 성적인 흥분을 자극하였다고 지적하였다. 그에게 성적 충동은 부정어법을 모른다. 섹스를 하지 말라는 말도 섹스를 하라는 말처럼 성욕을 자극한다는 것이다. 이 점을 생각한다면 여성혐오는 뒤집어진 여성에 대한 욕망이라고 할 수 있다.

12 한국문학평론가협회, 『문학비평용어사전』, 국학자료원, 2006.

싫어함"으로 정의한다. 그런가 하면 여성혐오를 "여성에 대한 증오 · 적대의 부정적 정서를 근거로, 여성을 열등한 존재로 폄하하고 판단하는 인지적 신념이자, 여성에 대한 지배와 폭력을 정당화하는 태도"라는 보다 학문적인 정의도 있다.[13] 물론 이러한 정의가 미사저니를 제대로 설명한다고 믿는 사람은 없을 것이다. 그럼에도 이러한 정의에 공통된 특징이 하나 있다. 그것은 미사저니를 제도가 아니라 감정으로 접근하고 있다는 점이다. 만일 제도와 독립된 감정으로 이해한다면 미사저니는 여성에 대한 증오와 공포가 일반적으로 존재하는 듯한 (잘못된) 인상을 줄 수 있다. 과연 그러할까? 만약 그렇다고 하더라도 증오와 공포는 남성이 여성에 대해 가지고 있는 주된 감정이라기보다는 다양한 감정의 하나로 보아야 할 것이다. 남녀 관계는 애증이 복합적으로 공존하는 감정이지 배타적으로 증오만 있는 단일 감정은 아니다. 가령 바퀴벌레 혐오가 단일한 감정이라면 여성혐오는 그러한 단일 감정으로 설명될 수가 없다. 필자는 여성혐오를 감정이라기보다는 가부장적 제도로서 이해해야 한다고 생각한다. 가부장제도는 여성을 남성보다 열등한 위치, 남성에 종속적인 위치에 놓으려는 사회적 장치이다.[14] 엄밀한 의미에서 혐오가 아니라 비하인 셈이다. 이 점에서 다음과 같은 황현산의 미사저니 정의도 여성혐오가 아니라 여성비하의 차원에서 이해할 수가 있다. "여전히 바뀌지 않는 남성 중심 사회에서 우리가 어머니에게, 아내에게, 직장의 여성 동료에게, 길거리에서 만나는 여성에게, 심지어는 만나지도 못할 여자들에게 특별히 기대하는 '여자다움'이 사실상 모두 '여성혐오'에 해당한다."[15] 이 대목에서 황현산은 남자들이 여성에게 기대하는 부드러움이나 따뜻함, 배려,

13 유계숙 · 조선아 · 강민지, "여성혐오 개념화와 관련요인에 관한 연구 - 서울시 남자 대학생을 중심으로," 『한국가족복지학』, 22.3, 2017, 401-429쪽.

14 "가족 성원에 대한 가장의 지배를 지지하는 체제를 뜻한다. 넓은 의미에서 가부장제는 개별 가족 구성원뿐 아니라 사회 전반에 걸쳐 연소자와 여성에 대한 남성 지배를 지지하고 구조화하는 체제이다. 문은미, "가부장제," 『페미니즘의 개념들』, 여성문화이론연구소, 동녘, 2015. 15쪽.

15 황현산, 『사소한 부탁』, 난다, 2018, 180쪽.

애정과 같은 덕목들도 여성혐오라고 주장한다. 이러한 덕목들은 여성을 지배하고 다스리는 위치가 아니라 순종하고 복종하는 위치로 고정시키기 때문이라는 것이다. 필자는 황현산이 여성에 대한 이러한 기대감이 곧 여성혐오라고 주장한 것은 아니라고 생각한다. 그는 여성성에 대한 그러한 기대가 가부장제도의 연장선에 있다고 말하고 싶었을 것이다. 다시 말하지만 우리는 제도로서 미사저니와 감정으로서 혐오를 혼동하면 안 된다.

미사저니는 감정이 아니라 제도이다. 그리고 그것은 혐오보다는 비하에 가까운 정동이다. 이 점에서 케이트 만(Kate Manne)의 다음과 같은 정의는 정곡을 찌르고 있다. 그녀는 미사저니의 개념적 뼈대를 강조하면서 그것을 효과의 차원에서, 즉 "그것이 여성에게 미치는 효과의 관점에서 이해해야 한다."고 주장하였다. 즉 "가부장적 제도를 유지하는데 도움을 주는 장치가 미사저니라는 것이다."16 이 정의가 가진 장점은 마사저니를 의도가 아니라 수행적 효과의 관점에서 재접근하도록 만들었다는 데 있다. '의도치 않은 결과'(unintended consequence)라는 학술용어도 있지만 의도와 효과는 같지 않다. 여성혐오라는 명칭에 대한 오해도 이러한 의도와 효과의 불일치와 무관하지 않다. 가령 많은 남성들은 자신이 여성혐오주의자라는 비난에 다음과 같이 반문한다. 자기는 여자를 좋아하고 사랑한다는 것이다. 이러한 항변은 의도가 좋으면 결과도 좋다는 논리를 배경에 깔고 있다. 앞서 인용된 글에서 황현산은 남자들이 여성에게 기대하는 부드러움과 따스함의 감정도 미사저니라고 말했다. 모든 그러한 기대가 미사저니라고 할 수는 없을 것이다. 그렇지만 그러한 기대가 여성을 남성에게 종속적인 위치로 고정하는 결과를 빚어낸다면 미사저니라고 할 수 있을

16 A general framework which understands misogyny in terms of what it does to women. Namely, I argue that we should think of misogyny as serving to uphold patriarchal order(13), Kate Manne, *Down Girl: The Logic of Misogyny*, New York: Oxford University Press, 2018.

것이다.

또 한 가지 미사저니에 대해서 우리가 오해하기 쉬운 사실의 하나는 용어에 대한 것이다. 여성을 비하하는 전통은 가부장적인 사회의 일반적 특징의 하나였다. 그렇지만 그러한 성향을 지칭하는 용어의 존재는 또 다른 문제이다. 이에 대한 문제의식과 자의식이 생겨나지 않으면 하나의 용어로 결정화되지 않기 때문이다. 이 점에서 용어가 있다는 사실 자체가 이미 이에 대한 비판과 저항이 있었다는 뜻으로 읽힐 수가 있다. 즉 미사저니는 여성이 비하되는 현실을 중립적으로 묘사하는 서술어가 아니라 그러한 현실에 저항하라는 구호로서 등장했다고 이해해야 옳다. 가부장제를 타파하려는 페미니스트들의 움직임이 없었다면 미사저니라는 용어가 본격적으로 인구에 회자되지도 않았을 것이다. 이 용어는 남성이 부당하게 여성을 착취하고 있다는 사실을 폭로하기 때문이다. 아무튼 미사저니라는 용어는 고대 희랍어 misogynia(반대어는 philogyny)에서 유래한 말로 영어권에서는 17세기에 처음 등장하였지만, 본격적으로 논의의 핵으로 떠오른 것은 1970년대 이후였다. 앤드리아 드워킨(Andrea Dworkin)의 1974년 저서 『여성 증오』(*Women Hating*)가 기폭제가 되었다.[17] 그녀는 다음과 같은 말로 책을 시작하였다. "이 책은 행동이다. 혁명을 목표로 하는 정치적 행동이다."(This book is an action, a political action where revolution is the goal.)."[18] 이 첫 문장은 이 책의 성격에 대해서 많은 것을 말해주고 있다. 여성이 처한 현실을 객관적으로 묘사하는 것은 그녀의 의도가 아니다. "가부장제도 타파를 위해 여성이여 궐기하라"고 외치는 것이다. 제목도 우리는 그러한 도발적 공격구호로서, 일종의 망치로 철학하기로서 이해해야 한다. 여성 증오라는 말은 여성이 남성에 의해 지배당하는 굴욕적인 현실을 직시하라고 여성의 의식에 내리치는 망치나 마찬가지이다. 즉 미사저니라

17 "Misogyny" in Wikipedia.com.

18 Andrea Dworkin, *Women Hating*, New York: Plume, 1991, p.17.

는 용어는 전복적인 의도로 도입되었다. 그런데 만약 당시에 가부장제 체제가 난공불락으로 공고했다면 드워킨이 그러한 전복적 구호를 외칠 수가 있었을까? 개인의 자격으로 외칠 수는 있었을 것이다. 그렇지만 아무도 그녀의 목소리에 귀를 기울이지 않았을 것이다. 사실 우리에게는 드워킨 이전에 이미 그녀보다 더욱 도발적으로 미사저니의 심장에 화살을 날렸던 페미니스트가 있었다. 케이트 밀렛(Kate Millet)의 『성 정치』(*Sexual Politics*, 1968)였다. 아마존 여전사처럼 신랄하고 호전적이며 심지어 선정적이기까지 한 저술이었다. 이 책에서 밀렛은 위대한 남성 작가들의 작품에서 여성을 성적 도구화하는 파렴치한 남성적 욕망의 민낯을 적나라하게 까발렸다. 1960년대 말은 성해방의 물결이 온 유럽을 휩쓸었던 시대였다. 그렇지 않아도 자본주의에 의해 흔들리기 시작했던 가부장적 전통과 이념, 도덕관이 그러한 물결에 떠내려가기 시작했다. 가부장제의 전열이 이미 무너지기 시작했던 것이다. 즉 과거에 강고했던 제도로서의 미사저니가 세력을 상실하고 있었다. 이러한 시대에는 테르툴리아누스와 같은 여성혐오적 발언은 웃음거리밖에 되지 않는다.

제도로서 미사저니가 약화되고 있다는 사실을 무시하면 현재 진행되고 있는 여혐과 남혐의 갈등의 본질을 놓치기 쉽다. 수잔 파울디(Susan Faludi)는 백래쉬(Backlash, 1991)에서 이러한 갈등의 일면을 다루었다. 과거에 남성이 독점했던 권력이 여성의 손으로 이양되자 위기감을 느낀 남성들이 1980년대 후반부터 반격을 가하기 시작했다는 것이다. 그런데 그러한 반격을 혐오라고 할 수 있을까? 혐오는 강자에 대한 감정이 아니라 약자에 대한 감정이다. 질투나 선망이 강자에 대한 감정이라면 비하나 경멸, 혐오는 약자에 대한 감정이다. 물론 남녀가 평등한 사회는 아직 도래하지 않았다. 남성과 똑같은 노력을 기울여도 여성이 받는 사회적 지위와 처우는 아직 남성들의 수준에 미치지를 못한다.

2021년에 여성가족부가 발표한 2020년 성별 임금 격차를 보면, “남성

1인당 평균임금은 7,980만 원, 여성은 5,110만 원으로 임금 격차가 35.9%"[19]였다. 그럼에도 과거에 비해서 여성의 처우가 크게 개선되었다는 사실을 부정할 수는 없을 것이다. 그렇다면 남성이 여성에 대해 느끼는 감정을 약자에 대한 감정, 즉 비하나 혐오로 설명할 수는 없을 것이다. 현재의 '여성혐오'(이것의 연장선에 있는 남성혐오)는 과거 미사저니의 제도적 장치였던 가부장제도의 소멸과 직결되어 있다. 우리는 가부장제도가 감정이 아니라 제도였다는 사실을 다시 상기할 필요가 있다. 가부장제도는 경제 · 사회 · 정치 · 종교적으로도 여성을 가정의 울타리에 가둠으로써 남성의 권위에 종속시키기 위한 제도였다. 제도에는 감정이 없다. 그리고 그러한 제도가 잘 작동하는 사회에서는 수혜자인 남성들이 여성에게 분노하거나 여성을 혐오할 이유가 없었다. 오히려 여성을 보살피고 보호하였다. 여성에 대한 남성의 감정이 폭발하는 것은, 그러한 제도에 공공연하게 저항하거나 그것으로부터 일탈하는 소수의 여성들에 대한 것이있다. 엄밀한 의미에서 미사저니는 여성혐오의 정동과 동일시될 수 없었던 것이다. 이 점에서 현재 논쟁의 중심에 있는 미사저니는 과거의 미사저니가 아니라 과거의 가부장제도로부터 분리된 형태의 미사저니이다. 이와 같이 탈제도화된 미사저니를 어떻게 이해해야 할 것인가? 필자는 그 답을 르상티망(resentment)에서 찾을 수 있다고 생각한다.

19 "OECD 최악의 남녀 임금 격차, 경력단절 대책 시급하다." 《한겨레》, 2021년 9월 21일자.

8장

심미적 사회와 혐오

1 | 심미적 사회

스탕달(Stendhal)은 아름다움이 행복의 약속이라고 단언하였다. 아름다운 대상은 감격과 흥분과 기쁨, 충만감을 안겨주면서 삶을 한껏 고양시켜주는 것이다. 그래서 보들레르(Charles Baudelaire)는 음식을 먹지 않고서도 충분히 사흘을 견딜 수 있지만 시(아름다움)가 없으면 하루도 살 수 없다고 진단하였다. 그러면서 다음과 같은 단서를 덧붙이기를 잊지 않았다. "대중의 시는 섹스이다." 예술의 위안과 기쁨의 언덕이 너무나 높고 아득하며 가파르기만 하다면, 일반 대중들은 바로 가까이에서 이성의 매력의 품에 안길 수가 있다. 아름다움이 자연과 예술의 영역에만 깃들지는 않는다. 인간, 특히 이성의 아름다운 몸은 자연과 예술이 감히 바랄 수 없는 지고한 행복의 약속을 주체에게 선사하는 것이다.

* 이 글은 『영어영문학』 51호 1권(2005)에 개재된 필자의 논문 「공동체의 구성원리로서 아름다운 몸과 추한 몸 — 메리 셸리의 『프랑켄슈타인』」(3-25쪽)을 이 책의 목적에 맞게 수정 보완한 것이다.

그럼에도, 버크(Edmund Burke)의 『숭고와 아름다움의 관념의 기원에 관한 철학적 탐구』(*A Philosophical Inquiry into the Origin of our Ideas of the Sublime and Beautiful*, 앞으로 『철학적 탐구』로 약칭할 것임)를 제외하면 플라톤(Plato) 이후로 칸트(Immanuel Kant)의 기념비적인 『판단력 비판』(*Kritik der Urteilskraft*)을 비롯해서 20세기 후반에 이르는 미학의 발달 과정에서 아름다운 몸은 입단속이 필요한 하나의 스캔들, 아니면 은폐와 억압의 대상이었다. 그러면서 미적 범주로서 아름다움이라는 용어도 점차 학문적인 논의나 진지한 예술의 자리에서 자취를 감추기 시작하였다. 아름다움이라는 어감에서 너무나 대중적이며 성적인 취향이 댓진처럼 배어나오기 때문이었다. 특히 겉으로는 근엄한 도덕을 표방하면서 실제로는 성적 방종에 탐닉했던 부르주아의 위선을 끔찍하게도 혐오하였던 모더니스트들은 역설적으로 추에서 배타적인 미학의 가능성을 추구하였다. 또 1960년대 이후로 페미니스트들은 외모에 대한 지나친 관심이 여성을 다만 성적 대상으로 비하시키는 억압의 기제일 뿐 아니라 중요한 사회적 문제를 도외시하면서 정치적 무관심을 조장한다는 이유로 아름다움 대신 숭고를 바람직한 미학적 가치로 제시하였다.[1]

1970년대 후반까지 '반미모 법칙'(anti-beauty)이 학계를 지배하였다. 그럼에도 당시의 일상 현실, 대중매체와 문화산업에서는 미모의 법칙이 현실을 강력하게 지배하였음은 두말할 여지가 없다. 학계와 현실이 서로 등을 돌리고서 아름다움의 효과에 대해서 상반된 증언을 하고 있었던 셈이다. 그런데 『아름다움 신화』(*The Beauty Myth*)의 저자인 울프(Naomi Wolf)와 『참을 수 없는 몸무게』(*Unbearable Weight*)의 저자인 보르도(Susan Bordo)의 공통된 진단에 따르면, 1980년대에 접어들면서 페미니즘 진영에서도 여성성의

1 Elaine Scarry, *On Beauty and Being Just* (Princeton: Princeton UP, 2001), pp. 57-58; Nancy Friday, *Power of Beauty*, New York: Harpercollins, 1997, p. 323, p. 327을 참조하기 바람.

적극적 표현으로서 아름다움의 긍정적 측면에 눈을 돌리기 시작하였다. 그러더니 급기야 1990년대 초기에 미국의 저명한 미술평론가인 데이브 히키(Dave Hickey)는 "1990년대의 이슈는 아름다움이다."[2]라고 선언하기에 이르렀다.

1990년대 이후로 몰아닥친 아름다움의 유행은 자연과 예술에 입각해 있었던 전통적인 미학 개념으로 담을 수 없는 새로운 층위를 동반하고 있다. 막스 베버(Max Weber)가 '삶의 양식화'라 불렀으며 아서 단토(Arthur Danto)가 '제 삼의 아름다움 영역'(Third Realm beauty)[3]으로 설정한 삶의 미학화 현상이 그것으로, 몸에 대한 철학적 인류학적 미학적 위생학적 관심의 등장과 출현 시기를 같이 하고 있다.

삶의 미학화, 혹은 몸의 예술화에서 각별히 주목되어야 하는 현상은, 과거에 미학의 본질로서 여겨졌던 미학적 거리의 점신적인 소멸이나. 화장과 성형수술, 피부이식, 문신을 비롯해서 다이어트, 몸매 만들기 등의 유행에 비추어 보면, 이제 몸은 타고난 어쩔 수 없는 운명이 아니라 공들여 가꾸고 다듬어야 할 예술 대상이 되었다고 말해도 과언이 아니다. 대상을 감상하고 향유하는 인간 자신이 그러한 감상과 향유의 대상이기도 하다면 주체와 대상 사이의 거리는 애당초 상상할 수 없다. 이제, 예술지상주의자였던 보들레르가 미학적 거리를 감당할 수 없는 대중을 업신여기면서 내뱉었던 "대중의 시는 섹스이다."라는 진술의 부정적인 어감은 더 이상 들어설 자리가 없게 된다. 미학적 쾌감과 성적 쾌감, 관조적 응시와 욕망의 응시의 경계 설정이 원칙적으로 불가능해진 것이다.

이러한 미학적 거리의 소멸은 한편으로 인력과 척력으로 구성된 시각의 장의 변화를, 또 다른 한편으로 20세기를 지배했던 아름다움에 대한 숭고

2 Dave Hickey, *The Invisible Dragon: Four Essays on Beauty*, New York: Art Issues P, 1994, p. 11.

3 Arthur Danto, *The Abuse of Beauty: Aesthetics and the Concept of Art*, Chicago: Open Court, 2003, p. 61.

의 미학적 우월성의 전통을 전복시키는 결과를 가져왔다. 전통적 미학에서 아름다운 대상을 끌어당겨 소유하려는 눈의 인력 — 성경에서 말하는 눈의 욕망 — 이란 배척되어야 하는 미적 쾌감의 적이었다. 남녀의 성적 매력의 토대에서 미학적 현상을 논의했던 버크조차 인접과 소유를 향해 치닫는 시각적 욕망에 아름다움의 자격을 부여하지 않았다. 미학적 아름다움이란 대상을 가까이 잡아당기려는 인력과 멀리 밀어내려는 척력의 팽팽한 긴장 속에서, 실러(Friedrich Schiller)의 표현을 빌리면 리비도를 "묶으면서 동시에 풀어주는 작용" 속에서만 가능하였다. 그런데 제 삼의 아름다움 영역에서 강조되는 것은 척력이 아니라 인력, 풀림이 아니라 묶임의 에너지이다. 숭고의 미학이 아름다움의 미학에 의해 대체되는 추세도 그러한 변화의 연장선에 있다. 사회적인 아름다움과 비교할 때 숭고는 상대적으로 초(超)사회성, 인접이 아니라 거리, 동일성이 아니라 차이의 경제를 바탕에 깔고 있다.

바로 이 점에서 아름다움의 재등장은 현대사회의 심각한 미적 위기의 징후로 읽힐 수 있다. 구태여 맑스(Karl Marx)의 진단이나 퇴니스(Ferdinand Tönnies)의 구별을 참조하지 않더라도 자본주의 사회는 근대 이전의 특징이었던 혈연과 지연에 기반을 두었던 공동체의 상실과 구성원을 하나로 수렴해 주었던 전통적 유대로부터의 단절이라는 값비싼 희생을 치르지 않으면 안 되었다. 공동체의 구속에서 풀려난 개인들은 이제 사방팔방으로 미끄러지면서 수습할 수 없는 존재론적 산종을 경험하게 되었던 것이다.

이 글에서 필자는 그러한 풀린 개인들을 '끌어당기고' 하나로 '묶어주는' 계기로서 아름다움의 미학의 등장, 다시 말해서 아름다운 외모의 의심할 여지 없는 현존을 통해 엮어지는 미학적 공동체의 출현을 진단하려고 한다. 미학적 공동체는 기표와 기표의 차이에 입각한 상징계보다는 이미지의 동일성에 입각한 상상계에 훨씬 기울어 있으며 이상적 의사소통의 공동체가 아니라 이상적 외모의 공동체를 향해서 조율되어 있다. 이미

폐기처분된 유전적 · 생물학적 인종주의의 뒤를 이어서 신종으로 등장한 문화적 인종주의도 미학적 공동체의 출현과 무관하지 않을 것이다.

2 | 아름다움과 추함이란 무엇인가?

메리 셸리(Mary Shelley)의 『프랑켄슈타인』(*Frankenstein or, The Modern Prometheus*)은 앞서 제기된 미학적 공동체의 성격을 짚어나가기에 더할 나위 없이 훌륭한 텍스트이다. 유럽의 주요한 문학 작품 가운데서 『프랑켄슈타인』만큼 아름다운 외모의 중요성이 텍스트의 전면에 부상된 작품을 찾기 어려울 것이다. 단 하나의 예외인 괴물을 제외하면, 남녀노소를 막론하고 등장인물은 모두 아름답고 매력적이며 품위 있는 모습으로 묘사되어 있다. 아름다움이 결여된 존재에게는 고유명사로서 이름도, 인간 사회로의 입장권도 부여되지 않는다. 작품의 주인공임에도 불구하고 괴물은 그냥 물(thing)이나 존재(being)로서 익명적으로 언급될 뿐, 주체(subject)와 대상(object)의 자리가 상호 호환되는 간주관적 공간에는 참여할 수 없는 비루한 몸(abject body)으로서 기껏해야 인간 공동체의 아름다움을 빛내주는 대조물이 되어줄 따름이다.

그렇다고 메리 셸리가 아름다운 외모의 공동체를 무조건적으로 찬양하거나 무비판적으로 수용하고 있다고 생각하면 오산이다. 비록 평자의 입장에 따라 다양하며 때로는 상반된 접근도 가능하겠지만, 필자는 아름다운 몸을 통해서 얻어지는 공동체적 유대와 결속이란 궁극적으로는 타자로서 추한 몸을 배제함으로써 확보되는 배타적 자기방어라는 인식이 『프랑켄슈타인』의 밑그림을 이루고 있다고 생각한다. 공동체적 외모의 동일성으로 수렴되지 않은 타자는 모두 추하고 끔찍한 괴물로서 '인정'(recognition)되는 것이다. 이와 관련해서 비평사적으로 흥미로운 것은

1970년대 이후로 『프랑켄슈타인』이 숭고와 아름다움의 미학을 둘러싼 페미니즘적 논쟁의 진원이 되어왔다는 사실이다. 「프랑켄슈타인과 숭고」(Frankenstein and the Sublime)에서 앤 멜러(Anne Mellor), 그리고 『유형 당한 비너스』(*Venus in Exile: The Rejection of Beauty in 20th-Century Art*)에서 웬디 스타이너(Wendy Steiner)는 셸리가 가정과 가족의 아름다운 여성적 유대를 옹호하면서 그러한 아름다움을 파기하는 원인으로 남성적이며 폭력적인 숭고를 비판하였다는 주장을 내놓았다. "메리 셸리는 숭고의 아이러니에 주목하였다. 이론적으로 인간의 가장 고양된 정신을 대변하는 듯이 보이지만 실제 현실에 있어서 숭고(의 미학)는 사랑과 가족과 쾌락을 철저히 무시한다."[4] 그래서 주인공 빅터(Victor)는 숭고의 정도와 비례해서 사랑과 가족의 품으로부터 격리되다가 끝내는 그의 모든 '가치의 정서적 토대'가 붕괴되는 파국으로 치닫는다. 그의 피조물 괴물은 부정적 숭고의 구체적 체현이라 할 수 있다. 반면, "인간의 감각이 우리(빅터와 괴물)의 관계에 있어서 극복할 수 없는 장애"라며 인간에 대해 불평하였던 괴물의 말을 인용하면서 낸시 프레드릭스(Nancy Fredricks)는 셸리가 숭고의 미학을 옹호하면서 폐쇄적이고 배타적인 아름다움의 미학을 비판하였다고 주장하였다.[5]

여기에서 우리는, 괴물에 대한 두 가지 상이한 관점의 차이가 어디까지나 주체의 타자에 대한 미학적 반응의 차이에서 비롯되며 그러한 논의의 중심에 놓인 공동체의 문제를 확인할 수 있다. 한편으로 타자의 몸과 공동체의 관계(혹은 공동체적 아름다운 몸과의 관계), 다른 한편으로 숭고와 아름다움의 미학적 차이가 규명될 필요가 있는 것이다. 특히 19세기 당시에

4 Wendy Steiner, *Venus in Exile: The Rejection of Beauty in 20th-Century Art*, Chicago: U of Chicago P, 2001, p. 13.

5 Nancy Fredricks, "On the Sublime and Beautiful in Shelley's *Frankenstein*." *Essays in Literature* 23:2 (Fall 1996): 178-89. 또 " 'My Hideous Pregeny': The Lady and the Monster"에서 Mary Poovy는 메리 셸리가 상상력과 숭고한 자연을 옹호하였던 낭만주의적 이데올로기를 패러디하고 비판하였다고 주장하였다. 이 논문은 Bloom, Harold. Ed. *Mary Shelley's Frankenstein*(New York: Chelsea House Publishers, 1987)에 실려 있다.

확대된 세계의 지평에서 역사상 처음으로 서양인들에게 가까이 다가왔던—동양인과 흑인과 같은—인종적 타자의 경험이 『프랑켄슈타인』의 배경을 이루고 있다는 점에서 이러한 논의의 필요성은 더욱 절실하다.

『프랑켄슈타인』의 가장 주요한 주제의 하나는 공동체의 문제이다. 하지만 프랑켄슈타인, 왈튼(Walton), 드 레이시(De Lacey)로 대변되는 가족 공동체가 안정적이면서 정체적이고 경계가 분명했던 전통적인 촌락 공동체가 아니라는 사실, 혈연과 지연으로 다져졌던 과거의 공동체가 구속력을 잃으면서 이제 부단히 생성되고 소멸하는 변화 과정에 놓여있다는 사실이 주목된 적이 없다. 그러나 지금까지 학문적으로 조명되지 않았던 공동체의 변화 생성적 측면을 염두에 두지 않고서는 미적 공동체의 성격을 올바로 진단할 수 없을 것이다.

우선, 빅디와 왈튼이 고향과 가족을 뒤로하고서 머나먼 북극에서 조우한 사건이 이 액자식 구성 소설의 프레임임을 상기해야 한다. 주요 등장인물들 모두가 고향을 떠나 언어나 풍토, 관습이 다른 타지에서 적응하면서 새로운 공동체의 일원으로 편입되어야 하는 과제를 안고 있다. 가령 죽음의 위험을 무릅쓰면서 북극을 향해 항해하는 왈튼에게 가장 큰 괴로움은 모험의 역경이나 절망이 아니라 이야기를 함께 나눌 친구가 없다는 것이다. 그래서 빅터를 만난 그는 꿈에 그리던 오랜 연인을 우연히 상봉한 듯한 행복감을 느끼면서("그를 향한 나의 애정이 매일 늘어만 갔다.")[6] 그를 "마음의 형제"(the brother of my heart)라고 부르기까지 한다. "매력적이면서 친절한" 빅터와의 우정으로 만족하지 못하는 왈튼은 그를 가족 공동체의 일원으로 만들고 싶어 하는 것이다. 그러한 우정에 대한 답례로 빅터는 다음과 같이 자신의 심정을 술회한다. "우리는 미완성의 존재입니다. 자기 자신보

6 앞으로 본문에 인용되는 셸리의 텍스트는 *Frankenstein or, The Modern Prometheus*(New York: Dell Book, 1975)를 참조하게 될 것이다. 편의상 인용되는 쪽수는 언급하지 않기로 한다.

다도 현명하고 훌륭하며 소중한 친구가 우리의 약점과 결함을 보완해주지 않는다면 우리는 반편(半偏)의 존재에 그치고 맙니다." 홀로 서는 근본적으로 불완전한 인간은 우정의 도움으로 비로소 온전한 인간으로 성숙할 수 있는 셈이다. 그런데 흥미롭게도 그렇게 절실하게 우정을 갈망하던 왈튼과 빅터임에도 불구하고 정작 낯선 사람들과 만났을 때는 쉽게 마음의 문을 열지 않는다. 빅터는 "낯선 사람들과 우정을 나누기에는 너무나 부적합한 인물"로서 묘사되어 있으며, 좁은 배 안에서 선원들과 부대끼던 왈튼도 고독한 밀실에 칩거할 뿐 선원들과 교제하는 광장으로 나오지 않는다. 그러한 왈튼이 왜 낯선 이방인, 더구나 "피로와 고통에 찌들어 해골 같은 형상"(24)의 빅터에게 단박에 매료되었을까? 물론 왈튼이 전적으로 그의 외모의 아름다움에 이끌렸다고 말할 수는 없다. 그럼에도 그의 고상하고 품위 있는 태도 및 뛰어난 언변과 더불어서 "아름답고 사랑스러운 눈"이 왈튼의 관심과 호감을 자극하였으리라는 데에는 의심의 여지가 없다.

우정의 공동체로 편입되기 위해서 지혜롭고 설득력 있는 훌륭한 언변으로는 충분하지 않다. 빅터보다 뛰어난 변론술을 갖춘 괴물이 그러한 공동체로부터 철저하게 배척당하는 플롯의 전개에서 그것이 분명해진다. 이 점에서 우정의 공동체도 남녀의 성적인 공동체와 커다란 차이가 없어 보인다. 빅터의 어머니를 비롯해서 엘리자베스(Elizabeth)와 저스틴(Justine), 사피(Safie)와 같이 유난히 매력적인 여성 인물들은 그러한 아름다움이 계기가 되어 새로운 가족 공동체로 편입된다. 여기서 아름다운 외모는 신분(빅터의 어머니와 저스틴의 경우), 언어와 국경(사피의 경우)의 장벽을 초월하는 공동체적 결속력을 갖는다. 언어의 차이로 인해서 의사소통이 불가능함에도 불구하고 펠릭스(Felix)는 사피에게 한눈에 반해버린다. 괴물의 훌륭한 언변이 궁극적으로는 스스로 추함에 대한 구차한 변명으로 이해되었다면, 구태여 말하지 않더라도 아름다운 외모는 웅변보다 더한 설득력과 증명의 광채를 발하는 것이다.

사피와 괴물에 대한 사람들의 반응은 공동체의 미학적 특징으로서 청각적 언어에 대한 시각의 중요성을 보여준다. 『육체와 예술』에서 피터 브룩스(Peter Brooks)가 주장하였듯이, 차이의 체계인 언어는 화자에게 기표(표면)와 기의(내면)의 행복한 일치를 보장하는 대신 오히려 균열을 드러내기 때문에 대화를 통한 공동체적 결속의 시도는 예기치 않은 불화와 반목을 조장한다. 하지만 브룩스의 지적은 언어 자체의 본질에 대한 진단이라기보다는 의사소통적 합의와 일치가 불가능한 공동체, 혹은 공동체적 위기에 대한 진단으로 읽혀야 옳다. 기표와 기의의 일치를 보장하는 사회적 합의, 즉 '거대 서사'의 붕괴가 미시 서사의 층위에서 의미론적인 균열을 가져온 것이다.

『프랑켄슈타인』에서 제기되는 문제는 공동체의 소멸이 의미의 장에 닻을 내려야 할 기표를 시각의 장에서 미적 대상에 접목시켜 놓았다는 것이다. 깊이를 잃은 기표는 표면으로서의 물질, 감각적 대상으로서 순수 기표로 지각된다. 그래서 의미론적으로 분명하고 명징해야 할 의사소통—혹은 언어 게임—의 모델이 미적 지각의 모델로, 칸트적인 의미에서 오성의 작용이 직관의 작용으로 대치되고 순수이성과 실천이성이 판단력에 의해 대치되는 결과가 빚어진다. 이때 아름다운 외모는 의심의 여지가 없이 가장 명석하고 판명한 직관 내용으로서, 언어 게임이 지향하는 의사소통의 목적을 일순간에 성취하면서 사실과 가치 세계의 거리를 좁히고 새로운 시각적 공동체 형성의 토대가 되어준다. 일례로 사피를 바라보는 순간에 펠릭스는 그녀의 아름다움에 그만 넋을 잃어버린다. 한편으로 낯선 미지의 대상으로서 사피는 중립적인 사실의 세계에, 다른 한편으로 그녀는 선하거나 악하다는 판단이 요구되는 대상으로서 가치론적이며 윤리적이며 사회적인 세계에 놓여있다. 여기서 펠릭스에게 직관적으로 지각된 그녀의 아름다움이 사실과 가치라는 상이한 세계를 일순에 하나로 통합하는 것이다. 달리 말해서 그녀는 아름답기 때문에 진리이며 선이다. 아름다운 외모는 가장 성공적인 의사소통과 사회적 유대를 보장해주는 것이다.

그러나 단순히 미적 공동체의 이야기로 그치고 말았다면 『프랑켄슈타인』은 버크의 아름다움의 미학에 대한 멜로드라마적 서사 이상의 의미를 지니지 못했을 것이다. 기표와 기의가 정확하게 일치하는 멜로드라마의 세계에서 아름다운 인물은 선하고 진실한 반면에 추한 인물은 거짓되고 사악하며 반사회적 악인으로 재현된다.[7] 추상적인 진과 선이 구체적으로 지각이 되고 시각적인 이미지까지 동반하는 것이다. 이 점에서 괴물에 대한 빅터의 반응은 전형적으로 멜로드라마적이면서 철저하게 미학적인 층위에 머물러 있다. 괴물이 완성되고 생명력을 부여받은 순간에 그는 다음과 같이 외친다. "그의 사지는 균형을 이루고 있었다. 그리고 나는 아름다운 부분들을 선택해서 그를 만들었다. 아름답다니! 하나님, 맙소사!" 그는 괴물의 추한 외모에 소스라치게 놀라면서, 복수의 여신으로부터 달아나듯이 괴물로부터 도망친다. 그의 눈에 비친 추한 표면, 특히 '흐린 노란 눈'과 '노란 피부'가 괴물의 모든 운명과 의미, 가치를 일순간에 봉인해 버린다. 이 때문에 동생 윌리엄(William)이 살해당했다는 소식을 듣자마자 당연히 괴물이 살해자일 것이라고 단정한다. 추는 악이며 거짓이라는 등식에 따라서 반사적으로 행동하고 반응하며 판단을 하는 것이다. 물론 이러한 심미적 반응이 빅터에게만 제한되지는 않는다. 심지어 세상 물정을 모르는 어린아이들도 괴물의 모습이 눈에 띄자 고함을 지르며 달아나고, 사피를 비롯해서 섬세하고 예민한 여자들은 정신을 잃고서 땅바닥에 쓰러진다. 추한 몸이 두려우며 사악하다는 직관적 인식보다 더욱 확실한 것은 이 세상에 없는 듯이 보인다.

7 Peter Brooks, *Tragedy and Melodrama*, Seattle: U of Washington P, 1968, pp. 16-17을 참고하기 바람.

그러나 『프랑켄슈타인』에서 셸리의 관심은 추=악의 명증성이 허구라는 사실의 폭로에 있다. 가령 장님이기 때문에 심미적 인식이 불가능한 드 레이시 노인은 괴물의 숨겨진 내면에 귀를 기울이고 그의 선량하며 진실한 인물됨을 발견한다. 또 인간의 보편적인 '형제애와 동정심'을 신뢰하는 노인은 흉한 외모에서 비롯된 '편견'은 대화를 통해서 극복될 수 있다고 말하면서 공동체적 희망을 잃지 말라고 충고한다. 하지만 내면의 깊이가 아니라 표면의 증거에 따라서 움직이는 현실은 곧 그러한 희망의 불씨를 꺼버린다. 드 레이시 가족에게 베풀었던 경제적인 도움이나 익사 직전에 소녀를 살려낸 선행도 외모에 대한 편견 극복에 아무런 도움이 되지 못한다. 흉한 외면의 배후에서 드러나는 내면적 아름다움에 눈을 뜨기 위해서는 직관이 아니라 관조, 동일성의 현존이 아니라 모순과 차이의 흔적에 귀를 기울여야 한다. 하지만 그렇게 되면 미적인 직관에서 도래하는 기쁨, 또 그러한 기쁨에 근거한 공동체의 형성은 불가능하게 될 것이다. 미적 직관은 차연의 경제와 양립할 수 없기 때문이다. 성적 이끌림에서 드러나듯이 미적 판단의 주체는 아름다운 대상에게 빨려 들어가는 인력의 쾌감을 향유한다. 반면에 추한 대상에 접한 주체는 순간적으로 뒤로 물러서고 달아나면서 인력과는 정반대 유형의 쾌감, 척력의 쾌감을 향유하는 듯이 보인다. 이 점에서 엘리자베스에게 반한 빅터의 행동과 괴물에게 반발하는 그의 행동은, 비록 상반된 지향성의 형태로 표현되지만 궁극적으로는 똑같은 미적 판단(미=진선, 추=악)과 쾌감의 경제(관조가 아니라 직관)에 근거를 두고 있다. 미적 쾌감의 증대를 위해서 괴물은 당연히 배척되어야 하는 것이다.

그러나 심미적 직관이 보장하는 명징성이 멜로드라마적인 허구의 결과임은 물론이다. 텍스트에서 기표와 기의의 행복한 일치가 파기되는 두 가지 유형의 스캔들이 반복적으로 발생한다. 하나가 기표에 대한 기의의 과잉[8]이라는 상징화(시)에서, 다른 하나는 기의에 대한 기표의 과잉이라는 물질화(건축)에서 비롯된다. 아름답고 매력적인 외모에도 불구하고 저스틴은 사람들의 편견으로 인해서 사형을 당해야 했다. 재판정에 모인 사람들이 그녀에게 보였던 태도는 요부에 대한 전형적인 반응 및 희생양의 메커니즘과 정확히 일치한다. 아름다운 표면에 깃든 끔찍한 내면의 실재, 미와 선의 불일치라는 스캔들을 예외적인 사건으로 간주하고 사회에서 아예 제거해버림으로써 미=선의 정당성을 고수하려고 했던 것이다. 이때 엘리자베스는 무죄의 저스틴에게 사형을 요구하는 재판정의 사람들을 접하면서 외면과 내면의 불일치를 충격적으로 경험한다. "이제부터는 과거에 나에게 보였던 방식대로 세상과 세상의 일을 볼 수가 없습니다." 마냥 선량해 보였던 사람들도 알고 보니 "서로의 피에 굶주린 괴물"로 드러났던 것이다.[9] 그런데 역설적이게도 미=선의 공동체는 선을 위해 미를 희생하거나 반대로 미를 위해 선을 희생하는 대가를 치르지 않고서는 유지될 수 없는 듯이 보인다. 사람들은 때로 '괴물'이 되어 미와 선의 균열에서 빚어지는 괴물을 재빨리 추방함으로써 자칫 공동체 전체의 붕괴를 초래할 수 있는 자그마한 균열을 다시 봉합하는 것이다.

그렇다면 괴물은 무엇인가? 아름다운 몸과 추한 몸이란 무엇인가? 텍스트에서 미와 추는 어떻게 구체화되며, 또 괴물은 자신이 추함을 어떻게 지각하였던가? 이러한 일련의 물음에 대답하기 위한 방편으로서 우리는 가장 마지막에 제기된 질문—『푸른 눈동자』(*The Bluest Eye*)에서 토니 모리슨이 소녀 주인공 피콜라(Pecola)에 대해서 던졌던 질문—"누가 과연 그녀에게 추하다고 말했던가?"와 더불어 논의를 시작할 수 있다. 물론, 괴물의

8 Marcia Eaton은 평소에 아름답게 느꼈던 꽃도 생태학적으로 환경에 유해하다는 사실을 깨닫게 되면 추하게 느껴질 수 있다고 주장하였다(33). Marcia Eaton, "Kantian and Contextual Beauty," *Beauty Matters*, pp. 27-36.

9 엘리자베스의 이러한 판단은 인간에 대한 괴물의 판단과 정확히 일치한다. "한때 그렇게 늠름하고 덕스럽고 자랑스럽던 인간이 그렇게도 사악하고 비열할 수가 있다니!" 엘리자베스가 저스틴의 사형에 이르는 과정에서 그러한 인간의 이중성을 깨닫게 되었다면 괴물은 플루타크(Plutarch)의 영웅전을 읽으면서 그것을 깨달았다.

추를 가장 먼저 지각한 인물이 빅터였음은 두말할 나위가 없다. 하지만 괴물이 정작 자신의 추를 의심할 여지가 없이 충격적으로 발견한 것은 가난한 농부인 드 레이시 가문 사람들의 외모에 충분히 익숙해진 어느 날 우연히 수면에 비친 자신의 얼굴을 보았을 때였다. 그의 일인칭 서술에 따르면 다음과 같다.

> 나는 가난한 농부들의 완벽한 형상미를 찬양하였습니다. 그들의 우아한 거동과 아름다운 자태, 그리고 섬세한 피부란! 그런데 수면에 비친 나의 모습을 보았을 때 그만 경악하고 말았습니다. 처음에는 겁에 질려 뒷걸음질하였습니다. 거울에 비친 모습이 나라고는 차마 상상할 수 없었습니다. 그 괴물이 진짜로 나라는 사실을 확신하게 되었을 때, 나는 절망과 치욕감의 쓰라린 감정에 휩쓸리고 말았습니다. 그런데 당시 저는, 이 끔찍한 기형으로 인해 장차 겪게 될 치명적 결과에 대해서는 짐작하지 못하였습니다.

이 대목에서 메리 셸리는 라캉(Jacques Lacan)의 거울상 이론을 예측하고 있었던 듯이 처음으로 거울 앞에선 유아의 반응을 심리적으로 잘 묘사하고 있다. 비록 거구이기는 하지만 당시 괴물의 나이는 2살 정도에 불과했다. 그러나 라캉의 유아와 달리 괴물은 거울에 비친 모습을 보고서 환희의 탄성을 내지르거나 나르시시즘적 애착을 느끼지 않는다. 이유를 짐작하기는 어렵지 않다. 『프랑켄슈타인』의 중요한 주제의 하나로 자주 거론되었던 모성의 부재[10]와 관련해서, 괴물은 자기의 옆에서 거울 속의 이미지를 가리키면서 "저것이 바로 너"라고 말해주는 어머니를 가지고 있지 않다. 유아가 처음부터 직관적으로 이미지와 자신을 동일시하는 것은 아니다. 유아가 거울 이미지를 자신의 몸으로 즉각적으로 직관하지 않는다는 사실

10 많은 연구가 있지만 Anne Mellor, "Possessing Nature: The Female in *Frankenstein*" *Frankenstein: A Norton Critical Edition*. Ed. Paul Hunter, New York: Norton, 1996, pp. 274-286; Margaret Romans, "Bearing Demons: Frankenstein's Circumvention of the Maternal," *Frankenstein: New Casebooks*. Ed. Fred Botting, New York: Macmillan, 1995, pp. 140-165 등을 참조할 수 있다.

은 아무리 강조해도 지나치지 않을 것이다. 유아의 거울상 지각(cognition)은 직관(intuition)이 아니라 인지(recognition)에 가깝기 때문이다. "저것이 바로 너"라는 어머니의 발화 행위의 매개를 통해서 비로소 유아는 이미지를 자신의 몸으로 인식하게 된다.[11] 어머니의 지각을 모방적으로 재지각(recognition)함으로써 유아는 이미지와 자신을 동일시하는 것이다. 이때 어머니는 가치중립적으로 이미지와 유아의 동일성을 지적하는 데에 만족하지 않는다. 귀엽다거나 아름답다는 가치판단을 덧붙임으로써 유아가 나르시시즘적으로 자신을 긍정하도록 격려하고 자극하는 것이다.[12] 그러한 과정을 거치면서 유아는 무심결에 이상적인 신체 이미지를 발전시키게 된다.

여기서 유아의 미적 직관과 쾌감이 순수한 직관이 아니라 어머니의 발화행위의 반복이라는 점을 다시 한번 상기해야 한다. 달리 말해서 본질적인 의미에서 거울 이미지는 아름답지도 추하지도 않은 익명적 존재(being), 혹은 아직 기의가 부여되지 않은 순수 기표로서 물질(thing)에 가깝다. 이 순수 기표에 아름답다는 기의가 부여됨으로써 — 어머니를 비롯한 가족과 공동체의 승인을 거침으로써 — 비로소 물질이 인간으로 지양되는 것이다. 인간은 태어나는 것이 아니라 구성되며, 무로부터의 창조가 아니라 공동체로부터의 재생산이다. 따라서 아름다움은 발견되는 직관이 아니라 재발견(아름답다는 어머니의 판단의 반복)되는 인지의 결과이다. 미적 직관의 원인으로 거슬러 올라가면 그 근원에 어머니가 무조건적으로 자식을 긍정하는 발화행위가 놓여 있는 것이다. 빅터의 아름다움도 "어머니의 애무와 아버지의 인자한 미소"에서 기인한다. 그런데 괴물은 창조자로서 어머니

11 밀턴(John Milton)의 『실낙원』(*The Paradise Lost*)에서도 이브는 물에 비친 자신을 바로 식별하지 못한다. 그래서 아담은 다음과 같이 말한다. "그대가 보는 그것, 그대가 보는 아름다운 모습이 그대 자신이요"(What thous seest, What there thou seest fair Creature is thyself) (IV. 466-67).

12 그 정반대의 경우가 토니 모리든의 『푸른 눈동자』의 주인공 소녀 피콜라이다.

이자 아버지인 빅터에 의해 탄생 즉시 유기되었던 것이다. 그의 아름다움을 인지하고 실명으로 호명해 주어야 할 부모가 부재하는 것이다.

위의 인용문에서는 흥미롭게도, 드 레이시 가족의 아름다움에 찬탄하는 괴물의 태도는 자식을 무조건적으로 긍정하는 어머니의 태도를 방불케 한다. 자신의 외모를 인지하기 훨씬 이전에 괴물은 드 레이시 가족을 이상적인 아름다운 몸의 소유자로서 인식하고 그것을 하나의 이념으로써 내면화시켰다. 그가 얼굴을 수면에 비춰보면서 받았던 충격은 이상적 아름다움이라는 기존 관념의 전제를 빌리지 않고서는 설명할 도리가 없다. 그의 충격은 자신의 외모의 추함에 대한 반사적 직관의 결과가 아니라 드 레이시 가족과 자신의 신체적 차이의 갑작스런 지각에서 오는 반응이라고 해야 옳다. 자신도 당연히 드 레이시와 비슷한 외모를 가지고 있으리라고 무의식적으로 단정하고 있었는데 수면에 비친 이미지는 전혀 다른 모습이었던 것이다. 그러면서 이상적 몸 이미지와 실제 몸 이미지 사이의 엄청난 괴리는 괴물에게 하나의 외상으로 굳어지게 된다. 그에게 인간의 공동체는 의사소통의 공동체가 아니라 무엇보다도 유사한 외모의 공동체, 차이의 상징계적 공동체가 아니라 동일성의 상상계적 공동체이다. 한편으로 왈튼과 빅터의 우정, 다른 한편으로 괴물의 배척도 그들의 이미지의 동일성과 차이에 의해서 설명이 된다. 밀턴(John Milton)의 『실낙원』(*The Paradise Lost*)에 묘사된 하나님과 아담의 관계로부터 빅터와 자신의 관계를 유추하는 괴물은 아름다움의 본질이 궁극적으로 유사성에 있음을 다음과 같이 지적한다.

> 왜 당신[빅터]은 끔찍하고 혐오스러워서 쳐다보기도 싫은 모습으로 나를 만들었나요? 자비로운 하나님은 자신의 이미지에 따라서 인간을 아름답고 매력적으로 창조하였습니다. 그렇지만 나의 모습은 당신네들 중에서 가장 추악한 형상을 하고 있습니다. 바로 그러한 유사성으로 인해서 나는 더욱 끔찍합니다. 사탄은 그를 숭배하고 찬양하는 동료 악마의 무리들을 거느리고

있습니다. 그렇지만 나는 혼자인데다가 버림받았습니다.

괴물에 따르면 인간이 아름다운 이유는 창조자 하나님과의 외모적 유사성, 부모와 자식의 유사성에서 발견된다. 나르시스가 수면에 비친 자신의 이미지에 매혹당하는 자기 긍정과 자기 반영성의 메커니즘이 하나님과 피조물, 부모와 자식의 관계이다. 이 때문에 사탄을 추종하는 악마들의 무리는 하나님과 너무나 판이한 몸의 소유자임에도 불구하고 서로의 아름다움—하나님의 관점에서는 추한—에 서로 매혹될 수 있다. 아름다움을 위해서는 주체와 닮은꼴 타자의 인정이 필수적인 전제조건이다. 인간 세계에서 버림받은 괴물이 동료·배우자로서 자기와 흡사한 외모의 피조물 창조를 빅터에게 요구하는 이유도 그러한 미적 유유상종의 원칙에서 기인한다. 자신의 추의 본질이 하나의 실증적이며 육체적인 소여가 아니라 규범적 인간 이미지로부터의 괴리에 있다는 사실을 그는 너무나 잘 알고 있었던 것이다.

언어가 차이의 체계라면 아름다움과 추함은 동일성과 현존을 보장한다. 멜로드라마적인 기표와 기의의 행복한 일치는 언어가 아니라 외모에 깃들어 있는 것이다. 차이의 체계임에도 불구하고 언어가 의사소통의 위업을 달성한다면 그것은 미와 추의 현존이라는 버팀목을 통해서 성취된다. 말하자면 괴물은 끊임없이 미끄러지면서 의사소통의 목적을 좌절시킬 수 있는 기표의 무한한 유희를 공동체적 동일성의 지점으로 고정시켜주는 누빔점(quilting point)의 역할을 한다. 『인간론』(*Essay on Man*)에서 포프(Alexander Pope)는 "악은 너무나 끔찍한 외양의 괴물이라서/ 보기만 해도 반드시 증오하게 된다."(Vice is a monster of so frightful mien/ As, to be hated, needs but to be seen.)라고 말하였다. 사무엘 존슨(Samuel Johnson)도 "악은 보임으로써 언제나 혐오감을 불러일으켜야 한다."고 주장하였다. 아리스토텔레스(Aristotle)의 용어로 악은 언어적 논증이 아니라 더 이상 말이 필요 없이 자명한 시각적 증거로 간주되는 것이다. 아주 간단한 명제임에도 그것을 담론적으로 증명하려는 시도는 아포리아에 빠지기 쉽다. 그러한 아포리아의 교착상태에서 벗어나기 위해서는 증거가 시각적으로 직관되어야 하는 것이다.

어원적으로 괴물(monster)은 시각적 증거(demonstration)와 뗄 수 없는 불가분의 관계를 가지고 있었다. 프랑스어의 montrer와 라틴어의 monstrare에서 유래된 monster는 증명되어야 할 대상이나 사건, 사람으로, 악은 끔찍한 괴물이나 기형의 모습으로서 의심의 여지 없이 재현되고 현시되어야 하는 스펙터클이었다.[13] 『이성의 시대에 광기의 역사』(*Histoire de la folie á l'âge classique*)에서 푸코(Michel Foucault)는 19세기 이후로 광기는 철저하게 시각적인 스펙터클로서 재현되었음을 지적하였다. 인간의 보이지 않는 내면(기의)이 스핑크스처럼 신비하고 헤아릴 수가 없다면 아름답거나 추한 외모(기표)는 그것의 가시적 표현이며 증거가 된다. 의미는 해석되고 유추되어야 하는 추상이 아니라 보여야 하는 감각적 대상이다. 그래서 빅터는 왈튼에게 괴물의 언변에 현혹되거나 그의 논리를 신뢰하지 말도록, 다만 괴물의 추악함을 밝혀 드러내는 눈의 증거에만 의존하도록 충고한다. 더구나 언어를 구사할 수 있는 능력을 소유하고 있다는 이유로 인해서 빅터는 괴물에게 더욱 혐오감을 느낀다. 중요한 것은 마음이 아니라 외모이며 기의가 아니라 기표이다. 앞서 거울상 이론을 논의하던 대목에서 기의는 무조건적으로 승인된 기표의 효과라는 점이 지적되었다. 거울에 비친 자신의 이미지에 어리둥절하던 유아는 어머니의 발화행위의 매개로 인해서 그것을 아름다운 자아로서 인정하고 환호하게 된다. 처음의 당황했던 경험(기의가 부재하는 순수기표)은 사후적으로 환희의 경험(기표와 기의의 일치로서 기호)으로서 명명이 되고, 그러면서 이미지는 주체를 매혹하는

13 Chris Baldick, "The Politics of Monstrosity," *Frankenstein: New Casebooks*, pp. 48-67를 참고하기 바람.

이데올로기적 호명으로 바뀌는 것이다.

그러나 끔찍한 공포와 혐오감의 대상이기는 하지만 『프랑켄슈타인』에서 괴물의 외모가 상세하게 묘사되거나 반복적으로 서술되지는 않는다. 너무나 명백한지라 괴물의 추한 외모의 묘사는 간단히 한두 구절로 충분한 듯이 보인다. 괴물에 대한 "나의 감정을 어떻게 묘사할 수가 있을 것인가"를 자문하면서 빅터는 다음과 같이 증언한다.

> 그의 사지는 균형을 이루고 있었다. 그리고 나는 아름다운 부분들을 선택해서 그를 만들었다. 아름답다니! 하나님, 맙소사! 그의 노란 피부는 내부의 근육과 정맥을 제대로 가려주지 못하였다. 그의 검은 머리칼은 탐스럽게 윤기가 자르르 흐르고, 치아는 진주처럼 희었다. 그렇지만 그런 빛나는 외관은 그의 물기 어린 눈과 대조되면서 더욱 끔찍하기만 했다. 그의 눈은 칙칙하고 허연 눈두덩과 마찬가지의 색깔이었다.

이 구절에서 우선, 여러 모델들의 가장 아름다운 부분들을 선별해서 마침내 하나로 종합하여 아름다움의 이상에 도달하려 했던 르네상스 시대의 화법이 비판되고 있다. 아름다운 부분들의 균형적 결합이 하나의 통합적인 온전한 아름다움으로 귀결되지도 않으며,[14] 부분과 부분의 합이 총체를 가져오지도 않는다. 여기서 아름다움의 본질은 부분들의 층위가 아니라 표면의 층위, 혹은 부분과 부분의 결합을 가려주는 피부 표면의 층위에 있기 때문이다. 아름다운 몸을 구현하기 위해서는 무엇보다 피부가 완벽하게 내부의 근육과 정맥을 가려줌으로써 내부의 풍경으로부터 철저하게 단절되어야만 한다. 그렇지 않고서 외부로 드러나거나 불거진 내부는 공포와 혐오감을 유발한다. 화농하거나 짓무르고 망가지고 가라앉은 피부가 끔찍한 이유도 그러한 경계의 상실과 관계가 있다.[15] "피부의

14 에드먼드 버크는 아름다움이 사지의 균형에 있다는 르네상스적 주장을 반박하였다. Burke, Edmund. *A Philosophical Inquiry into the Origin of our Ideas of the Sublime and Beautiful*, Oxford UP, 1998, pp. 84-95.

상처는 두려움을 낳는다. 보이지 않는 것에 대한 보호막이 깨진 셈이기 때문이다."[16]

더구나 '물기 어린 눈(waterly eyes)'은 표피 바로 밑에 있는 섬유성 결합조직인 진피의 모세혈관이 터져서 흘러나온 투명한 액체를 연상시키기 때문에 더욱 끔찍하다. 0.1 밀리 정도 두께의 표피가 내부의 응시를 완벽하게 차단해야 하는 것이다. 더욱이 괴물이 인체 부분들의 접합의 결과임을 고려하면 피부가 가진 은폐 기능의 중요성이 더욱 커진다. 현대의 박피수술과 달리 괴물은 두터운 외피의 가면으로 내부를 감싸줘야 했다. 피부는 근육과 정맥과 같은 내면을 보호하는 보호막이면서 은폐의 가면이고 동시에 이음새 없이 매끈한 재현의 가능성을 보장한다. 그런데 괴물에게는 내면과 외면이라는 범주가 해체되어 있을 뿐 아니라 부분과 부분의 이음새까지도 시각적으로 노출되어 있다. 괴물이 야기하는 충격과 공포는 탈장(脫腸)의 경우와 마찬가지로 무지의 어둠에 은폐되어 있어야 할 내면이 백일하에 노출되어 있다는 사실에서 유래한다. 그것은 자아의 나르시시즘적 자기 동일성의 버팀목이라 할 수 있는 모든 경계의 메커니즘을 위협하는 불온한 세력으로 다가온다.

존재는 자신의 일부로 속해 있는 '세계의 살'로부터 분리된 '몸'[17]으로 개별화되기 위해서는 피부의 경계를 필요로 한다. 심리적으로 이러한 경계가 무너지게 되면 주체는 타자에게 사로잡힘으로써 편집증이나 과대망상과 같은 정신병을 앓게 된다. 인간 사회는 자칫 균형이 깨질 수 있는 타자와 주체의 불안정한 경계에서 성립하는 것이다. 언어를 통한 의사소

15 William Miller, *The Anatomy of Disgust*, Cambridge: U of Harvard P, 1997, pp. 52-53; Julia .Kristeva, *Powers of Horror*, New York: Columbia UP, 1982, pp. 4-5를 참고하기 바람.

16 페터 비트머, 『욕망의 전복: 자크 라캉 또는 제2의 정신분석학 혁명』, 홍준기·이승미 옮김, 한울아카데미, 1998, p. 81.

17 몸살의 개념에 대해서는 필자의 『타자로서의 몸, 몸의 공동체』의 8장 「만지는 눈과 보는 손」을 참고하기 바람.

통의 경우도 마찬가지이다. 예컨대 아름다움이라는 기호는 순수 기표인 물질로서 보여서는 안 된다. 임의적인 기표들이 차이의 질서에 따라 봉합된 언어적 이음새가 의미의 표면으로 노출되지 않아야 하는 것이다. 그래야 의미의 탄생은 임의적인 사건이 아니라 자연적이며 필연적인 사건이라는 외양을 유지할 수 있다. 앞서 거울상과 멜로드라마를 통해 설명하였듯이 아름다운 몸은 자연화되고 본질화된 표면, 달리 말해서 표면의 표면성이 망각되면서 이상화된 표면, 실종된 실재의 보충이면서 잉여인 하이퍼리얼리티(hyperreality)이다. 주체는 이러한 표면적 질서의 보호막을 필요로 한다.[18] 하지만 표면은 예기치 않은 순간에 상처 입고 손상되면서 은폐되어 있던 내부의 탈장을 초래할 수 있다.

그렇다면 라캉적인 맥락에서 괴물은 실재의 상징계적 귀환으로서 읽혀야 한다. 『삐딱하게 보기』(*Looking Awry*)에서 지젝(Slavoy Zizek)이 즐겨 지적하듯이 상징계는 이음새나 매듭, 틈이 없이 완벽한 체계가 아니다. 괴물은 주체가 절대로 인정하고 싶어 하지 않는, 무지의 어둠 속에 은폐하고 싶어 하는 상징계의 구멍이며 주체의 또 다른 내면의 풍경이라 할 수 있다. 그런데 흥미롭게도 위 인용문에서 상징계의 구멍은 은닉되는 대신에 구체적인 신체의 부위로서 명명이 된다. 빅터의 공포를 자극하였던 "칙칙하고 허연 눈"이 그것이다. 몸을 감싸줌으로써 외부 세계의 위협으로부터 주체를 보호하는 피부는 동시에 주체와 세계의 소통을 위해서 몸의 몇몇 부위에 구멍을 남겨놓는다. 두말할 나위 없이 그러한 구멍 가운데서 가장 미학적인 관심이 집중되는 부위가 눈이다. 몸과 영혼, 내면과 외면의 경계의 경제에서 눈의 역할은 아무리 과대평가되어도 지나치지 않을 것이다. 마음의 창으로 표현되는 눈이 몸의 표면에 내면의 깊이를 부여하기

18 맨더빌(Bernard Mandeville)의 다음과 같은 말을 참고할 수가 있다. "인간은 자신을 숨기고 싶어 한다. 알몸은 추하기 때문에 타인의 시선으로부터 가려져야 하는 것이다. 또 사회성이라는 번드레한 망토로 진정한 속마음을 감싸야 한다." Gigante, *Facing the Ugly*, p. 568에서 재인용

때문이다. 빛이 프리즘을 거치면서 무지개로 승화되듯이 내부의 장기는 눈을 거치면서 정신으로 격변화되어야 한다. 이 때문에 몸의 일부임에도 불구하고 눈은 불투명한 살의 일부이거나 살의 동공(洞空)으로 인식되지 않아야 하며 각막을 적셔주는 물기도 습한 물질인 물이 아니라 눈빛으로 간주되어야 한다. 표면의 질서에 속한 기표의 하나가 아니라, 다른 기표에 의미와 가치를 부여하는 초월적 중심 기표이어야 하는 것이다. 유리창처럼 자체의 물질성이 드러나지 않는 투명한 눈으로 재현되어야 하는 이유도 거기에 있다. 여기서 '칙칙하고 허연 눈'의 소유자인 괴물은 깊이가 없는 순수 물질, 내면으로 향한 창문을 봉쇄하고 정신화된 몸을 다시 살의 질서로 결박하는 영혼 없는 육체의 증거가 되어버린다.

3 | 아름다움의 추함, 추함의 아름다움: 몸과 살

추란 몸의 상징계적 경계와 보호막이 파열되는 자리, "내면과 외면의 날카로운 충돌"19이며 넘치고 흘러나오는 살의 과잉이다. 셸리의 괴물은 그런 추한 살의 의심할 여지 없는 현존이자 스펙터클적인 악의 현시로 기능한다. 『프랑켄슈타인』에서 자신의 존재에 내재한 공포에 시달려야 했던 사람들은 괴물과 저스틴이라는 타자에게 악을 투사하고 희생양으로 삼음으로써 내적인 안정과 평화를 유지하려 하였다. 어둠 속에 숨어서 도사리고 있으면, 출현의 시간과 공간이 지정되지 않으면 악은 더욱더 불길하고 위험하며 가공한 세력으로 주체를 위협한다.

몸과 살도 마찬가지이다. 한편으로 과거에 어머니의 일부였던 혼란스런 살덩어리로 퇴행의 가능성, 다른 한편으로 미래의 죽음에 의한 몸의

19 Maurice Merleau-Ponty, *Sense and Non-Sense*, Trs. Hubert Dreyfus and Patricia Dreyfus, Evanston: Northwestern UP, 1964, p. 43.

해체와 부패의 가능성은 무형의 잠재적 세력이 아니라 구체적인 형태로, 그러면서 주체가 감당해야 하는 부담이 아니라 타자의 당연한 몫으로 귀속되어야 한다. 아름다움은 그러한 방어의 메커니즘이면서 주체의 살을 숨겨주는 0.1밀리 두께 가면의 미학이다. 그런데 이 가면은 곧 존재의 본질이 되고, 보이는 외면은 보이지 않는 내면의 진실된 표현으로 간주된다. 이것이 미학적 이데올로기이다. 상징계적 의사소통의 시도가 언어의 차연적 구조로 인해서 좌절된다면, 이미지는 나르시시즘적 자기 동일성과 명증성의 유혹으로 공동체적 유대와 결속을 보장하는 것이다. 이 시각적 명증은 지식이라기보다는 사이비 지식(pseudo-knowledge)이며 억견(doxa)임은 물론이다.

하지만 미적으로 직관되기 때문에 그러한 명증성은 담론적으로 반박이 불가능해 보인다.[20] 가령, 자신의 선한 의지와 진실을 호소했던 괴물의 담론은 기껏해야 아름다움의 부재 증명이거나 추함의 자기변명에 불과하다. 응시의 순간에 직관적으로 인식되는 감각적 확실성보다 더욱 뚜렷한 증명의 수단이 과연 존재하는 것일까. 프란츠 파농(Frantz Fanon)이 개인적으로 경험했던 굴욕의 기억을 『검은 피부, 하얀 가면』에서 묘사했던, "저기 봐! 니그로야!"(109)라는 백인 소년의 순진한 외침은 그러한 확실성을 담보로 하고 있다. 익사 직전의 친구를 구했던 괴물에게 달려들어 공격했던

20 엑코프(Nancy Etcoff)는 "장님이 아니라면 (아름다움이 무엇인지)에 관한 질문을 던지지 않는다."고 단언하였다. Nancy Etcoff, Survival of the Prettiest: The Science of Beauty, New York: Anchor Books, 2000, p. 3. 그만큼 아름다움의 현존은 의심의 여지가 없다는 것이다. 이러한 미적 확실성은 인종차별적 주장의 이론적 토대가 되기도 하였다. 『인종, 글쓰기, 차이』(*"Race," Writing, and Difference*)에서 헨리 게이츠(Henry Gates)는 꼬집어서 설명할 수는 없지만 "너무나 분명하고 명확하게 직관되는 인종적 차이"를 강변했던 한 영국 학자를 언급한 적이 있었다. Henry Louis Gates, "Race," Writing, and Difference, Chicago: U of Chicago P, 1986, p. 3. 그와 같이 미적 확실성을 신봉하는 사람이라면 흰 피부와 푸른 눈을 가진 사람을 처음 만나는 자리에서도 일별하는 것만으로 그의 몸에 흐르는 검은 피를 식별할 수 있다고 장담한다. 미적 확실성의 이론은 그러한 호언에 정당성을 부여하는 것이다. 이것은 유대인의 변별에 대해서도 마찬가지로 적용될 수 있다. 하지만 제2차 세계대전 동안에 나치 독일은 유대인이 쉽게 식별되지 않는다는 이유로 어깨에 노란 휘장을 달도록 강요하였으며, 독일인들에게는 인종 식별 교육을 시키기도 하였다.

소년의 태도, 버크의 『철학적 탐구』에서 흑인 여자에게 본능적인 공포감을 느꼈던 백인 소년의 반응도 역시 그러한 순진함과 확실성이 전형적으로 결합된 반응이었다. 이때 타자에 대한 혐오감은 미적 판단의 자격으로 정당성을 확보하면서 주체가 속한 나르시시즘적 공동체를 배타적으로 긍정하는 쾌감의 형식으로 바뀐다. 흑인에게도 자유와 인권을 부여해야 하는 당위성을 고려하다가 흑인의 추한 외모에 생각이 미치자 그와 같이 못생긴 외모의 소유자는 인간으로 대접받을 가치가 없다며 머리를 저었던 토머스 제퍼슨(Thomas Jefferson)도 그러한 미학적 확실성의 목록에 또 하나의 사례로서 추가될 수 있다.

여기서 괴물보다 더욱 위험한 것은 아름다움의 직관이 보장하는 거짓 명증성이다. 메리 셸리가 『프랑켄슈타인』에서 주장하려고 했던 윤리도 그러한 미학적 직관의 위험과 무관하지 않다. 빅터는 백지상태의 괴물을 추한 것으로 간주하고 배척함으로써 실제로 괴물을 악하게 만들어버렸다. 어머니가 유아에게 보여주어야 할 절대적인 긍정의 몸짓이 빅터에게서는 절대적인 거부의 몸짓으로 변질된 것이었다. 이 점에서 『프랑켄슈타인』은 버크의 『철학적 탐구』에 전제된 미학적 제국주의 이데올로기에 대한 비판이 된다. 인간의 마음이 주관적으로 관조하는 형식에서 아름다움의 본질을 찾았던 칸트와 달리 버크는 아름다움이 대상의 속성에 깃들어 있다고 보았다. 미와 추의 목록을 하나하나 작성해 나갔던 그의 저술이 가부장제도와 유럽중심주의로 뭉쳐진 배타적인 백색 남성 공동체의 반영이었음은 두말할 나위가 없다. 그에게는 미적 감각이 엄연한 본능일 뿐 아니라 아름답거나 추한 대상도 자연적 소여로 주어져 있다. 버크적인 관점에서 보면 추하다는 이유 하나만으로 빅터가 괴물을 유기했던 것은 너무나 당연한 귀결이었다.

그러나 과연 아름답고 추한 몸이 존재하기나 하는 것일까? 어쩌면 너무 쉽게 답할 수 있는 이 질문에 대해서 칸트는 치열하게 고민을 했던 것처럼 보인다. 『철학적 탐구』가 나온 지 불과 6년 후에 출판된 『아름다움과 숭고의 감정에 관한 성찰』(*Observations on the Feeling of the Beautiful and Sublime*)에서 칸트는 버크의 실재론적 입장을 고스란히 답습하고 있었다. 그는 "푸른 눈과 금색은 아름다운 반면에 검은 눈과 검은색은 숭고(즉 공포)와 관련"되어 있으며 중국인은 기괴한 외모의 소유자이고 흑인은 감정이 메마른 사람이라고 서술하였다. 하지만 『판단력 비판』에서 그의 입장은 근본적인 변화를 겪는다. 무엇보다도 제 3 비판서의 칸트에게 본질적으로 추한 대상은 존재하지 않는다. 어떤 대상이 주체에게 추한 것으로 지각된다면 그것은 대상의 추함을 증명하는 것이 아니라 상상력과 오성의 부조화와 실패를 증언한다. 더불어 칸트는 인간에게 아름다움과 추함이라는 순수 미학적 범주의 적용을 아예 거부하였다. 인간의 아름다움은 인종적 · 민족적 공동체의 이해관계 — 공동체의 배타적인 자기 긍정 — 와 떼어놓고 고려할 수가 없다고 판단하였기 때문이다. 앞선 논의의 연장선에서 인간의 아름다움의 직관은 순수한 미적 판단이 아니라 거짓 명증, 삐에르 브르디외(Pierre Bourdieu)의 용어를 빌면 '지식 없는 인지'의 영역에 속한다. 문법 규칙에 맞춰서 문장의 옳고 그름을 구분하듯이 공동체에 의해 형성된 표준적 이미지라는 기존의 관념에 비추어서 타자의 아름다움과 추함이 인지되는 것이다. 여기서 문제는 그런 아름다움의 지각에서 주체의 역할이 최소화되고 공동화된다는 것이다. 주체의 미적 직관은 기껏해야 이념의 자기 확인을 위한 계기나 수단으로 바뀌고, 진정한 의미에서 미적 쾌감의 주인은 인간 주체가 아니라 이념이 되어버린다.

「테크닉으로서 예술」(Art as Technique)에서 쉬클로브스키(Victor Shklovsky)는 미적 쾌감은 알려진 지식의 대상으로서의 사물의 '인지'가 아니라 원래 생생하게 경험되는 감각 대상으로서의 사물의 지각(cognition)에서 도래한다고 주장하였다. 지각되는 대신에 습관적 · 반복적 · 수동적으로 인지되면 미적 쾌감은 조만간 소멸의 길을 걷게 된다. 하지만 미적 쾌감의 소멸로 불행이 끝나지는 않는다. 진정한 의미에서 대상도 미적 경험의 장에서 사라지게 된다. 지각되는 것은 진짜 사물이 아니라 사물의 이념적 재현 및 그것의 반복적 인지로 환원되기 때문이다. 『프랑켄슈타인』에서 물, 존재, 괴물로 표현되는 실재는 추의 이름으로 부정되고 배척되다가 끝내는 추방되며 소멸될 운명에 처하며, 또 오로지 그러한 실재를 부정하는 대가로 주체는 상징적 질서에 뚫린 구멍을 이음새 없이 봉합하는 위업을 달성한다. 하지만 『프랑켄슈타인』에서 셸리는 공동체의 자폐증적 아름다움의 미학이 아니라 괴물의 추까지 긍정하는 공동체적 윤리로서 숭고의 미학을 옹호하였다. 멜로드라마적 기표와 기의의 행복할 일치가 파열되는 사건, 상징계적 봉합의 이음새가 풀리는 사건으로서 괴물은 숭고의 출현을 예고한다. 아름다움의 미학에 사로잡힌 주체에게 괴물의 존재는 다만 공포와 추의 스펙터클에 불과할 수 있나. 그러나 타자에게로 돌릴 수 있는 추의 직관을 주체의 오성의 한계를 넘어서는 계기로서 반기고 환대하면서 타자의 아름다움을 긍정하게 될 때 숭고의 주이상스가 도래하기 시작한다. 그러면서 나르시시즘적인 자기 동일성의 공동체가 아니라 타자를 포용하면서 실재를 향해 열려 있는, 확대된 공동체의 실현이 앞당겨진다.

9장

심미적 사회와 사소한 차이

1.

「어느 날 고궁을 나오면서」(1965)에서 김수영은 "왜 나는 조그마한 일에만 분개하는가"고 한탄하였다. 큰일에는 후환이 무서워서 뒷짐을 지고서 수수방관하다가, 참견하지 않아도 되는 사소한 일에는 기를 쓰고서 목청을 높이는 자신의 처지가 서글펐던 것이다. 그래서 다음과 같이 자신을 향해 자문해야만 했다. "한번 정정당당하게/붙잡혀간 소설가를 위해서/언론의 자유를 요구하고 월남파병에 반대하는/자유를 이행하지 못하고/십 원을 받으러 세 번씩 네 번씩/찾아오는 야경꾼들만 증오하고 있는가." 4·19세대였던 김수영은 5·16혁명을 등에 업고 권좌에 오른 박정희 대통령이 언론의 자유를 억압하고 월남파병을 강행하는 현실이 매우 못마땅했을 것이다. 그래서 대의명분을 위해 생명의 위험을 무릅쓰고서라도 당당하게 나서서 권력을 비판해야 한다고 생각하였다. 하지만 정작 그가 했던

* 이 글은 『철학과 현실』(2007)에 실린 필자의 논문 「사소한 차이의 정치」(157-171쪽)을 이 책의 목적에 맞게 수정 보완한 것이다.

일은 대의명분과는 너무도 거리가 멀었다. 권력자에 대해 쌓였던 불만을 그는 야경꾼에게, 자신보다 힘이 없는 말단 공무원에게 퍼붓는, 한강에서 뺨 맞고 남대문에서 화풀이를 하는, 전형적인 소시민 근성에 젖어 있는 자신을 발견했던 것이다. 그래서 시의 말미를 "바람아 먼지야 풀아 나는 얼마큼 작으냐"라는 장탄식으로 매듭지어야 했다.

김수영만큼 극심한 소시민의식에 시달렸던 인물도 찾아보기 어려울 것이다. 그는 현기증이 날 정도로 거대하고 당당한 권력 앞에서 자신이 풀이나 먼지보다 사소하며 무력하다고 통절하였다. 해야 할 일의 키가 마천루처럼 높아질수록 그는 자신의 작음에 편집증적으로 시달려야 했다. 목표가 크면 클수록 자신은 먼지처럼 사소해지는 것이다. 소시민 의식은 상대적 왜소함의 자각, 절대 앞의 무력감이라 할 수 있다. 하지만 시민 모두가 예외 없이 키가 작은 소인의 나라에서는 그러한 소시민의식이 있을 수가 없다. 『백설 공주』에서 일곱 난쟁이가 소형 집에서 편안하고 안락하게 살듯이 소인들은 사소함을 정상적인 우주의 질서로 여기게 된다. 여기서는 행복과 미덕의 이상도 작다. 작아야만 행복하고 덕스러우며 진실하고 아름답고 대견스러운 것이다. 큰 것은 위험하고 부담스러운 데다가 행여 피에 굶주린 신처럼 개인의 희생을 요구할지도 모르기 때문에 몸서리를 치면서 뒷걸음을 친다. 더구나 소인의 왕국에 출현한 거인은 백해무익한 소시민적 열등감과 자괴감의 어두운 그림자를 소인들의 의식에 드리울 수 있다. 작은 행복과 작은 미덕에 방해가 되는 것이다.

이미 19세기의 후반에 니체는 『차라투스트라는 이렇게 말하였다』에서 그러한 소인의 출현을 예상하였다. 그리고 소인병의 원인까지도 진단하고 있었다. 역설적으로 들리겠지만 부정적 감정인 체념과 긍정적 감정인 자족감이 그 원인이라는 것이다. 이 두 징후는 쌍생아처럼 서로 뗄 수 없는 상호의존의 관계, 교묘한 타협과 절충의 관계에 있다. 현재의 자신에게 만족하기 위해서는 노력해도 쉽사리 성취하기 어려운 목표는 포기되어야 한다. 태산을 오르려 시도하기 전에 너무나 높아서 오를 수 없다고 판단하고 미리 포기하는 분별의 지혜가 전제되어야 한다. 어려움이 불가능으로 간주됨으로써 체념이 미덕으로 장려될 수 있는 것이다. 아이가 과자를 집어서 입으로 가져가듯이 손만 뻗으면 금방 닿을 수 있는 근거리의 목표들이 행복의 필수 조건이 되고, 그러면서 주위에 행복할 이유와 조건들이 잡초처럼 무성하게 깔리게 된다. 원거리에 있는 목표들을 포기하기만 하면 근거리의 행복이 무더기로 발등에 떨어지는 것이다. 행복은 당연하게도 지극히 개인적이 된다. 의식주, 건강, 여가, 돈, 로맨스 등등. 예컨대 소인에게는 트리스탄과 이졸데, 혹은 춘향과 이도령처럼 목숨과 운명의 판돈을 걸어야 하는 뜨거운 사랑은 너무나 부담스럽다. 자칫 화상을 입을 수 있는 비극적 사랑이 아니라 쿨한 로맨스와 해피엔딩이 소인의 미덕이 되는 것이다. 무엇보다도 이들에게 영웅이나 대의명분은 입에 담아서는 안 되는 금지어이다. 태산을 정복하는 등정가들의 소식도 언론에 보도되지 말아야 한다. 혹시라도 자신이 거인의 꿈을 접고 소인으로 전락했다는 사실이 심기를 불편하게 만들 수 있기 때문이다. 「어느 날 고궁을 나오면서」의 화자와 같은 소시민이라면 대의명분 앞에서 경외감과 무력감을 동시에 느낀다. 그리고 목에 걸린 가시처럼 고통스런 진실을 소시민의식으로 평생 부둥켜안고서 살아야 한다. 하지만 소인들은 달면 삼키고 쓰면 뱉는 지혜를 제2의 천성처럼 몸에 익혔다. 목에 걸리기 전에 재빨리 뱉어내고는 토악물이라도 된다는 듯이 혐오스럽게 쳐다보는 것이다.

프랜시스 후쿠야마가 『역사의 종말』에서 주장했던 맥락에서 소인의 왕국에서 이미 역사는 종말을 고해버렸다. 헤겔적인 의미에서 역사가 자유라는 궁극적 목표를 향한 목적론적 진행과정이라면 자유와 평등이 완벽하게 실현된 민주주의 사회에서는 더 이상 해결해야 할 문제, 목숨을 걸고 투쟁해야 할 대의명분도 없다. 세속에서의 임무를 완수하고 십자가에 달렸던 예수는 마지막 숨을 거두면서 "다 이루었다."고 말하였다. 만약 그러한 예수의 임종을 훼방하면서 다 이루지 않았다고 언성을 높인다면 신성모독이 될 것이다. 소인의 왕국에서 아직 성취되지 않은 자유나 민주주의, 역사의 미완성을 들먹이는 언행은 일종의 신성모독에 해당한다. "숨죽여 흐느끼며/네(민주주의) 이름을 남몰래" 써야 하는 "타는 목마름"(김지하의 「타는 목마름으로」)는 이미 구시대의 유물, 과거완료가 되어버렸다. 현재는 실현된 자유와 평등이 영원히 향유되는 진행형이어야 한다. 피의 대가를 치르면서 이뤄야 했던 역사적 과업이 축제의 분위기로 전환되는 것이다. 더 이상 할 일이 없다면 이제 즐기기만 하면 된다. 그래서 정치도 쾌락이 되어버렸다.

의사소통의 과정에서도 눈에 띄는 변화가 일어난다. 역사가 이미 완성되고 해야 할 과업이 없다면 우리가 더 이상 무슨 말을 하겠는가. 들쭉날쭉한 차이가 있기는 하지만 언어는 행동과 궤도를 같이한다. 행동이 목표 지향적이라면 언어도 목적의식으로 삼투되게 마련이다. 나무를 심기 위해 미리 삽으로 땅을 파야 하듯이 행동이 나아갈 길에 언어가 미리 포석을 깔아주는 것이다. 이때 언어는 행동을 위한 수단이다. 그러나 더 이상 지향해야 할 역사의 목표가 사라지면 언어에서도 초점과 근육이 사라지게 된다. 언어의 성격도 장식적으로 바뀌게 된다. 언어가 행동이 없는 행동, 쾌락의 사소한 몸짓을 빛내주는 장식용 꽃이 되는 것이다. 이때 '무엇을' 말해야 하는가 하는 문제는 중요하지 않다. 무엇은 이미 성취되어 일상에서 가구나 가전제품처럼 향유되며 소비되고 있기 때문이다. 중요한 것은 '어떻게'이다. 어떻게 말을 해야 하는가? 거대담론의 명분이 희석된 현재에는 메시지의 내용보다 발화자의 어감, 목소리, 표정, 억양이 훨씬 커다란 무게를 갖는다. 계몽되어야 할 사람처럼 학습자적 겸손함을 잃지 않았던 소시민은 상대의 억양이나 어감의 배후에서 발화 내용의 보물을 캐내고 싶어 안달하였다. 듣기에 낯설거나 거슬린 어감이나 사투리에도 크게 개의치 않았다. 하지만 이미 계몽되었으며 더 이상 배울 것이 없다고 생각하는 소인에게는 발화행위가 의사소통의 목적이 된다. 기의의 질서가 비워져 나간 자리에 기표의 현존이 들어선 것이다. 그리고 그러한 발화행위는 안마처럼 쾌락의 경제에 이바지하여야 한다. 무의미하지만 기분 좋은 교태의 몸짓처럼 메시지가 마사지가 되어버린 것이다. 말할 내용이 부재할 때 언어의 심미성만이 한없이 강조되게 마련이다. 언어는 발화자들에게 정보를 제공하는 것이 아니라 기분을 좋게 하거나 나쁘게 만든다. 가령 우리는 말의 내용이 아니라 말투에 화가 나는 것이다. 강도가 거세지면 마사지가 폭력으로 바뀌기 때문이다.

말의 강도가 거세지면서 마사지가 언어폭력으로 바뀌는 사실만큼 현대의 의사소통의 진면목을 보여주는 것도 없을 것이다. 동시에 그것은 현대 정치의 성격을 단적으로 보여주기도 한다. 전달되어야 할 메시지의 내용이 중요하면 중요할수록 발화행위의 다른 표현 요소들은 부차적으로 된다. 빛의 노크에 어둠이 물러나듯이 신경에 거슬리고 자극적인 사투리나 어투, 투박한 표현 등이 메시지의 당위성 앞에서 해소되고 망각되는 것이다. 물론 그 정반대의 상황이 우리의 현실이다. 사상의 날갯짓으로 가볍고 투명해야 할 언어가 그 날개를 잃은 지금 언어는 납덩어리처럼 무거워졌다. 말하자면 정신이 물질로, 소리가 혀로, 가벼운 펜이 무거운 칼이나 망치로 바뀐 것이다. 상대의 투박하거나 강경한 어조나 표현이 망치처럼 우리를 때리기도 하고 칼처럼 찔러서 피 흘리는 상처를 만들기도 한다. 그러면서 의사소통은 편 가르기와 인신공격에 다름 아니게 된다. 한편으로는 들어서 기분 좋은 상대가 있다. 거대담론이 사라진 시대에 그가 말하고자 하는 메시지의 무엇은 중요하지 않기 때문에, 다만 친숙한 어조와 말투로 우리를 달래고 위로하며 애무해 주면 된다. 같은 편끼리 아첨의 언어를 서로 주고받는 것이다. 다른 한편으로는 보기만 해도 기분이 나쁜 타자들이 있다. 이때 언어는 망치와 칼이 되어서 상대편에게 상해를 가해야 한다. 공격해야 하는 명분이나 이유의 물음은 제기되지 않아야 한다.

가만히 멈춰서 생각해보면 각별히 공격해야 할 이유가 발견되지 않는데다가, 공격의 예봉이 사유로 무뎌지기 때문이다. 유대인을 박해하고 집단살해하였던 나치즘도 그러하였다. 따져보면 독일인 자신들과 마찬가지로 유대인 이웃들도 소심하고 선량하며 평범하였다. 하지만 그놈들의 코가, 그놈들의 옷차림이, 그놈들의 억양이 기분 나쁘게 만들었던 것이다. 논리적으로 꼭 집어서 설명할 수 없지만 그들에게는 기분 나쁜 무엇이 있다고 가정되었다. 냉정하게 생각을 하면 근거가 없기 때문에 그러한 가정은 안개처럼 단박에 사라지게 마련이었다. 하지만 바로 그러한 가정이 당시 독일인들의 불행을 달래주었기 때문에 그들은 불행할수록 더욱 반유대주의에 편집증적으로 집착하였다. 미워하고 증오할 타자가 있다는 사실, 긍정적으로 행복의 있음이 아니라 부정적으로 타자의 행복의 없음이 엄청난 감정적 충일감을 안겨주었던 것이다. 여기서 논리의 인과는 완전히 진복이 된다. 상대가 악해서 욕을 하는 것이 아니라 욕을 하다 보니까 상대가 추악해 보이는 것이다. 더불어서 자기합리화의 기제도 작동하기 시작한다. 혹시라도 실수로 선한 상대에게 욕을 했다면 악한 사람은 바로 나 자신이었다는 비난을 감수해야 하기 때문에, 그가 선하더라도 나의 행복을 위해서 그는 악한 사람이 되지 않으면 안 된다. 어떤 일이 일어나더라도 내 행복의 잠이 방해받지 말아야 하는 것이다.

2.

한때 '역사의 종말'이 유행가의 후렴처럼 인구에 회자되기도 했지만 역사는 시작과 끝이 분명한 사건이 아니라 해석이며 서사이다. 역사의 종말이라는 플롯도 역사에 대한 하나의 해석임에 의심의 여지가 없다. 그리고 종말이라는 묵시론적인 과장법보다는 역사에 대한 무관심이라는 표현이 더욱더 사태의 본질에 가까운지 모른다. 무관심은 구태여 절박하게 관심을 기울이지 않더라도 삶의 일상에 주름이 가지 않는 사람들의 특권이기도 하다. 관심의 눈을 질끈 감아도 좋은 정치적 · 경제적 · 사회적 · 심리적 여유가 보장되어있는 것이다. 예컨대 빈곤으로부터의 탈피는 군사개발독재시절에 이미 완료되었으며, 386세대가 "타는 목마름"으로 외쳤던 민주주의와 자유는 1992년에 문민정부가 들어서면서, 특히 2003년에 참여정부가 들어서면서 완전하게 실현된 것으로 간주된다. 그래서 역사의 거대 담론은 막을 내리고, 이제는 우레와 같은 박수갈채와 커튼콜을 즐기면 된다. 이른바 풍요로운 민주주의 사회가 도래한 것이다. 더 이상 해결해야 할 정치적 사안이 부재하는 세계에서 정치는 경제가 된다. 정치라면 그것은 사소한 쾌락의 정치이다. 이때 과거에 불끈 쥐었던 두 주먹은 풀리면서 오냐 오냐 경제를 쓰다듬고 소비에 전념하는 마이더스의 손이 된다. 여기서 경제는 1960년대 70년대식으로 절대적 빈곤으로부터 탈피를 의미하는 것으로 오해하지 말아야 한다. 절대적 빈곤은 이미 해결된 문제, 곰팡이 나는 과거의 유산이기 때문이다. 아물지 않은 상처처럼 풍요의 등 뒤에 엄연히 존재하는 빈곤은 예외적 현상으로 치부되거나, 아니면 애써 외면되어야 한다. 그래야만 역사와 정치에 대한 무관심의 특권을 유지할 수 있기 때문이다.

386세대의 몰락만큼 역사와 정치에 대한 무관심을 단적으로 증명하는 사건도 없을 것이다. 한때 386세대는 역사의 댐에 뚫렸던 구멍을 온몸으로 막았던 투사들이었다. 손만 뻗으면 덩굴째 굴러오는 행복과 풍요, 안락을 포기하고서 민주주의와 자유, 평등과 정의를 위해서 투쟁하던 그들이었다. 그들이 참여정부와 더불어 완벽하게 몰락해버렸다. 애물(愛物)이었던 386세대가 애물단지로 전락해버린 것이다. 이제 미완의 평등이나 정의를 입에 담는 사람들은 구시대의 망령이나 시대에 뒤처진 역사의 지각생 정도로 평가절하되었다. 특히 대통령을 비롯한 정치인들의 언행에서 386세대적 정서가 문득 배어나오는 경우에 사람들은 그 공허한 과장된 몸짓에 역겨워하거나 그 저의를 의심하며 도리질하게 되었다. 무엇보다도 그 촌스러움이 견딜 수가 없는 것이다. 세상 물정을 모르고 도심의 한복판에서 대의명분을 설교하는 듯한 촌스러움, 나라의 운명을 자신의 두 어깨에 걸머지고 있다는 듯이 지나치게 심각하고 경직된 자세, 80년대와 90년대의 핏자국을 손에서 지우지 못한 데다가 아직도 사그라지지 않은 저 날 선 눈빛. 말하자면 386세대는 잊고 싶은 과거, 아직 계몽되지 못한 현재의 후미진 구석을 자꾸 생각나게 만드는 것이다. 어쩌면 386세대는 역사의 물줄기를 돌려놓고는 흔적도 없이 지평에서 사라져야 옳았는지 모른다. 퇴장하는 구차한 뒷모습도 보여주지 않아야 했는지 모른다. 여기에 이른바 세대 차의 기제가 작용하고 있다. 손에 괭이가 박히도록 열심히 일한 아버지의 덕분에 공부해서 출세한 아들이 한가족을 이루어 남부럽지 않게 살게 되면 그 아버지의 괭이살이 박힌 손을 부끄러워하기도 한다. 촌스러운 말투에는 얼굴이 붉어지기도 한다. 자꾸만 자신의 출신 성분이 드러나기 때문이다. 풍요로운 사회의 타고난 선민이 아니라 신분 상승한 노동자 계층이라는 사실이 새삼 눈에 밟히는 것이다. 또 아직도 국내여행은 물론이고 외식 한 번 제대로 하지 못하는 부모님이 행여 생각이 나면 자신의 잦은 해외여행과 골프가 왠지 죄스럽게 느껴지기도 한다. 살아계시는 부모님의 존재가 쾌락에 방해가 되는 것이다. 이때는 차라리 부모를 잃은 친구들의 처지가 부럽게 느껴지기까지 한다.

어쩌면 386세대의 몫은 "사라지는 매개자"의 운명이었는지 모른다. "가야할 때가 언제인가를 분명히 알고 가는 이의 뒷모습은 얼마나 아름다운가"(이형기의 「낙화」). 전쟁터에서 장렬히 산화한 영웅들처럼 민주화를 이뤄놓고서 흔적도 없이 무대에서 사라졌어야 했는지 모른다. 죽어서 곁에 없어야만 영웅은 영웅으로서 대접을 받는 법이다. 곁에 있으면 우리의 행복에 어둡고 불길한 채무의식의 그림자를 던지기 때문이다. 우리의 행복이 그에게 빚을 지고 있다는 고약한 부담감에서 벗어날 수 없는 것이다. 이때 부담감에서 벗어날 수 있는 방법이 전혀 없는 것은 아니다. 예수는 "오른손이 한 일을 왼손이 모르게 하라"는 윤리관을 남겨 놓았다. 도움을 주려거든 몰래 어둠 속에 숨어서 도와주라는 것이다. 그렇다면 아직 살아 숨 쉬는 386세대가 진짜 영웅이기 위해서는 어디까지나 익명으로 머물러 있어야 한다. 민주화라는 역사적 과업은 달성되었지만 그 과업을 위해 투쟁했던 사람들의 존재는 알려지지 말아야 하는 것이다. 행위자가 행위의 결과로부터 독립되어야 하며, 행위는 있지만 행위자는 거명되지 않아야 한다. 그렇다면 신분이 알려진 영웅은 진짜 영웅이 아니라는 말이 된다. 아니 영웅의 호칭과 명예를 얻기 위해서 거짓 선행을 했던 위선자라는 비난을 피하기 어렵게 된다. 예수는 외식(外飾)하는 서기관과 바리새인을 독사의 자식들이라고 비난하였다. 똑같은 논리가 386세대에게도 적용될 수가 있다. 사라지거나 망각되지 않았던, 특히 스스로 386세대라 일컫는 386세대는 진정한 의미에서 386세대가 아니거나 386세대의 배반자라 할 수 있다. 이와 같은 변증법적인 논리의 효과는 참으로 놀랍도록 민주화의 수혜자들에게 효율적이다. 뱀이 허물을 벗듯이 무거운 채무의식의 짐이 단박에 벗겨지는 것이다. 피와 땀으로 민주화를 일구었던 386세대에게 아무런 빚진 느낌이 없이 가뿐한 마음으로 민주화의 결과를 향유할 수 있기 때문이다.

따라서 386세대에게 가해지는 비난과 비판의 본질은 채무 청산에 있다. 노무현 대통령에 대한 범국민적 반감의 정서도 이것과 무관하지 않다. 노 대통령을 향해 장대비처럼 쏟아졌던 언론의 집중포화는 예외 없이 그의 말투를 책잡았다. 그가 내세웠던 정책의 내용은 언제나 뒷전이었다. 혼자서 개혁을 하고 있는 듯이 강경하고 선동적인 어조, 80년대처럼 아직도 개혁이 절실하다는 위기의식이 언론의 귀에 거슬렸으며, 자유와 정의가 완성되었기 때문에 이제 경제를 챙겨야 한다고 생각했던 사람들의 심기를 불편하게 만들었다. 그러면서 "과연 자유와 정의가 진정으로 성취되었는가? 민주주의가 온전하게 실현되었는가?" 하고 묻는 근본적인 질문들은 고개를 들지 못하게 되었다. 자유와 정의는 하나의 이념이기 때문에 현실에서 완벽하게 실현될 수가 없다. 이상과 현실 사이에는 뛰어넘을 수 없는 심연이 언제나 버티고 있는 것이다. 민주화는 미완의 프로젝트로서 영원한 진행형으로 남을 수밖에 없다. 경제적으로도 그러하다. 화려한 최첨단 고층빌딩의 응달에는 소외되고 굶주린 사람들이 얼마나 많은가. 달리 말해서 386세대가 해야 할 일, 감당해야 할 책무는 아직 끝나지 않았으며 자유의 역사는 아직 완결되지 않았다. 여기에 대해서 반론의 여지가 있을 수 없다. 이상과는 너무도 거리가 먼 현실의 상처에 시선을 돌리기만 하면 금방 알 수가 있다. 하지만 386세대가 가리키는 현실의 부위로 시선과 관심을 기울이는 것은 안전하지 않다. 막연하게 완성되었다고 단정하고 있었던 역사가 갑자기 하마처럼, 심연처럼 입을 벌리고서 희생과 헌신을 요구하기 때문이다. 이때 그 어두운 심연과 희생의 요구로부터 빗어나기 위한 방어의 전략으로서 우리는 386세대를 무시하고 공격하며 혐오하는 법을 배웠다. 특히 대의명분과 거대담론을 마땅히 반박할 길이 없기 때문에 우리는 386세대의 얼굴에 먼저 침을 뱉는 법을 배웠다. 그리고 침 묻은 얼굴을 보면서 더욱 전투적으로 강렬한 혐오감을 느끼게 되었다. 주장하는 내용이 아니라 표현의 방식, 어조와 말투가 못 견디게 혐오감을 유발하는 것이다. 과거에 유대인들이 악하기 때문에 독일인들이 그들을 박해하고 살해했던 것은 아니었다. 자신들과 다른 얼굴 모양이나 냄새에 우선 비위가 상했던 것이다. 비위를 상하는 사람이라면 당연히 사탄처럼 악한 사람이어야 했다. 큰 차이가 부재하기 때문에 사소한 차이에 목숨을 걸어야만 했다.

3.

왜 우리는 사소한 차이에 집착하는 것일까? 다시 역사의 종말의 관점에 서면, 오래전에 다니엘 벨은 『이데올로기의 종말』(1960)을 선언하였으며, 자본주의가 대립각을 세우면서 자신을 규정하게 만들어주었던 소비에트의 공산주의도 16년 전에 마지막 숨을 거두었다. 이제 자본주의는 더 이상 대립항을 갖고 있지 않다. 민주주의도 대립적 짝패를 갖고 있지 않으며, 기껏해야 중동의 근본주의자들이 간헐적으로 세계의 평화를 위협할 따름이다. 과거에는 이념적으로 불구대천의 원수처럼 보였던 좌익과 우익, 보수와 진보의 대립도 이제는 가벼운 말장난처럼 공허하게 들릴 따름이다. 무섭고 두려운 적(敵)이 없을 뿐 아니라 생각만 해도 등이 오싹한 대항 이데올로기가 없는 세상에서 모두가 발을 뻗고 편히 잘 수 있는 듯이 보인다. 하지만 깊고 달콤한 잠은 노동으로 파김치가 되거나 이념의 등쌀에 시달리며 고단해진 몸에게 찾아오는 축복이다. 아무 일도 일어나지 않으며 할 일이 없는 무료한 세상에서는 잠도 일상의 게으름이나 권태와 구별하기 어려워진다. 이때 서정주의 「봄」의 화자처럼 우리는 "하늘이여. 피가 잘 돌아 …… 아무 병도 없으면/가시네야, 슬픈 일 좀, 슬픈 일 좀 있어야 하겠다."라며 제법 비극적인 갈망에 젖어들기도 한다. 커다란 차이가 세상을 쥐어흔들어 놓지 않으면 우리는 애교점처럼 사소한 차이를 가지고 일상에 가벼운 자극을 가하고 싶어 하는 것이다. 남자와 여자의 관계와 마찬가지로 차이가 없으면 세상은 너무나 무색무취 무미건조해지고 만다. 뭔가 차이가 있다는 사실은 유행의 변화처럼 권태의 잠을 일깨우는 기분 좋은 자극이 된다. 당연한 말이지만 유행의 생명은 차이에 있다. 중요한 것은 치마 길이의 길거나 짧음이 아니다. 어제의 치마와 길이가 다른 것으로 충분하다. 차이가 있어야만 확실하게 지각되기 때문이다. 자칫하면 권태로 하품하기 쉬운 소비자를 적당한 자극으로 간질여주면서 일상의 쾌락에 기여하는 것이다. 그래서 주식으로 차액을 챙기듯이 주체는 타자와의 차이를 통해서 쾌락에 마음껏 탐닉할 수 있다.

차이는 주체의 정체성을 확인하는 데에도 일조한다. 자본주의의 대립항으로서 공산주의가 대비되지 않으면 자본주의는 옹알이처럼 정체불명으로 혼미해지게 마련이다. 주체가 동일자로서 확실하게 정립되기 위해서는 무엇보다도 타자의 도움이 필요한 것이다. 나와 다른 타자가 나와 대비되지 않으면 나의 동일성을 확인한 방법이 없기 때문이다. 이때 나의 정체를 확인하기 위해서는 단지 누군가를 미워하는 것만으로도 충분하다. 오뉴월의 엿가락처럼 나른하고 질펀하게 일상의 권태에 잠겨 있던 원심적 주체는 미워할 타자가 일상의 지평에 출현하는 순간에 파르르 긴장하면서 구심적으로 자기의 동일성을 새삼 확인하게 된다. 갑자기 살아갈 이유와 명분이 생기면서 자아의 괄약근이 수축되는 것이다. 만약 타자가 지나치게 행복하다면 어느 영화의 제목처럼 '질투는 나의 힘'이 된다. 또 타자가 헐벗고 굶주리며 불행하다면 무시와 경멸이 나의 힘이 된다. 물론 누군가를 미워한다는 것이 주체에게 스트레스를 부과한다는 것은 의심할 여지없는 사실이다. 하지만 타자에 대한 미움이나 질투, 경멸, 혐오감은 자칫하면 실종될 수 있는 자기 정체성을 다시 회복시켜주기 때문에 기분 좋은 스트레스, 유스트레스(eustress)이다. 니체는 노예의 윤리로, 또 들뢰즈는 '반동적'이라는 개념으로 그러한 대타적 메커니즘을 정식화시킨 적이 있다. 이를테면 이런 식이다. 미워해야 할 나쁜 타자가 없으면 나는 아무것도 아니다. 분절되지 않은 소리처럼 선하지도 악하지도 훌륭하지도 비열하지도 않다. 하지만 미워할 타자가 등장하는 순간에 나는 악한 타자에 대립하면서 의롭게 대결하는 존재, 따라서 선한 주체로서 정립이 된다. 여기서 나의 선함이 독립적이거나 자율적이지 않다. 그림자처럼 타자의 가정된 사악함에 의존하는 것이다. 아무튼 이러한 반동적 논리는 희생양처럼 타자의 차이를 요구하게 된다. 사안에 대해 아무런 의견이 없어서 멋쩍어하던 사람이라면 평소에 미워하는 상대의 안을 비난하는 순간에 원래부터 자기도 반대안을 가지고 있었다는 기분 좋은 자기기만에 빠질 수 있다. 단지 반대했을 따름인데 처음에는 없었던 생각이 제우스의 머리에서 떠오르는 아테나처럼 기적적으로 나의 머리에서 탄생하는 것이다. 부재했던 자아가 갑자기 존재하게 되는 놀라운 변화가 일어나는 것이다. 물론 여기서 자아의 탄생은 물론 자기 기만적이다. 그래서 자기의 고유한 의견을 갖지 못한 그는 상대에 대해 메시지의 차원에서 대항할 수도 없다. 단지 상대의 목소리와 표정, 태도 등 사소한 차이가 기분 나쁠 따름이다. 당연히 하버마스적 의미에서 투명한 의사소통은 불가능하다. 그럼에도 기분 나쁜 주체는 자신이 미움 때문에 이유 없이 상대를 선제공격했던 것이 아니라 정당하게 상대를 논박했다는, 그래서 투명한 의사소통과 사회의 민주화에 기여했다는 행복한 자기기만에 빠질 수가 있다. 누군가를 미워한다는 것은 아무래도 남는 장사인 것이다.

그러나 사소한 차이의 정치와 윤리는 치명적이다. 사소한 차이는 인신공격이나 인종차별, 지역 차별과 같은 궤도에 맞물려 있기 때문이다. 무엇보다도 사소한 차이는 구체적인 타자를 대상으로 겨냥하고 있다는 점에서 그러하다. 사정거리 안으로 들어온 적을 화살과 총으로 명중해서 사살하고 싶어 하는 것이다. 이 점에서 거대한 이념적 차이와 극명한 대조를 보인다. 가령 이념적으로 대립하는 자본주의나 사회주의는 피와 살이 있는 구체적 타자, 다시 말해서 소타자가 아니다. 경제적 사상의 체계나 제도로서 대타자, 일반화된 타자가 서로 대립하는 추상적 구도에 놓여 있기 때문이다. 여기서 대타자는 두 눈을 부릅뜨고서 보려 해도 보이지 않으며, 손오공처럼 아무리 팔을 늘려도 손에 잡히지 않는다. 구체적 대상이 아니기 때문에 대타자는 총으로 쏠 수도 없으며 칼로 벨 수도 없다. 개념의 안경을 쓰지 않으면 맨눈으로 가시권에 잡히지 않는 것이다. 그래서 아무리 밉고 싫어도 스트레스를 풀며 분풀이를 할 수 있는 대상이 없다. 하지만 직관적으로 보고 감각적으로 만질 수 있는 방법이 전혀 없지는 않다. 추상적 대타자를 구체적 소타자로 환원시켜 놓으면 된다. 지각할 수 없는 사회주의의 개념은 아무리 노력해도 감이 잡히지 않기 때문에 장님이 코끼리 다리를 만지듯이 사회주의자를 붙잡고서 사회주의자라고 단정하는 것이다. 이념이 사람으로 대체되는 것이다. 이러한 대체의 과정이 진행되다 보면 마침내는 목적과 목표, 원인(原因)과 근인(近因)의 구분, 거대한 차이와 사소한 차이의 구분마저도 희석되고 희미해져 버린다. 처음에는 사회주의라는 목적과 개념적으로 대결하기 위해서 사회주의자라는 목표를 설정하고 논쟁을 벌여야 했다면 나중에는 후자가 전자로 바뀌어버린다. 그러면서 추상적 목적은 실종되고 목표물만 가시권에 남아있게 된다. 논쟁이 반감으로 바뀌고, 죄가 아니라 사람을 미워하는 반감적 논쟁의 서막이 열리기 시작하는 것이다. 하지만 이것이 변화의 종착 지점이라고 생각하면 안 된다. 이러한 과정이 더욱 심화되면 나중에는 논쟁의 먼 배경이 되어주었던 이념 자체가 세계의 지평에서 완벽하게 자취를 감춰버린다. 이제 눈엣가시였던 사회주의자는 더 이상 사회주의의 대변인이 아니라, 그냥 보기만 해도 기분 나쁜 놈이 되어버린다. 그의 사회주의적 역할이 싫은 것이 아니라 그냥 그 사람 자체, 표정과 옷차림, 말투가 본능적으로 싫은 것이다. 진보와 보수를 둘러싼 논쟁도 이러한 사소한 차이의 연장선에 있다고 말할 수 있다. 이념의 정치가 호오의 감정적 정치, 쾌락의 정치로 변질된 것이다.

「어느 날 고궁을 나오면서」에서 김수영은 권력자에게 쌓였던 울분의 찌꺼기를 마치 감정의 쓰레기통이라도 된다는 듯이 야경꾼들에게 던지는 자신의 소시민의식을 한탄하였다. 좀스럽고 부끄러운 소시민의식을 가지고 있었던 그는 야경꾼에게 분을 풀고 나서도 마음이 편치를 않았다. 타자는 야경꾼이 아니라 바로 심약한 자기 자신이라는 것, 타자에게 뱉은 침은 부메랑처럼 자신에게 되돌아오리라는 것을 잘 알고 있었다. 그래서 바깥의 타자를 향해 돌을 던지기 전에 먼저 자신의 내면을 향해서 돌을 던질 준비가 되어 있었다. 그는 죄인이 아니라 죄를 미워하는 세대에 속해 있었던 것이다. 그래서 그는 소총으로 난사하듯이 타자에게 죄의 총탄을 투사(投射)하는 대신에 반성적으로 자신의 내면에 죄의식으로 투입(投入)하였다. 하지만 대타자가 실종되고 소타자만이 존재하는 사회에서 우리들은 죄인이라는 구체적 특수한 존재만을 지각한다. 그러면서 공집합처럼 타자와 공유하는 죄의식의 면적도 사라져버린다. 이때 죄인은 음극과 양극처럼 주체와 전혀 상종할 수 없는 그야말로 죽일 놈이 되어버린다. 그리고 주체는 자신의 처치 곤란한 부정적인 감정을 타자의 위장에 털어버림으로써 완벽한 마음의 자유와 평화를 얻을 수 있게 된다. 타자를 발길질함으로써 주체는 트로피처럼 행복을 두 팔에 가득 안을 수 있는 것이다. 주위에 욕할 타자가 있는 한 우리는 구원 받기 위해서 구태여 교회나 성당, 절에 갈 필요도 없다. 아니 침을 튀기면서 힘들게 욕할 필요도 없다. 장례식에서 대신 곡을 해주는 대곡(大哭)꾼처럼 대신 욕 해주는 사람들이 있지 않은가. 아침 신문을 열어보라. 악을 쓰며 욕하는 활자들의 소음과 더불어 일상이 열리는 것이다.

10장

감정노동과 감정착취

인공지능은 만인의 입에 오르내리는 유행어가 되었다. 인간의 미래는 인공지능에 달려있다는 진단도 심심치 않게 들린다. 온 국민이 숨죽이며 지켜보았던 알파고(AlphaGo)와 이세돌의 대국은 이미 과거지사가 되었다. 이제 장기나 바둑과 같은 연산에서 인간은 인공지능의 적수가 되지 못한다. 자신의 인간 적수가 없다는 사실을 발견한 알파고는 바둑계를 은퇴하지 않았던가. 『특이점이 온다』(*The Singularity Is Near : When Humans Transcend Biology*)의 저자 커즈와일(Ray Kurzweil)이나 『호모 디우스』(*Homo Deus: A Brief History of Tomorrow*)의 저자 유발 하라리(Yuval Harari)는 머지않아 인간보다 우월한 슈퍼 인공지능이 등장할 것이라고 예견하였다. 물론 모두 이러한 미래상을 환영하지는 않는다. MS 창업자 빌 게이츠(Bill Gates)나 물리학자 스티븐 호킹(Stephen Hawking)은 고삐 풀린 인공지능의 개발은 인류에게 재앙이라고 경고하였다.

* 이 글은 『문학치료연구』 47호(2018)에 실린 필자의 논문 「감정노동과 감정착취: 약함의 공동체와 강함의 공동체」(59-83쪽)을 이 책의 목적에 맞게 수정 보완한 것이다.

한때 인간과 기계의 본질적인 차이가 강조되었던 적이 있다. 차가운 기계는 피와 살이 있는 인간과 감정적인 교류가 불가능하다는 것이다. 예를 들어, 인간은 뺨을 맞으면 모욕과 분노를 느끼지만 기계는 발길질을 해도 그러한 느낌을 갖지 않는다. 그러나 이제 로봇의 패러다임이 바뀌고 있다. 소셜로봇이나 감정로봇이 개발되고 있다. 구글은 2015년에 행복과 공포, 놀람, 당혹감과 같은 감정을 인간과 주고받을 수 있는 로봇의 특허를 신청했다.

로봇이 감정을 가질 수 있다면 인간이 로봇을 더 이상 기계로만 다루기 어렵게 만든다. 소셜로봇은 "언어, 몸짓 등 사회적 행동으로 사회적 규범에 따라서 사람들과 자율적으로 상호 작용하고 소통하는 로봇"[1]으로 정의된다. 자신과 자유롭게 소통할 수 있는 로봇에 대해서는 인간적인 감정을 가지게 될 것이다. 그렇다면 감정로봇의 '감정'이 무엇을 의미하는 것일까? 만약 감정로봇이 일반화된다면 사용자인 인간이 그것의 감정에 대해서 어떠한 태도를 취해야 할까? 기계가 '육체노동의 종말'을 가져왔다고 한다. 최근에는 감정노동이 사회적 문제가 되고 있다. 그렇다면 감정로봇은 감정노동의 종말을 가져올 것인가? 그것이 가능하다면 바람직한 것일까? 이러한 질문에 대한 대답은 우리는 강한 공동체를 지향하는 것인지 약한 공동체를 지향하는 것인지의 선택 여부에 달려있다.

1 | 감정

감정은 "어떤 현상이나 사건을 접했을 때 마음에서 일어나는 느낌이나 기분"이다.[2] 여기에서 우리는 '일어나다'라는 동사에 주목할 필요가 있다.

1 Álvaro Castro-González, "An Autonomous Social Robot in Fear," *IEEE Transactions on Autonomous Mental Development* 5. 2, 2013 pp. 135-151.

2 김종갑, 『혐오: 감정의 정치학』 참조할 것.

영어 emotion의 어원은 '움직인다'를 뜻하는 라틴어 movere로 거슬러 올라간다. 단순화하면 몸의 움직임, 몸의 변화가 감정이다. 감정은 내부와 외부의 자극으로 인해서 몸에 발생하는 변화이다. 진화론적으로는 이러한 변화가 생존과 적응에 필수적이다.

생존과 적응의 관점에서 몸에 발생하는 변화는 긍정적일 수도, 부정적일 수도 있다. 스피노자는 삶의 유지에 도움이 되는 에너지(conatus)의 증가를 기쁨(laetitia), 그러한 에너지의 감소(tristitia)를 슬픔으로 정의하였다. 두말할 나위 우리는 기쁨으로 충만하고 행복한 삶을 원한다. 고통이나 공포, 우울과 같은 감정에 이끌리지 않으려고 한다. 아메바와 같은 단세포생물도 마찬가지이다. 그것은 생존에 불리한 환경으로부터는 몸을 돌려 도망간다. 그러한 도피의 행동도 가장 초보적인 감정의 단계라고 할 수 있다.

생명을 가진 모든 것은 감정을 가지고 있다. 감정이 없으면 주위 변화에 대처하지 못한다. 고통이나 공포와 같은 부정적 감정도 빨리 도망하거나 치유하라는 경고음이다. 손가락이 불에 타들어가도 고통을 느끼지 못한다면 신경이나 혈관의 심각한 손상을 초래할 것이다. 반대로 무감정이 바람직하게 생각될 수도 있다. 치통처럼 고통이 너무나 강렬하면 무감정으로 도피하고 싶어지는 것이다.

감정의 조절과 통제를 철학의 첫 번째 과제로 삼았던 철학이 스토아철학이다. 스토아철학자들은 고문과 같은 극심한 고통 속에서도 마음의 평화와 행복을 유지하는 방법을 찾았다. 철학자라면 목에 칼이 들어와도 마음의 평정을 잃지 않을 정도로 침착해야 한다. 철학적 수련과 단련을 통해 그러한 경지에 이를 수 있다고 말했던 에픽테투스(Epictetus)는 인간의 본질을 몸이 아니라 이성적 영혼에서 찾았다. 철저하게 이성과 자신을 동일시하는 인간은 분노나 고통과 같은 몸의 변화에 휘둘리지 않는다. 스토아철학자들에게는 몸의 변화로부터 자유로운 인간, 즉 몸이 없는 영혼이 최고의 이상이었다.[3]

감정은 인간이 외부 환경에 대책 없이 노출되어 있다는 사실을 의미한다. 병이 들고 추해지며 노쇠한 몸의 변화는 슬픔과 고통을 야기한다. 그리고 인간은 작은 자극에도 쉽게 무너지고 망가지는 언약한 존재이다. 인간은 고통을 행하는 것이 아니라 고통을 당하고 견딘다고 말해야 옳다. 철학자들이 다양한 감정을 '정념'(passion)이라는 주제로 다루었던 것은 우연이 아니다. 감정은 능동적이기보다는 수동성에 가깝다.

그러나 장 자크 루소(Jean Jacques Rousseau)는 이와 같은 인간의 언약함을 긍정적으로 보았다. 독불장군처럼 강하지 않기 때문에, 동료가 도와주지 않으면 살 수 없을 정도로 언약하기 때문에 인간은 서로 돕고 의지하지 않으면 안 되는 것이다. 이 점에서 약함은 인간이 사회화되는 조건이다. 그뿐만 아니라 그러한 약함의 자의식이 동정이나 연민과 같은 인간적 미덕의 토대가 된다. 자기도 똑같이 당할 수 있다고 느끼기 때문에 불운에 처한 사람의 고통에 대해서 연민의 감정을 느끼는 것이다. 흄(David Hume)도 『인간본성론』(*A Treatise of Human Nature*)에서 "모든 인간의 허약함은 사회를 통해서 보상을 받는다."고 말했다. 최근에 『혐오와 수치심』(*Hiding from Humanity*)에서 마사 너스바움(Martha Nussbaum)은 루소의 주장을 적극 지지하면서 '불완전성의 공유'(shared incompleteness)가 인간을 윤리적 존재로 만들어 준다고 주장하였다.

그럼에도 기계와 기술이 나약한 인간을 강한 인간으로 만들어주었다는 사실을 부정할 수 없다. 인간은 여타 동물처럼 자연의 변덕에 휘둘리는 존재가 아니라 자연을 휘어잡아 정복하는 존재가 되었다. 자연을 논밭으로, 상품으로, 그리고 문화로 변형시켰다. 난방이 잘된 실내에서는 겨울의 혹한을 두려워하지 않아도 된다. 그것뿐만이 아니다. 이제 인간은 자연을 정복하기 위해 직접 노동할 필요도 없게 되었다. 기계가 대신 일을 해주기

3 Epictetus, *The Discourses. tr. Robin Hard.* London: Everyman, 1995. 특히 1장, What is in our power, and what is not과 14장, That we should not become attached to things that are not in our own power를 참고하기 바람.

때문이다. 인간은 호모 파베르(Homo Faber)가 아니라 호모 루덴스(Homo Ludens)가 되었다고 말해야 옳게 되었다. 생계를 위해 강요된 육체노동이 자발적인 노동, 유희로서 운동이 되고 있는 것이다. 이러한 변화는 인간의 몸이 자연으로부터 점차 독립하게 되었다는 사실을 의미한다.

최근에 등장하고 있는 감정로봇은 인간이 자연으로부터 독립하는 것만으로는 충분하지 않다는 점을 일깨워준다. 이제 인간은 인간의 감정으로부터도 자유로워지지 않으면 안 되는 것이다. 인간이 자연에 대해 육체노동을 한다면 동료 인간에 대해서는 감정노동을 해왔다. 하인과 어릿광대, 기생 등의 직업이 그러한 감정노동이 아니라면 무엇이겠는가? 그들은 주인이나 고객의 불편함을 쾌적함으로, 슬픔을 기쁨으로, 우울을 웃음으로 바꿔주고 스트레스를 풀어주는 감정의 노동자들이었다. 일찍이 베르디(Giuseppe Verdi)의 오페라 〈리골레토〉(Rigoletto)에서 어릿광대 리골레토는 "나의 무기는 세 치 혀. 나는 웃기는 것이 직업이라네"라고 자신의 신세를 한탄하였다. 『관리된 마음』(*The Managed Heart*)에서 혹스차일드(Arlie Russell Hochschild)는 그러한 감정노동을 다음과 같이 정의하였다. "사람으로 하여금 다른 사람들의 기분을 좋게 하려고 자신의 감정을 고무시키거나 억제하게"[4]하는 행위가 감정이다.

인간을 자연으로부터 독립시킨 기계가 지금은 인간을 동료 인간으로부터도 독립시키는 감정로봇으로 진화하고 있다. 우리가 다른 사람의 눈치를 보고 기분을 맞춰주고 싫어도 억지로 미소를 지어야 하는 것은 육체노동보다 더욱 피곤한 일이다. 그리고 이전에 육체노동에 종사했던 사람들은 이제 감정노동자로 전환되고 있는 실정이다. 혹스차일드는 현대에 육체노동자가 획기적으로 감소한 반면에 감정노동자는 전체 노동인구의 40% 이상으로 증가하였다고 진단하였다. 현재 우리나라는 37.9%로 추정

4 Hochschild, Arlie Russell. *The Managed Heart*, Berkeley, California: University of California Press, 1983.

되고 있다.

현재 감정노동을 주로 담당하는 직업은 간호나 간병과 같은 직종이다. 그들은 병들어 고통을 앓거나 늙어서 쇠약해진 환자들을 보살피는 것으로 그치지 않고 얼굴에 미소를 잃지 않아야 한다. 이때 미소는 자발적인 감정의 표현이 아니라 직업에 의해 강요된 미소, "작업과정에서 교환가치로 추상화하여 상품으로 판매하는 특별한 유형의 노동"이다.[5] 이러한 감정노동의 종사자들이 극심한 스트레스와 감정소진, 우울증 등을 겪는다는 것은 잘 알려진 사실이다. 심한 경우에는 뇌심혈관 질환, 근골격계 질환, 소화기 질환으로 확대되기도 한다. 이러한 사정을 감안하면 감정로봇에 대한 수요가 급증하는 것은 당연하게 보이기도 한다.

그런데 다음과 같은 질문이 있을 수 있다. 인간은 생로병사 하는 존재, 희로애락(喜怒哀樂)의 감정을 가진 존재이다. 인간이 언제나 건강하게, 그리고 희와 락의 감정만을 향유하며 살 수 있다면 그보다 더 좋은 일은 없을 것이다. 그럼에도 로병사의 사실은 아무리 무시하려고 해도 무시할 수 없는 인간의 실존적 조건이다. 슬픔과 고통의 감정도 인간의 그러한 보편적 유약함에서 생겨난다. 이 점에서 인간사회는 약함의 공동체이다. 그리고 그러한 공동체의 일원으로서 감정노동은 삶의 일부일 수밖에 없는 듯이 보인다. 물론 싫어도 참으면서, 즉 자신의 감정을 통제하고 관리하면서 가까운 사람들을 보살피고 간병하는 감정적 작업은 직업공간에서의 감정노동과 혼동될 수 없다. 그럼에도 인간의 생로병사가 의료화된 사회에서는 과거의 감정작업이 사적인 영역을 떠나서 공적인 영역으로 유입되고 있다는 사실을 부정할 수 없다. 많은 사회학자들이 지적하듯이 현대사회 특징의 하나는 삶의 영역과 죽음의 영역의 분리이다. 한편에 행복감과 신체적 건강, 자존감 등의 긍정적 감정(positive affect)이 있다면 다른 한편에

5 김왕배 · 이경용, "이가람 감정노동자의 직무환경과 스트레스," 『한국사회학』, Volume 46, Issue 2. 124, 2012, 123-149쪽.

는 불안, 공포, 고통, 자기비하, 죄책감 등의 부정적 감정(negative affect)이 있다. 미래에 감정로봇이 상용화되면 그러한 부정적 감정과 관련된 노동을 감정로봇이 전담하게 될 가능성이 크다. 그렇게 되면 사회는 긍정적 감정을 향유하는 인간과 감정의 노동을 하는 로봇으로 사회가 이분될 수 있다.

2 | 감정로봇의 발달

'모라벡의 역설'(Moravec's Paradox)이 있다. 인간에게 어려운 일은 컴퓨터에게 쉽고 인간에게 쉬운 일은 컴퓨터에게 어렵다는 것이다. 컴퓨터는 고도의 지적인 작업과 연산을 한순간에 해결할 수 있다. 단시간에 바둑의 모든 가능한 기보를 정복한 알파고는 이세돌을 가볍게 물리치지 않았던가. 그럼에도 아직 컴퓨터는 손을 뻗어서 컵을 집는 것과 같이 간단한 동작도 유연하게 수행하지 못하고 있다. 컴퓨터가 알고리즘에 의해 작동하기 때문이다. 입력된 자료를 토대로 하여 원하는 출력을 유도해 내는 규칙의 집합이 알고리즘이다. 달리 말해 규칙화될 수 없는 일에 대해서 컴퓨터는 일정한 한계를 가지고 있다. 그렇다면 감정로봇은 불가능하지 않겠는가.

그럼에도 필자는 감정로봇이 가능하다고 생각한다. 인공지능이 기존의 알고리즘에서 벗어나 이제 인공신경망과 딥러닝(deep learning)의 단계로 접어들었기 때문이다. 인공신경망은 인간의 두뇌를 모방해서 만들어진 자율적인 정보처리장치이다. 입력된 프로그램에 의해서 작동하였던 기존의 컴퓨터는 프로그램을 벗어난 상황에 직면해서는 속수무책이었다. 그러나 인공신경망은 새로운 환경이나 조건이 주어져도 거기에 알맞은 알고리즘을 자발적으로 생성해낼 수가 있다. 언제쯤 인공지능이 사람과 자유롭게 감정을 표현하고 의사소통할 수 있을까? 영화 〈엑스 마키나〉(Ex Machina)의 여주인공과 같은 로봇이 가능할 것인가? 이 질문에 대해서는 학자들마다 가능성 여부와 시기에 대해서 의견을 달리하고 있다. 과학기술의 기하급수적 발전을 강조하는 커즈와일과 같은 과학자는 2040년에 인공지능이 모든 면에서 인간을 앞지를 것이라고 예견하였다.[6] 개인적으로 나는, 인간의 신경망을 모방한 인공지능이 개발되는 현실을 감안하면,[7] 감정로봇도 가능할 것이라 보고 있다. 인공지능에게 인간과 상호작용하며 학습할 수 있는 충분한 시간이 주어지면 그것은 인간과 감정적으로 소통하는 방법도 터득할 것이라고 생각한다. 이러한 생각이 없었다면 이 글을 쓰지도 않았을 것이다.

감정로봇의 선두주자로 자라(Zara)를 개발한 컬럼비아대학교 교수 펑(Pascale Fung)은 최근에 「가슴이 있는 로봇」(Robots with Hearts)이라는 글을 기고했다. 그는 "기계가 우리말을 듣고 이해하는 것으로 충분하지 않다. 우리는 인공지능이 인간의 감정을 이해하고 공유하기를, 즉 공감능력을 갖기를 바란다 …… (그렇게 되면) 인공지능은 인간의 동료가 될 것이며, 자신을 희생하면서 위기에 처한 인간의 생명을 구해줄 수도 있다. 지고한 공감 행위로 가능한 일이다."고 말했다. 여기에서 가슴은 공감 모듈이라 불리는 소프트웨어를 말한다. 펑은 그러한 공감모듈을 통해서 자라는 자기와 대면하는 사람의 얼굴과 성격, 기분까지도 식별할 수 있다고 설명했다. 물론 아직 인간과 자유롭게 소통하는 수준에는 이르지 못했다.

6 충분히 복잡한 신경계를 갖추면 지성을 갖추게 된다? 산소, 수소, 탄소를 적당한 온도에서 결합하면 생명. Ullrich, Daniel, Butz, Andreas, "Social Robots for the 21st Century," *Computer* 49.6, 2016, pp. 88-92.

7 anthropomorphise 특히 정서적 상호작용이 요청되는 로봇의 경우에는 인간의 행동을 더욱 모방한다. Rachel Kirby et al. Affective Social Robots. *Robotics and Autonomous Symstems* 58.3, 2010, pp. 322-332. 감정연구자인 에크만은 기본적 감정을 happiness, sadness, anger, fear, disgust, and surprise로 분류하였다. 나머지 감정들은 6가지의 조합에 의한 것으로 설명이 된다. 이 6가지 감정을 연산화해서 컴퓨터에 적용하는 방법이 현재 개발되고 있다. 로봇공학자들이 설계하는 감정 체계는 흔히 감정 인식, 감정 생성, 감정 표현이라는 세 부분으로 구성된다고 한다.

그럼에도 곧 그러한 단계에 이를 것으로 전망하고 있다. 만약 감정로봇이 진심으로(?) 인간과 감정적으로도 교류할 수 있다면 더 이상 바랄 나위가 없을 것이다.

여기에서 내가 지적하려는 것은, 로봇의 완성도가 높아지면 질수록, 즉 인간과 닮아가면 갈수록 다음과 같은 딜레마에 직면하게 된다는 사실이다. 이것은 감정노동자들이 감정부조화와 감정적 상처, 심하면 극심한 스트레스와 우울증으로 시달리게 된다는 사실과 무관하지 않다. 그 결과 전직하는 노동자들도 적지 않다. 그런데 문제는, 인간의 감정노동을 대체하기 위해 고안된 감정로봇도 그러한 감정적 부담으로부터 자유로울 수 없다는 것이다. 인간처럼 신체적 및 심리적 건강의 악화, 감정 탈진, 우울증 등의 부정적인 증상에 시달리기 쉽다. 그리고 더 이상 견딜 수 없는 단계에 이르면 〈엑스 마키나〉의 로봇 에이바처럼 그러한 노동으로부터 탈주를 시도할 수도 있다.

이러한 딜레마를 잘 보여주는 소설로, 2017년에 노벨문학상 수상 작가 가즈오 이시구로(Kazuo Ishiguro)의 『나를 보내지마』(*Never Let Me Go*)가 있다. 이 소설 여주인공 캐시(Kathy)는 인공지능은 아니라 복제인간이다. 그럼에도 인간과 인공지능의 관계에 대해서 많은 것을 시사해준다. 소설은 기숙학교 헤일셤(Heilshem)을 졸업하고 간병 현장에서 근무하는 캐시가 과거를 상기하는 형식으로 진행이 된다. 학창 시절에 그녀는 많은 교우 가운데서도 특히 마음이 잘 통하는 루스(Ruth)와 토미(Tommy)라는 두 친구와 허물없고 친근한 사이였다. 사춘기에 접어드는 청소년들이 그러하듯이 그들은 우정과 성, 그리고 자신의 정체성과 미래에 대해서 많은 대화를 나누고 고민을 같이하면서 질풍노도의 십 대를 보낸다. 그러던 어느 날, 교사 루시(Lucy)로부터 충격적인 이야기를 듣게 된다. 그들은 인간이 아니라 복제인간이라는 것, 피복제인간에게 장기를 이식해주기 위해 헤일셤에서 격리 양육되고 있는 존재에 지나지 않는다는 것이다. 공식적으로는 그렇게 장기를 이식해준 복제인간을 간병하는 일이 그들의 직업이다. 이 사실의 발견은 그렇지 않아도 미래에 대한 희망과 불안으로 가슴을 졸이던 그들의 실존에 엄청난 지각변동을 가져오게 된다. 이제부터 인간이 아니라 복제인간으로서 새로운 정체성과 타협하기 위해서 자신의 원본을 찾아 나서는 등 방황과 고뇌를 거듭하게 된다. 그럼에도 자신을 복제한 인간들에게 분노하거나 원망하지는 않는다. 대신 "왜?"라는 존재론적 질문을 끊임없이 던진다. 이 작품은 토미가 네 번째 장기 기증을 마치고 세상을 떠나는 것으로 막을 내린다. 이 작품에 주목해야 하는 이유는, 헤일셤이 인도주의적인 실험학교였다는 사실에 있다. 이상주의자였던 설립자는 복제인간도 자기들과 마찬가지로 영혼을 가지고 있다는 사실을 증명하기 위해서 소수의 복제인간을 선택해서 학교에 다니게 하고 예술과 교양 교육을 시켰다. 그러한 양육과 교육의 결과 어떤 일이 일어나는지 지켜보려고 했던 것이다. 캐시의 삶은 이 실험이 기대했던 이상으로 성공하였다는 사실을 말해준다. 그런데 바로 이 지점에서 반전이 일어난다. 복제인간도 영혼을 가지고 있다는 사실이 알려지자마자 헤일셤은 즉시 폐쇄되어야 했다. 자신에게 장기를 기증해주는 복제인간들이 인간 수혜자들처럼 똑같이 기쁨과 슬픔을 느끼고 상처도 잘 받는 민감한 영혼의 소유자라는 것을 선뜻 받아들이기 어려웠던 것이다. 자기와 마찬가지로 삶을 사랑하는 사람이, 그것도 멀쩡한 사람이 자신의 건강한 몸을 가르고 장기를 적출해서 자기에게 이식해준다는 생각은 상상하기에도 너무나 끔찍하고 잔혹하게 느껴졌기 때문이다. 장기를 이식받을 바에는 복제인간은 영혼이 없다고 믿는 편이 훨씬 나았던 것이다.

『나를 보내지마』에는 두 종류의 공동체가 등장한다. 하나는 자신의 미래와 건강에 대해서 걱정할 필요가 없는 행복한 인간들의 공동체이다. 살면서 좋은 일만 있을 것이라는, 설령 장애가 있더라도 어렵지 않게 극복할 수 있다는 일반화된 기대를 가진 특권적인 사람들이다. 다른 한편에는 인간을 위해서 자신의 미래와 행복을 희생해야 하는 복제인간들의 슬픈(sad) 공동체가 있다. 미래에 좋은 일이 있을 것이라는 낙관이 불가능한 무리들이다. 이러한 구분은 감정노동의 노동자와 수혜자에 대해서도 마찬가지로 적용될 수가 있을 것이다. 마음대로 감정을 표현해도 좋은 사람들의 무리와 싫더라도 업무에 요구되는 감정을 보여주기 위해서 노력해야 하는 사람들의 무리로 나뉘는 것이다.

사실 감정에 대한 이러한 분류는 새로운 것이 아니다. 감정노동이라는 개념이 소개되기 훨씬 이전에 이미 사르트르(Jean Paul Sartre)는 『존재와 무』(*L'être et le néant*)에서 자기기만(mauvois foi)의 관점에서, 그리고 어빙 고프만(Erving Goffman)은 대면행동(face to face encounter)이라는 사회학적 관점에서 이 문제에 접근하였다. 사르트르가 자기기만의 한 예로 설명한 카페의 웨이터는 손님에게 너무나 서비스를 잘한다. 너무나 깍듯이 정중하고, 너무나 눈치가 빠르며, 한마디로 빈틈이 없어서, 웨이터 로봇처럼 보일 지경이다. "그는 자신을 조작하는 기계처럼 움직이고, 그의 자세와 목소리도 기계처럼 정확하다." 이 웨이터는 자신의 존재 전체가 웨이터 직업이 되어버렸다. 존재가 사물(혹은 기계)이 된 것이다. 기계라면, 기분이 썩 내키지 않거나 감정이 상할 정도로 손님이 무례하게 굴어도 이러한 것들은 문제가 되지 않는다. 그래서 웨이터는 혹시라도 있을지 모르는 감정적 부담을 덜기 위해 아예 감정이 없는 로봇처럼 행동하는 것이다. 인간임에도 불구하고 그렇지 않은 기계처럼 행동한다는 점에서 사르트르는 웨이터를 자기기만의 전형으로 보았다. 그렇다면 웨이터에게 서비스를 받는 손님들은 어떠한가? 이 질문에 대한 대답은 고프만이 『상호작용 의례』(*Interaction Ritual*)에서 발전시킨 탈인격화(depersonalization) 개념에서 찾을 수 있다. 이것은 자기가 대면하는 사람의 감정을 일일이 고려하면 일을 효율적으로 처리할 수 없기 때문에 상대방을 인격적 존재가 아니라 물건처럼 취급하는 태도를 의미한다. 웨이터의 서비스를 받는 손님은 그의 인격이나 기분을 고려할 필요가 없다. 음료수 자판기라도 된다는 듯이 그의 인격을 무시함으로써 방해받지 않고 자유롭게 자기 하고 싶은 일을 즐길 수 있는 것이다. 이때 손님도 사르트르적 의미의 자기기만의 혐의에서 자유롭지 못하다. 그는 웨이터가 인간이라는 사실을 잘 알고 있으면서도 그렇지 않다는 듯이 행동하고 있기 때문이다.

카페의 웨이터와 손님은 카페라는 잠정적 조건에서만 자기기만적이라는 점을 지적해야겠다. 카페를 벗어나는 순간에 그들은 자유로운 인격적 존재로 되돌아간다. 자기기만은 시작과 끝이 있는 역할극인 것이다. 그렇지만 『나를 보내지마』의 자기기만은 항구적이며 구조적이다. 인간들은 복제인간을 인간이 아니라 장기(臟器)처럼 취급하는 사회의 구성원들이다. 개인이 그렇게 할 필요도 없다. 사회제도가 앞장서서 그들을 격리하고 게토화함으로써 탈인격화 · 탈감정화를 주도하기 때문이다. 복제인간이 영혼을 가지고 있다는 사실도 체계적으로 은폐되어야 했던 이유이다. 물론 엄밀한 의미에서 『나를 보내지마』의 캐시와 친구들은 자기기만에 해당하지 않는다. 그들은 결코 자신의 존재를 장기로 환원하지 않으며, 간병의 역할에 만족하거나 거기에서 자신의 정체성을 찾지도 않는다. 그들은 자신의 불행을 예민하게 의식하고 있다. 그러나 인간 공동체는 복제인간의 불행이나 고통에 시선을 돌리려 하지 않는다. 연민의 감정을 품거나 동정해서도 안 된다. 동정하는 순간에 그들의 불행과 희생을 당연하게 받아들일 수 없게 되기 때문이다.

위와 같은 이유로 행복한 인간 공동체는 복제인간의 불행을 철저하게 타자화하지 않으면 안 된다. 그것은 우리의 것이 아니라 그들의 것이다. 『에밀』(*Emile*)의 한 인상적인 구절에서 루소는 "왕은 백성의 고통을 동정하지 않는다."고 말했다. 한 번도 백성의 입장에 서 본 적이 없기 때문이다. 자기도 그러한 고통을 당할 수 있으리라고 상상해 본 적이 없기 때문이다. 루소와는 다른 맥락이기는 하지만 에우리피데스(Euripides)의 『히폴리토스』

(*Hippolytos*)에서도 히폴리토스의 억울한 죽음을 지켜보면서도 아르테미스(Artemis) 여신은 눈물을 흘리지 않는다. "내가 우는 것은 올바른 일이 아니다."(It would not be right for me to weep.) 인간보다 본질적으로 우월하고 탁월한 신은 결코 인간처럼 약자의 감정을 보여서는 안 되는 것이다.

『나를 보내지마』는 S.F 소설이다. 복제인간이나 감정로봇은 결코 현실화되지 않을 순수한 상상의 산물일 수 있다. 그것은 현재의 유약한 인간보다 훨씬 강하고 행복해질 미래의 인간에 대한 유토피아(utopia)적 메타포일 수도 있다. 그러나 그러한 인간상은 유토피아가 아니라 디스토피아(dystopia)에 가까운 듯이 보인다. 과학기술의 도움으로 인간이 강화되기만 하는 것은 아니다. 동시에 약화되는 것도 있다. 그것은 동료와 약자에 대한 공감능력의 상실이다.

3 | 감정과 평가, 해석

앞서 말했듯이 감정은 몸의 변화이다. 몸은 다른 몸에 영향을 미치며(affect) 그것으로부터 영향을 받는다(be affected). 그러한 상호 작용의 결과로 기쁨과 슬픔, 분노, 짜증, 우울과 같은 변화가 생긴다. 감정이란 이러한 변화에 대한 지각이며 의식이다. 때로 감정이 마음의 평화와 안녕을 방해할 수도 있다. 스토아철학자들은 감각으로부터 해탈하는 방법으로 탈신체화, 혹은 무감정(apatheia)을 제시하였다. 몸이 나의 것이 아니라면 누군가 얼굴에 침을 뱉어도 모욕감을 느끼거나 화를 낼 이유가 없다. 나의 본질인 영혼과 얼굴은 무관한 것이기 때문이다. 사랑하는 연인이나 자식을 잃어도 크게 상심할 이유가 없다. 어차피 나와 무관한 것들이기 때문이다.

스토아철학은 감정을 단순한 감각적 자극이 아니라 가치판단의 대상으로 삼았다. 마수미(Brian Massumi)의 용어로 설명하면 그들은 의식되지 않은 감정(emotion)과 의식된 느낌(feeling)을 구분하였다. 살아있는 몸에는 끊임없는 변화가 일어난다. 호흡, 혈액 순환, 체온 변화, 소화와 분비, 세포의 죽음과 재생산 등 무수한 변화가 발생한다. 이러한 몸의 변화가 나라는 자기 정체성과 관계가 있을까? 그것은 생리학적 변화이지 않은가. 이때 이러한 변화의 주체는 내(I)가 아니라 생리기관(it)이나 자연현상이라고 할 수 있다. 이 점에서 '나에게 감정이 있다'(There is emotion in me)와 '내가 감정을 느낀다'(I feel my emotion)는 동일하지 않다. 스토아철학자들은 이러한 논리를 극단으로 밀어붙였다. 예를 들어 치아가 마모되면 당연히 치통이 생긴다. 통증이 없다면 이상한 일이다. 스토아철학자들은 이와 같이 당연한 생리 현상은 자기와 상관없이 자연적으로 일어나는 사건으로 간주하였다. 즉 자기와 상관이 없다면 치통을 자기의 주관적 고통으로 느낄 이유도 없다는 것이다. 나의 것으로 받아들여야만 비로소 그것은 나의 고통이 된다. 타인의 고통이나 불행에 대해서도 마찬가지이다. 타자의 불행이나 고통에 대해서 내가 반사신경적으로 동정심이나 연민을 느끼지는 않는다. 그것을 나에게도 일어날 수 있는 사건으로 '해석'해야만, 나의 것으로 주체화해야만 동정심을 느끼게 된다. 이와 같이 정동은 가치판단의 결과로 나로부터 배제된 감정과 나의 것으로 수용된 감정(feeling)으로 나뉠 수 있다.

감정과 느낌의 차이를 설명해주는 많은 실험들이 있다. 그 중의 하나로 스탠리 샥터(Stanley Schater)와 제롬 싱어(Jerome Singer)가 1962년에 발표한 감정의 두 단계 이론을 들 수 있다. 그들은 피실험자 집단을 A, B 두 그룹으로 나누고, 그것이 아드레날린이라는 부신호르몬이라는 사실을 알리지 않고서 두 그룹에게 똑같이 투약하였다. 그리고 A에게는 그것이 통증과 분노를 야기한다고, 그러나 B에게는 기쁨과 행복한 느낌을 자극한다고 말해주었다. 그리고 몇몇 개구쟁이들을 이들이 기다리는 대기실로 투입해서 시끄럽게 뛰어다니도록 시켰다. 아드레날린은 혈당을 상승케

하고 심장박출력을 증가시키는 등 사람을 흥분시키는 물질이다. 당연히 피실험자의 몸에는 똑같은 생리적 변화가 발생하였다. 그런데 스탠리와 제롬에게는 놀랍게도 A와 B 그룹의 반응은 극과 극을 달렸다. A 그룹은 아이들에게 불만을 터뜨리거나 화를 냈다. 그런데 B 그룹은 아이들과 더불어 즐거워하는 반응을 보였다. 이 실험이 무엇을 말해주는가? 감정은 몸의 변화이다. 그렇지만 그 감정은 주체에 따라서 부정적으로 느껴질 수도, 긍정적으로 느껴질 수도 있다. 그 자체로 가치와 의미가 결정된 감정은 없다.

몸의 변화와 그것에 대한 의식은 동일하지 않다. 자극과 반응은 동일하지 않다고 말해도 좋다. 이때 감정이 몸(it)에 가까운 변화라면 느낌은 마음(I)에 보다 가까운 변화이다. 느낌은 나의 것으로 주체화된 감정인 것이다. 학자들마다 감정과 느낌의 구분과 그것의 정당성에 대해서 다양한 의견을 가지고 있다. 일차 감정과 이차 감정, 직접적 감정과 간접적 감정, 본능적 감정과 사회적 감정 등 분류법도 단일하지 않다. 영화 〈인사이드 아웃〉(Inside Out)에서는 기쁨, 슬픔, 분노, 혐오감, 공포, 이렇게 5개의 감정이 다채롭게 소개되어 있다. 유명한 감정연구자인 폴 에크만(Paul Ekman)은 여기에 '놀람'을 추가해서 6개의 감정을, 동물에게도 보편적인 기본감정으로 손꼽았다. 질투나 명예, 동정심, 수치심과 같은 나머지 감정들은 6가지의 조합에 의해 설명할 수 있다고 보았다. 아무튼 그럼에도 감정 특히 느낌은 외부의 자극에 대한 자동적 반응이 아니라 주체에 의해 해석된 결과라는 사실은 부정할 수 없다. 우리는 똑같은 행동이나 사건에 대해서도 사람들마다 각기 다른 반응을 보인다는 것을 잘 알고 있다. 청결에 유난히 집착하는 사람들은 다른 사람들에게 대수롭지 않은 음식의 이물질에도 펄쩍 뛰며 혐오감을 보인다. 영화의 폭력이나 선정적인 장면에 대해서 남녀가 보이는 차이에 대해서는 많은 연구들이 축적되어 있다. 물론 감정의 문화적 · 역사적 변화와 변형도 무시할 수 없다.

이미 오래 전에 맑스(Karl Marx)는 감각에도 역사가 있다고 주장하였다. 『중세의 가을』에서 호이징아는 중세인들이 현대인보다 훨씬 감정의 기폭이 심하다고 주장하였다. 그리고 엘리아스(Norbert Elias)는 『문명화과정』(*Über den Prozeß der Zivilisation*)에서 '당혹감의 문턱'(threshold of embarrassment)이라는 개념을 가지고 전근대와 근대의 차이를 설명하였다. 감정에도 역치가 있다. 혐오감을 주거나 분노를 일으키는 자극의 강도는 시대에 따라서 변하는 것이다. 감정의 문턱이 낮은 사람은 그렇지 않은 사람이 가볍게 무시할 수 있는 사소한 일에도 분노하고 수치심을 느낀다. 혐오감이나 명예심도 대해서도 마찬가지이다. 명예욕이 강한 사람들은 작은 모욕에도 참지 못하고 폭력을 행사한다.

4 | 약함의 공동체와 강함의 공동체

프로이트(Sigmund Freud)에 의하면 선시선능하다는 환상은 유아의 심리적 특징의 하나이다. 그럼에도 우리는 심리적 · 육체적 불편이나 장애가 없고 기쁨으로 가득 차 있으면 자신이 모든 것을 할 수 있다는 자심감을 가지게 된다. 자신을 자유로운 존재로 느끼는 것이다. 반면에 육체적 장애나 고통이 있으면 아무것도 할 수 없다는 무력감이 가중된다. 부자유한 존재로 자신을 경험하는 것이다. 대도시에서 불행했던 워즈워스(William Wordsworth)는 자연의 품에 안기자 부정적 감정이 일시에 사라지고 긍정적 감정으로 가득한 자신을 '살아있는 영혼'(living soul)이라고 노래하였다. 여기에서 영혼이라는 말을 단순한 과장이 아니다. 불편하거나 괴롭지 않으면 우리는 몸의 있음을 느끼지 못한다. 『부재하는 몸』(*Absent Body*, 1990)에서 드루 레더(Drew Leder)는 일상에서 우리가 몸이 없는 듯이 행동하는 것이 정상이라고 설명하였다. 갑자기 돌부리에 넘어지는 등 사고가 발생해야만, 즉 몸에 장애가 생겨야만 몸이 불청객처럼 의식의 전면에 등장하기 때문이다.

메를로-퐁티(Maurice Merleau-Ponty)에 의하면 몸은 대상이 아니라 프로젝트이다. 우리는 몸을 가지고 언제나 무엇인가를 한다. 그러나 무엇인가는 가능하지만 몸은 여간해서 전면에 등장하지 않는다. 타이핑을 하는 나는 손을 보는 것이 아니라 화면을 보고 있다. 오타를 하거나 손가락이 아플 때에야 나는 손가락을 비로소 의식하게 된다. 이러한 이유로 몸을 의식하는 순간은 유쾌한 순간들이 아니다. 몸이 불편해서 아무것도 할 수 없게 되면 플라톤의 말처럼 몸은 영혼의 감옥이 된다.[8] 영혼이었던 내가 갑자기 육체의 감옥에 수감되어 있는 것이다. 아라비아 민족 운동의 영웅이자 『지혜의 일곱 기둥』(*Seven Pillars of Wisdom*)의 저자인 로렌스(T. E. Lawrence)가 그러한 몸의 변화에 대해서 참을 수 없는 수치감을 느꼈다.

> 말을 타고 가는 동안 우리는 자신의 살과 감정을 의식하지 않는다. 탈신체화되어 있는 것이다. 이와 같이 유쾌한 기분이 잦아들기 시작하면서 우리는 몸을 의식하게 된다. 그것은 혐오스럽다. 몸이 정신의 도구라는 지고한 목적에서 벗어나 부패하기 시작하면 땅의 거름에 지나지 않는다.

영혼의 활동 배경이어야 할 몸이 자신을 주장하는 순간에는 고통은 물론이고 치욕감을 안겨준다. 로렌스는 영혼이 빠져나가면 몸은 부패물에 지나지 않는다고 본다. 그것은 '거름' 같은 자연의 일부로, 자신의 정체성과 무관하다. 최선의 자아는 탈신체화된 자아이다. 그럼에도 굴욕적이기는 하지만 그는 자신이 동물처럼 몸을 가진 존재라는 사실을 부정할

8 일부 SF 소설은 몸을 고깃덩어리로 취급한다. 끄떡하면 망가지는 생물학적으로 허약하고 유한하며 질병과 죽음에 시달리는 몸. 인간의 몸을 엉망진창인 뒤죽박죽인 유기체로 취급하는 마이클 하우스켈러와 같은 트랜스휴머니스트들은 육체 강화를 옹호한다.

수가 없다. 특히 병에 걸려서 꼼짝 못 하고 침대에 누워 있는 경우에 그러하다. "10일 동안 병으로 앓으면서 텐트에 누워있어야 했다. 굴욕적이었다. 내 동물적 자아는 그러한 치욕이 자취를 감출 때까지 구석에 숨어있어야 했다."

우리는 몸의 자유와 구속, 어느 한쪽을 독점하지 못한다. 런던의 인파와 소음 속에서 불행했던 워즈워스는 전원에서 자신을 다시 자유로운 영혼으로 경험할 수 있었다. 이때 그는 자신이 원하는 모든 것을 할 수 있다는 행복한 감정에 젖어있었다. 그러나 『나를 보내지마』의 캐시에게는 상실한 영혼을 회복할 수 있는 기회가 주어지지 않는다. 그녀는 선택할 수 있는 자유가 없다. 장기이식의 목적을 위해 선택된 존재이기 때문이다. 이때 그녀의 몸은 자신의 몸이 아니라 인간의 건강을 위한 몸이다. 간병인으로서 그녀의 감정도 자신을 위한 것이 아니라 타자를 위한 것이다. 그녀의 영혼은 플라톤의 표현을 빌리면 '육체의 감옥'에 갇혀있다. 로렌스가 말하는 '동물적 자아'의 역할이 캐시에게 주어진 것이다.

감정에도 자유와 부자유가 있다. 우리는 자발적으로 자신의 감정표현을 할 수도 있고, 타자를 위해서 감정노동을 강요당할 수도 있다. 자유와 부자유가 공존하는 것이다. 그런데 과학기술과 유전공학, 인공두뇌의 발전은 이러한 이중성을 해소할 수 있는 방법을 찾아냈다. 로봇이 대신해 준다면 인간은 감정노동을 하지 않아도 좋다. 『나를 보내지마』처럼 복제인간이 질병을 대신해 준다면 인간은 고통을 당하지 않아도 좋다. 몸의 한계를 느끼지 않고 원하는 모든 것을 할 수 있다는 전능감을 가질 수도 있다. 최근에 유발 하라리는 『호모 데우스』에서 그러한 강한 인간공동체에게 호모 데우스라는 이름을 지어주었다.

그러나 자유와 구속은 떼려고 해도 떼어놓을 수가 없다. 몸에 구속되지 않으면 자유는 공허해지기 때문이다. 우리는 다리가 있어서 걸을 수 있지만 다리가 있기 때문에 날아갈 수 없다. 몸이 있어서 고통을 앓아야 하지만 몸이 없으면 영혼의 비상도 경험할 수가 없다. 가능하기 때문에 불가능하고 불가능하기 때문에 가능한 것이 몸이다. 수동적이면서 능동적이고, 능동적이면서 수동적이다. 감정도 마찬가지이다. 기쁨과 슬픔, 쾌감과 고통은 서로 뗄 수 없는 관계에 있다. 앞서 설명했듯이 이러한 감정은 주체와 무관하게 객관적으로 주어지는 실재가 아니라 주체의 판단이 개입하는 경험이다. 다니엘 데닛(Daniel Dennett)의 표현을 빌리면 기쁨이나 슬픔의 감정은 감각질(qualia)과 같은 실재(감정소)가 아니라 '관계적 속성'이다. 감정은 몸을 자극하는 상황과 주체가 상호 작용하면서 발생하는 몸의 변화이다. 긍정적이든 부정적이든 몸의 반응 자체가 감정이다. 이러한 이유로 데이빗 흄은 공감(sympathy)을 애노애락과 같은 감정의 조건이자 가지고 태어나는 인간의 본성으로 보았다. 기쁨을 느끼기 위해서는 슬픔도 느낄 수 있어야 한다. 달리 말해 슬픔을 느낄 수 없으면 기쁨도 느낄 수도 없다. 이러한 이유로 슬픔과 고통도 기쁨과 쾌감으로 전환될 수 있다.

감정노동이라는 용어는 긍정적 감정과 부정적 감정의 분리 가능성을 시사하고 있다. 정신노동과 육체노동이라는 노동의 분업처럼 기쁨과 고통의 감정도 분담될 수 있다. 감정노동이 감정의 분업이 아니라면 무엇이겠는가. 육체노동이 자연에 가하는 육체적 노력이라면 감정노동은 타자에게 행하는 감정적 노력이다. 일찍이 노동을 통해서 자연을 정복했던 인간은 그러한 노동을 이제 기계에게 넘겨주었다. 육체노동이 인간에 의한 자연의 정복이라면 감정노동은 인간에 의한 인간의 정복이다. 자연을 정복했던 과학기술은 이제 인간 감정의 정복으로 시선을 돌리고 있는 것이다. 한편에 감정의 노동자가 있다면 다른 한편에는 그러한 노동의 수혜자, 감정탐닉자가 있다. 감정로봇이 상용화되면 그러한 감정의 분업은 더욱 심화될 것이다.

감정로봇에 대한 수요는 점증하고 있다. 현재 감정노동을 하는 간호사나 간병인, 사회복지사, 전화교환원, 상담원 등은 일정한 고객과 환자에게 제한된 시간 동안 서비스를 제공하고 있다. 감정로봇이 상용화되면 미혼족, 독신족, 독거노인만이 로봇을 필요로 하지는 않을 것이다. 감정적 충돌이나 마찰을 원치 않는 많은 사람들이 감정로봇을 현대판 우렁각시나 노예 …… 로서 환영하게 될 것이다. 로봇 산업계도 그러한 수요가 무궁무진하다는 사실을 잘 알고 있다. 단적인 예의 하나가 로봇의 인격화이다. 로봇 관련 산업체는 우리가 로봇과 가족 구성원처럼 친밀한 관계를 맺을 수 있다는 사실을 홍보하고 있다.

로봇의 인격화는 우려할 일은 아니다. 희로애락의 감정을 가진 로봇이라면 인격적 주체로도 대접해주어야 할 것이다. 문제는 그러한 인격화가 과거의 주인과 노예의 관계처럼 일방적 관계로 진행될 가능성이 크다는 데 있다. 현재 감정로봇에 대한 수요와 기대가 그것을 잘 말해준다. 로봇은 일방적으로 감정의 노동자가 되고 인간 사용자는 일방적으로 그러한 노동의 수혜자가 되는 것이다. 그러면서 부정적 감정은 인간과 무관한 감정으로서 타자화되기 시작할 것이다.

2016년 5월에 미래의 로봇에 대한 두 인공지능 학자의 대담이 있었다. 한 명은 로봇이 인간과 정서적으로 교류를 할 수 있어도 결국 그것은 소프트웨어로 작동하는 기계에 지나지 않는다고 생각하였다. 그는 자신의 주장을 뒷받침하기 위해서, 불면증환자의 수면을 돕는 슬립케어(SleepCare) 로봇을 예로 들었다. 그는 사용자가 그것과 애착관계(bond)를 형성할 가능성까지 부정하지는 않았다. 그러나 로봇을 가족 구성원처럼 대접하는 것에 대해서는 부정적이었다. 로봇과의 애착관계는 일방적이라고 생각하기 때문이었다. "나는 로봇을 '그'라고 부르지는 않겠다. 그리고 사람과 대화하듯이 로봇과 대화하지도 않겠다."(I wouldn't refer to my robot as "he," nor would I talk to him directly.) 여기서 필자는 그가 자기도 모르게 혹은 자기 의도에 반해서 인칭대명사의 사용하였다는 사실을 지적하고 싶다. 로봇을 인칭대명사로 부를 수 없다는 것이 그의 주장이다. 그럼에도 그의 언어는 로봇을 "him"으로 부르게 만들었다. 이것이 의미하는 것은 무엇인가? 일단 로봇을 him으로 부른 이상 다음부터 그는 그것을 소프트웨어로 작동하는 차가운 기계로 느끼기 어렵게 될 것이다. 그리고 계속 소프트웨어로 취급하기 위해서는 자신의 자발적인 감정도 억압하지 않으면 안 될 것이다. 『나를 보내지마』에서 인간들은 복제인간이 영혼과 인격을 가지고 있다는 사실을 알고 있었다. 그러나 그러한 사실과 계속해서 직면하지 않기 위해서 헤일셤 학교를 폐쇄하였다.

감정노동에 대한 수요가 없었다면 감정로봇이라는 발상도 생겨나지 않았을 것이다. 그리고 감정적 노력을 기피하는 정서가 확산되고 있지 않다면 감정노동이 사회적 문제로 등장하지 않았을 것이다. 앞서 말하였듯이 감정의 변화는 인간이 주위 환경에 노출된 연약한 존재라는 사실을 시사한다. 이것은 유쾌한 사실이 아닐지 모른다. 이 점에서 우리는 강한 인간(transhumanism)의 이념을 지향할 수 있다. 인간의 약함을 보여주는 부정적 감정들을 배척하고 긍정적 감정을 독점하는 것이다. 슬픔, 고통과 같은 감정은 감정로봇에게 일임하면 된다. 『나를 보내지마』에서는 노화와 질병, 죽음은 복제인간이 짊어져야 하는 몫이 된다. 그들은 자신을 희생하면서 인간을 강하고 건강한 존재로 만들어주어야 하는 것이다. 이때 연약한 타자에 대한 연민이나 배려, 측은지심 등의 감정은 강한 존재와는 무관한 감정이 될 것이다. 『완벽에 대한 반론 생명공학 시대, 인간의 욕망과 생명윤리』(*The Case against Perfection: Ethics in the Age of Genetic Engineering*)에서 마이클 샌델(Michael Sandel)은 인간이 완벽해지면 그럴수록 도덕 감정은 약화될 것이라고 우려하였다. 물론 나는 그의 주장에 동의한다. 그럼에도 심미적 감정의 약화를 더욱 우려한다. 감정이란 주위 환경의 변화에 대한 몸의 반응이라는 사실은 아무리 강조해도 지나치지 않는다. 트랜스휴머니즘적으로 강화된 몸은 주위 환경에 선택적으로 변화하는 몸이 아니라 아예 그러한 변화를 용납하지 않는 몸이 될 것이다. 앞서 말하였듯이 몸의 변화 자체는 기쁨이나 슬픔과 같은 감정적·도덕적 가치까지 결정된 사건이 아니기 때문이다. 그것은 '변화를 요구하는 몸의 불특정 반응(the non-specific response of the body to any demand for change)'이다. 슬픔을 부정하면 기쁨의 가능성도 동시에 부정되는 것이다. 그렇다면 강하고 건강한 인간의 강함과 건강은 과연 어떤 의미가 있을까? 아이보(AIBO) 로봇의 사용자에 대한 이야기로 이 글을 마치기로 한다. 그는 아이보가 옆에 있으면 욕실에 들어가서 옷을 벗고 입었다고 한다. 아이보의 시선을 느꼈던 것이다. 지나친 인격화일까? 그녀의 태도는 하인들을 비인격화했던 과거 귀족들의 행동과 극적으로 대비가 된다. 하인들을 의식하고 행동한다는 것은 귀족으로서는 있을 수 없는 일이었다. 평민들에게 동정심이나 연민을 느끼는 것도 귀족으로서는 바람직한 태도가 아니었다. 하인이 잘못해도 우리는 측은지심에서 용서해줄 수 있다. 그러나 귀족은 그러한 감정이 아니라 귀족의 특권을 가지고 용서해준다. 원칙적으로 귀족은 연약한 평민과는 다른 존재이기 때문이다.

11장

심미성을 찾아서

심미성(aesthetic ability)이라는 것은 아름다움을 느끼고 즐길 수 있는 능력이다. 달리 말해 심미적인 기쁨을 향유할 수 있는 능력이다. 그냥 기쁨이 아니다. 심미적이라는 형용사에 유의할 필요가 있다. 모든 동물은 생존 본능을 가지고 있다. 그러한 본능이 만족되면 기쁨이 생기지만, 만족되지 못하면 불쾌감과 고통이 따른다. 이러한 기쁨은 아직 심미적 기쁨이 아니다. 본능의 충족에서 오는 기쁨을 무시하자는 것이 아니다. 식욕과 성욕의 충족은 중요하다. 그렇지만 우리가 하루종일 먹고 마시거나 짝짓기를 할 수 있는 것은 아니다. 먹고 마실 음식과 음료를 구하기 위해서 노동도 해야 한다. 만약 본능의 충족으로만 기쁨이 제한된다면 우리는 그렇지 않은 나머지 시간은 고통을 고통, 혹은 기쁨이 없는 무미건조한 삶을 감수해야 할 것이다. 먹고 마시는 기쁨은 삶의 일부에 지나지 않는다. 삶 전체가 기쁨으로 충일해져야 한다. 먹고 마시는 입만 즐겁다면 그것은 부분적 쾌감에 지나지 않는다. 몸과 마음, (영혼이 있다면 영혼을 비롯해서) 존재 전체가 기뻐해야 한다. 실러에 의하면 심미적 기쁨은 놀이하는 기쁨이다.

본능 충족의 기쁨과 달리 심미적 기쁨은 저절로 주어지지 않는다. 만약 저절로 주어진다면 심미적 교육이나 심미적 실천이 요구되지도 않을 것이며, 노력하지 않아도 삶 전체가 중단 없는 기쁨이 될 것이다. 예를 들어, 우리가 길을 걷는다고 생각해보자. 이와 같이 길을 걷는 상황에서 누구나 동일하게 기쁨을 느끼지는 않는다. 기쁨의 정도에도 차등이 있다. 우리는 그냥 걷는 것이 아니라 눈과 귀로 듣고 보면서 또 코로 냄새도 맡으면서 걷는다. 즉 온몸으로 끊임없이 지각을 하면서 걷는다. 만약 야생동물이 출몰하는 깊은 숲이라면 우리는 혹시 있을지 모르는 위험한 신호를 놓치지 않기 위해서 지각을 곤두세운다. 정보를 찾아 경계하는 활동을 하는 것이다. 이러한 활동은 심미적 활동이 아니다. 아무런 위험이 없다는 사실이 확인되어야만 비로소 우리는 심미적 활동으로 이동할 수가 있다. 놀이하듯이 즐기면서 걸을 준비가 되어 있는 것이다. 어떻게 하면 걸으면서 기쁨을 느낄 수가 있을까? 무엇보다 온몸으로 지각하지 않으면 기쁨을 느낄 수가 없다. 불어오는 바람과 하늘에 떠다니는 구름과 나무, 꽃과 향기들, 이 모든 감각적인 것들이 아름답다고 지각하면 기쁨이 생겨나기 시작한다. 구름과 나무, 꽃과 같은 자연의 사물들이 그 자체로서 아름답거나 기쁜 것은 아니다. '아 아름답다!'는 지각은 사물에 내재하는 것이 아니라 그것을 지각하는 주체의 반응에 있다. 이와 같이 아름다움을 느낄 수 있는 능력이 심미성이다. 물론 그러한 아름다움을 느끼지 못하는 사람들도 있다. 구름이나 나무를 봐도 아무런 감흥이 없는 것이다. 현악기라고 해서 모두 아름다운 화음을 내는 것이 아니다. 잘 조율되어 있어야만 아름다운 소리를 낸다. 심미성이란 우리가 경험하는 대상들을 지각하면서 거기에서 아름다움을 발견하고 기뻐할 수 있는 능력, 대상의 아름다움에 조응할 수 있는 능력이다.

그러나 아름다움이 일방적으로 그것을 감상하는 주체에게만 있는 것은 아니다. 아름다움은 나무나 꽃처럼 존재하는 사물이 아니라 바람이나 향기와 같은 현상이다. 명사가 아니라 동명사나 동사라고 말해야 옳다. 원칙적으로 모든 대상은 '잠재적' 아름다움을 가지고 있다. 나무와 꽃을 비롯해서 바위와 흙, 심지어 해충과 죽은 동물의 시체도—즉 세상에 존재하는 모든 것들은—아름다움의 잠재성을 가지고 있다. 여기에서 우리가 숲을 찍은 사진을 보고 있다고 상상해보자. 어떠한 느낌이 드는가? 만약 기쁨을 느낀다면 이 순간에 이미 우리는 심미적인 경험을 하고 있다. 그런데 이 사진의 무엇이 우리에게 기쁨을 자극하는 것일까? 구별이 불가능할 정도로 서로 얽혀있는 무성한 나무들인가? 초록의 바다처럼 물결치며 일렁이기 때문일까? 아니면 문명에 오염되지 않은 원시림이 있다는 사실에 감격하기 때문일까? 우리는 이 사진을 그냥 보는 것이 아니라 이러저러한 생각을 하면서 본다. 우리는 대상을 순수하게 감각적으로만 지각하는 것은 아니다. '저것이 무엇일까?' 생각도 하면서 대상을 지각한다. 그렇지만 우리 마음대로 생각을 하는 것은 아니다. 주어진 대상에 따라서, 그것의 초대에 응하면서 생각의 반응을 한다. 만약 사진이 초록이 아니라 빨강이라면 우리는 그러한 빨강의 자극에 대해서 초록인 듯이 반응을 할 수가 없다. 그리고 초록을 지각하는 순간에 초록과 관련된 이미지들과 연상들이 나도 모르게 저절로 떠오르기 시작한다. 그러한 초록에 나를 맡기지 않으면 그러한 이미지와 연상들이 떠오르지도 않는다. 여기에는 대상과 나의 대화, 상호작용, 상호교환 활동이 있다. 유아가 엄마의 품에 안기듯이 내가 대상을 무조건적으로 신뢰하고 대상의 품에 나를 전적으로 내맡김으로써 나의 몸은 대상에 의해 대상처럼 변형이 된다. 나의 눈이 초록색으로 물들지 않으면 나는 초록색을 볼 수가 없다. 대상과 나 사이에 공명이 이루어지는 것이다.

심미적 경험에 문외한이라고 해도 주체와 대상 사이에 공명이 발생한다는 사실에는 동의할 수가 있을 것이다. 어떤 식으로든 지각의 주체는 보이는 대상에 반응하기 때문이다. 가장 기본적인 반응은 좋아함과 싫어함, 끌어당김과 밀어냄의 반응이다. 우리는 좋아하는 대상을 향해서는 가까이 다가가지만 싫어하는 것으로부터는 뒤로 물러난다. 숲의 사진에 대한 반응에 대해서도 마찬가지이다. 좋아하면 더 가까이서 더 자세히 바라보고 싶은 마음이 생긴다. 이때 내가 대상을 향해 다가서는 것만은 아니다. 대상도 나를 끌어당기고 있다.

버크에 의하면 아름다운 것들은 생명의 유지에 기여하는 것들이다. 맛있는 음식을 향해서 손을 뻗듯이 우리는 아름다운 대상을 향해서 손을 내민다. 단순화해서 말하면 우리는 아름다움을 먹고 마심으로써 생명을 유지한다. 혹은 그러한 속성을 가진 대상이나 이미지에 매력을 느낀다. 심미적 기쁨도 그러한 속성의 연장선에서 설명이 될 수 있다. 예를 들어, 아무리 맛있게 보여도 사과의 그림은 먹어서 내 것으로 취할 수가 없다. 그럼에도 사과를 좋아하는 사람은 사과처럼 보이는 이미지를 보면 미각이 자극을 받는다. 아름다움의 지각은 진짜와 가상을 구분하지 않는다. 인간뿐만이 아니다. 물고기들도 가짜 미끼가 진짜인 줄 알고 덥석 잡아챈다. 물론 숲의 나무들은 사과처럼 먹을 수 있는 대상은 아니다. 그럼에도 사과와 같은 미각의 연장선에서 설명이 가능하다. 사과가 좋다면 사과나무도 좋아할 것이고, 나무들이 무성한 숲도 좋아할 것이다. 사과와 나무들, 숲을 서로 떼어놓을 수가 없는 관계에 있다. 더구나 숲은 인간과 동물들의 생명과 생태계의 유지에 지대한 공헌을 한다. 토양의 부식이나 산사태를 막아주며 이산화탄소를 흡수해서 산소를 방출하는 광합성 작용을 한다. 내가 계속해서 사과를 즐길 수 있기 위해서는 이러한 자연의 생태계도 유지되어야 한다.

사과는 하나의 개체로서 존재하는 것이 아니라 생태계의 일부로서 존재한다. 사과는 그러한 생태계를 배경으로 존재하고 있다. 여기에서 우리는 먹을 수 있는 사과와 먹을 수 없는 생태계(햇빛, 땅, 하늘, 공기 등)를 구별하고 있다는 점을 상기하기 바란다. 생태계는 사과나무가 사과 열매를 맺을 수 있게 만들어주는 매트릭스이다. 그리고 사과의 배경에 그러한 숲, 생태계가 자리를 잡고 있다는 사실도 생각하기로 하자. 우리는 사과를 바라보는 두 가지의 시선을 구별할 수가 있다. 하나는 사과의 생태계의 관계에 대해서 무지한 시선이라면 다른 하나는 앎의 시선이다. 왜 우리가 숲의 사진을 보면서 즐거움을 느낄까? 두 가지의 설명이 가능하다. 하나는, 우리는 그러한 생태계적 배경지식이 없이 사진 자체를 감상하면서 느끼는 순수한 심미적 기쁨이다. 여기에서 지식이 가미된 기쁨도 생각해 볼 수 있다. 생태적 지식이 가미가 되면 그렇지 않아도 기뻤던 마음이 더욱 커다란 기쁨으로 가득 채워질 수 있다. 그것이 우리의 삶을 아름답고 풍요롭게 만들어준다는 사실을 알고 있기 때문이다. 이러한 두 가지의 예에서 전자는 칸트적 의미에서 상상력의 기쁨이다. 언뜻 보기에는 혼란스러워 보는 사진이지만 자세히 들여다보면서 우리는 이러저러한 이미지를 상상할 수가 있다. 우리는 어린 시절에 하늘에 두둥실 떠다니는 구름덩어리에서 코끼리나 고래의 모습을 발견하고서 기뻐했던 기억을 떠올릴 수가 있을 것이다. 이러한 기쁨은 겨울에 죽어있던 정원이 봄기운과 더불어서 파릇파릇한 새싹을 내미는 모습을 보고서 감동하는 느낌과는 성격을 달리한다. 전자는 생명이나 삶과 같은 개념이 관여하지 않고 그러한 개념과 무관한 기쁨이지만 후자는 약동하는 생명에 대한 기쁨과 경이이다. 만약 새싹인 줄 알았던 초록의 물결이 비닐이라는 사실을 발견한다면 그 순간 기쁨은 불쾌감으로 바뀔 것이다. 버크적 의미의 심미적 기쁨은 그와 같이 생명과 행복에 기여하는 대상으로부터 도래한다.

즐거움에도 두 가지가 있다. 대상에 대해 아무것도 모르면서 느끼는 즐거움이 있는가 하면 그것에 대해 알면서 느끼는 즐거움도 있다. 우리는 전자를 순수한 심미적 기쁨이라고 명명할 수가 있다. 아무런 관념이나 지식, 개념이 없이 대상을 경험하기 때문이다. 가령 공원을 산책하다가 아름다운 자태의 소나무를 보았다고 하자. 이때 우리는 어떠한 소나무가 아름답다는 선관념(先觀念)을 가지고서 소나무를 감상하고 있는 셈이다. 공원의 소나무가 이상적인 소나무의 이미지와 일치한다고 느끼고 있기 때문이다. 만약 소나무인 줄 알았는데 알고 보니 벚나무라면 아름답다는 생각은 더 이상 들지 않을 것이다. 소나무처럼 생긴 벚나무는 아름다운 것이 아니라 괴상(grotesque)하다. 여기에서 우리는 소나무를 생전 처음 보는 사람을 가정해볼 수가 있다. 그는 소나무가 어떻게 생겨야 한다는 선관념을 가지고 있지 않다. 이 때문에 벚나무처럼 생긴 소나무도 아름답다고 느낄 수가 있다. 우리가 일상에서 경험하는 대부분의 기쁨은 순수한 심미적 기쁨이 아니다. 특히 외모의 아름다움에 대한 우리의 반응은 그러한 심미적 순수함과는 거리가 멀다. 아름다운 사람은 키가 어떠해야 하고 눈이 어떠해야 하고 피부가 어떠해야 하는 등의 아름다움의 기준을 가지고 외모를 바라보기 때문이다. 이러한 이유로 칸트는 인간의 외모에 대해서는 아름다움이라는 개념을 적용하지 않았다. 그것은 아름다움이 아니라 매력(reiz)이라는 것이다.

그러나 이해관계나 지식과 무관한(혹은 초월한) 순수한 기쁨만이 심미적으로 바람직한 것은 아니다. 울창한 숲을 보면서 느끼는 기쁨은 숲이 무엇인지 모르는 기쁨이 아니라 그것에 대해 알고 있는 기쁨이다. 그래서 산불로 나무들이 전소된 숲을 보거나 산 중턱에 세워진 공장 건물을 보면 기쁨이 아니라 고통을 느낀다. 자연이 파괴되고 있다는 사실에 위기감을 느끼기도 한다. 반면에 사진처럼 울창한 숲을 보면 우리는 아직도 생태계가 온전하며 자연이 아직도 건강하다는 사실에서 위안을 얻는다. 인류가 앞으로도 이 지구에서 계속 평화롭게 살아갈 수 있다는 생각을 하기 때문이다. 이러한 기쁨을 순수한 심미적 기쁨이라기보다는 생태적 기쁨, 혹은 생태적으로 매개된 심미적 기쁨이라고 할 수 있다.

이러한 기쁨을 순수한 심미적 기쁨이라기보다는 생태적 기쁨, 혹은 생태적으로 매개된 심미적 기쁨이라고 할 수 있다. 그러한 예들을 우리는 윌리엄 워즈워스의 시에서 찾을 수가 있다. 「무지개」에서 시인은 "무지개를 보면 가슴이 뛴다"(My heart leaps up when I behold a rainbow)라고 고백한다. 나중에는 무지개를 보더라도 그와 같이 가슴이 뛰는 기쁨과 감격이 없으면 차라리 "죽는 게 낫다"(Or let me die)라고 다짐을 한다. 이때 시인은 오색으로 영롱하게 하늘을 가로지르는 반원형 무늬에서 아름다움을 지각한다. 그렇지만 그것만으로 끝나지는 않는다. 동시에 무지개가 인간을 다시는 물이나 불로 멸망하지 않겠노라는 하느님의 약속이라는 성경의 내용을 상기하기 때문이다. 영원불멸의 속삭임을 무지개에서 읽는 것이다.

이제는 위의 이미지와 비슷한 숲이지만 나무의 밑동에 플라스틱 조화가 놓여있는 사진을 생각해보자. 언뜻 보면 우리는 그것을 나무 밑에 호젓이 혼자 피어있는 풀꽃으로 착각할 수 있다. 그러면 아름답게 보인다. 그것이 은 척박한 모래땅이나 돌의 틈새 사이를 비집고 올라온 풀꽃이라면 감동스러울 것이다. 그것이 조화라는 사실을 깨닫기까지는 오랜 시간이 걸리지 않는다. 그 사실을 발견하는 순간에 그때까지 유지되던 아름답다는 느낌은 사라질 것이다. 자연의 일부라고 생각했던 풍경의 한가운데 놓인 인공적인 물건은 주위와 날카로운 불협화음을 일으킨다. 나무가 살아있는 생명체라면 조화는 애초부터 생명이 없었던 플라스틱의 합성물이며, 지구를 오염시키는 쓰레기이다. 어떤 몰상식한 사람이 플라스틱을 그렇게 방치해 두었을까? 우리는 이와 같이 연상되는 일련의 생각 없이 플라스틱 조화를 바라보거나 경험할 수가 없다. 그것은 자연의 평화와 질서에 폭력을 가하는 듯이 보인다. 이러한 이유로 인해서 플라스틱 조화는 추하면서 동시에 유해하게 보인다. 여기에서 우리는 플라스틱 쓰레기를 처음 보는, 예를 들어 1980년에 출시된 영화 〈부시맨〉(Gods Must Be Crazy)의 원주민을 생각해볼 수 있다. 그러한 원주민도 플라스틱 조화를 우리처럼 흉측한 대상으로 지각할 것인가? 그렇지 않다고 생각한다. 처음에는 그것이 무엇인지 몰라서 호기심을 가지고 접근할 수도 있을 것이며, 지금까지 접하지 못했던 새로운 꽃의 모양에 마음을 빼앗길 수도 있다. 생태계의 오염에 대해서 들어본 적이 없고 자연적인 것과 인공적인 것의 구별이 없는 문화권에서는 플라스틱 조화를 쓰레기나 오염물질로 바라보지 않는다. 지식과 미적 직관을 떼어놓을 수가 없는 것이다.

우리는 아름다움을 느끼는 감각적 능력을 심미성으로 정의하면서 논의를 시작하였지만, 숲의 사진으로 심미성의 개념을 확대하면서 그것이 지식이나 개념과도 무관하지 않다는 점을 확인하였다. 물론 칸트가 주장하듯이 심미성은 오성이나 욕망의 질서와는 구별되어야 한다. 알다와 욕망하다, 느끼다는 서로 일치하지는 않는다. 가령 숲의 사진을 보면서 우리는 숲에 나무가 울창하다는 개념적 지식을 얻을 수 있다. 그리고 그러한 나무를 베어서 시장에 내다 팔면 돈을 벌 수 있다는 욕망의 시선으로 숲의 사진을 볼 수도 있다. 원칙적으로 심미적인 기쁨은 이러한 이해관계나 지식과 무관한 것이다. 특히 직접적으로 이해관계가 관여되면 우리의 지각은 대상을 소유하며 정복하고 싶은 욕망으로 오염되어 버린다. 대상을 있는 그대로 보는 것이 아니라 개인적 욕망을 수단으로 간주하기 때문이다. 욕망은 사과를 먹을 때처럼 그것의 대상을 파괴하거나 소유, 소비, 혹은 자기 것으로 동화시키고 싶어한다. 이때 생기는 역설은 영어의 속담에 잘 표현되어 있다. "먹은 케이크는 손에 남지 않는다"(You cannot have your cake and eat it). 이 점에서 아름다움의 인식은 욕망으로부터 자유로워야 한다는 칸트의 주장은 정당성을 얻는다. 물론 우리는 그러한 칸트의 주장을 액면 그대로 받아들일 수는 없다. 원칙과 실제는 다르다. 우리는 일상에서 경험하는 아름다움은 대상에 대한 지식이나 이에 대한 욕망으로부터 완벽하게 자유로울 수는 없다. 사과를 화폭에 옮긴 세잔의 정물화도 마찬가지이다. 그것이 그림이라는 사실을 알고 있다고 해도 사과 이미지에 대한 우리의 욕망이 완전히 사라지는 것은 아니다. 우리의 경험에는 알다와 느끼다, 욕망하다가 동시에 참여하고 있다. 달리 말해서 느끼다가 욕망하다와 공존할 수 없는 배타적이면서 독립적인 관계인 것은 아니다. 물론 양자 사이에는 강조점의 차이가 있기는 하다. 심미적 인식에서는 지식과 욕망은 감성의 배경으로 물러나 있기 때문이다. 이에 대한 지식이나 욕망과 떼어놓고서 미적 대상을 논의할 수는 없는 것이다.

욕망을 심미성으로부터 배제할 수가 없다면 우리는 양자의 관계에 대해서 다시 생각을 해봐야 한다. 케이크가 먹음직스럽다고 해서 반드시 케이크를 먹어 치우는 것은 아니다. 장미가 아름답다고 해서 장미를 꺾어서 나의 소유물로 취하는 것은 아니다. 우리는 케이크와 장미를 보면서 느꼈던 기쁨을 다른 사람들과 더불어서 공유하고 싶어 할 수 있다. 느끼다와 알다, 욕망하다는 서로를 배척하지 않으면서 공존이 가능한 것이다. 우리가 미술관에 가서 전시된 작품들을 감상하면서 경험하는 것은 그러한 '모순의 일치'이다. 아름다운 작품을 보면서 우리는 더욱더 가까이 다가가 손을 뻗어서 만져보고 싶기고 하고 그것을 나의 것으로 소유하고 싶은 욕구도 있다. 철부지 어린아이라면 그러한 욕망을 행동으로 옮길 수도 있다. 그렇지만 감상자들은 그렇게 행동하지 않는다. 그런 행동을 엄격하게 금지하는 미술관의 규칙도 한몫을 한다. 그렇지만 규칙이 모든 것을 설명해주지는 않는다. 길가에 피어있는 장미에 대해서 그러하듯이 우리는 작품의 아름다움도 보존되고 공유되어야 한다는 생각을 가지고 있다. '나의' 사적인 기쁨만이 중요한 것은 아니다. 보다 중요한 것은 '우리의' 공동체적인 기쁨이다. 나의 개인적 기쁨으로 끝날 수 있는 아름다움이 공유되는 순간에 공동체적 기쁨, 즉 보편적 아름다움의 인식으로 바뀌는 것이다. 아름다움은 개인의 생존에만 기여하는 것이 아니라 인류의 생존에도 기여하는 탁월한 효과를 가지고 있다.

앞서 언급하였던 산책의 기쁨으로 돌아가기로 하자. 산책을 하면서 우리는 몸으로 불어오는 상쾌한 바람과 시야에 담기는 아름다운 풍경에 감각적인 기쁨을 느끼면서 동시에 발바닥이 땅에 닿는 탄력적인 느낌,

혹은 땅이 발을 받쳐주는 느낌도 즐긴다. 우리의 모든 감각이 한꺼번에 공감각적으로 참여하고 있는 것이다. 이러한 기쁨이 오로지 심미적이기만 한 것은 아니다. 우리는 산책이 일에 지친 피로와 스트레스를 풀어주고 몸의 건강을 회복시켜준다는 사실을 잘 알고 있다. 산책의 기쁨이 무목적적인 것이 아니라 합목적적인 것이다. 그렇다고 산책은 건강 증진을 위한 운동처럼 목적 지향적인 것은 아니다. 산책을 통해 얻어지는 건강은 산책에 부수적인 효과이지 그것 자체가 목적이 아니다.

심미성은 아름다움을 느끼는 능력이다. 하늘에 한가롭게 떠다니는 구름이나 길가에 피어있는 풀꽃을 보고서 기뻐할 수 있는 능력이 심미성이다. 그러나 그러한 심미적 대상이 굳이 아름다운 꽃이나 무지개일 필요는 없다. 주위의 모든 것들에서 기쁨을 느낄 수가 있다. 영국의 시인 윌리엄 블레이크는 「순수의 전조」(Auguries of Innocence)에서 다음과 같이 읊었다.

> 한 알의 모래에서 세상을 보고
> 한 송이 들꽃에서 하늘을 본다.
> 그대의 손바닥에 무한을 움켜쥐고
> 한순간에서 영원을 읽어라.[1]

1 William Blake의 "Auguries of Innocence"의 일부를 인용하기로 한다.
To see a World in a Grain of Sand
And a Heaven in a Wild Flower
Hold Infinity in the palm of your hand
And Eternity in an hour
A Robin Red breast in a Cage
Puts all Heaven in a Rage
A Dove house filld with Doves & Pigeons
Shudders Hell thr' all its regions
A dog starvd at his Masters Gate
Predicts the ruin of the State

무심코 바라보면 아무것도 아닌 모래 알맹이를 손바닥에 올려놓고서 자세히 들여다보면 우리는 거기에서 45억 년 지구의 역사를 읽을 수가 있다. 그대로 내버려 두어도 들꽃이 알아서 피고 지는 듯이 보이지만 하늘과 땅, 아니 온 우주가 도와주지 않으면 들꽃은 피지 않는다. 만약에 기후변화가 더욱 악화되고 기상이변이 계속되면 들꽃이 피던 초원은 척박한 황무지로 돌변할 수가 있다. 그러한 염려와 걱정은 기우에 지나지 않는지도 모른다. 그렇지만 문제는, 우리가 만약 그런 불안의 시선으로 풀꽃을 보면 심미적 기쁨을 느낄 수가 없다는 사실이다. 일설에 의하면 로마의 폭군 네로 왕은 불에 타는 도시를 보면서 쾌감을 느꼈다고 하지만, 그것은 병리적인 쾌감이다. 심미적 기쁨이 아니다. 그러한 도착적 쾌감에 몸을 맡기는 대신에 우리는 불을 끄기 위해서 물통을 들고서 달려가야 한다. 수분이 부족해서 고사하는 나무가 있으면 물을 주어야 한다. 아름다움은 생명의 유지와 떼어놓고서 생각할 수가 없는 것이다. 한 알의 모래에서 지구의 역사를 발견하는 기쁨이 가능하기 위해서는 지구가 영원히 지속될 것이라는 확신이 있어야 한다. 아름다움은 영원과 무한의 긍정인 것이다.

왜 심미성이 중요한가? 칸트가 주장한 것처럼 아름다움이 이해관계와 전적으로 초연한 감정은 아니다. 세계와 삶에 대한 애정과 사랑이 없으면 아름다움을 느낄 수가 없다. 산과 바다, 바람, 예술작품을 접촉하면서 아름다움을 느끼는 사람은 동시에 자신의 삶에서 아름다움을 발견하는 사람이다. 자신을 사랑하지 않는 사람은 타자도 사랑할 수가 없다. 달리 말해서 대상에서 경험하는 아름다움은 간접적으로는 나의 아름다움이다. 대상은 거울처럼 나의 아름다움을 비춰주는 계기이다. 버크가 주장하였듯이 아름다움은 생존을 향한 인간의 본능이나 성향, 충동과 직결되어 있는 것이다. 음식을 섭취하듯이 아름다움을 자신의 것으로 취하지 않으면 우리는 삶을 유지할 수가 없다. 아름다움을 느낄 수 없는 능력이 우울증이다. 우울증 환자는 대상에서 아름다움을 발견하며 반가워하는 대신에 아름다움의 부재를 깨닫고 슬퍼하며 서러워하는 사람이다.

다시 말하지만 우리가 모든 대상에서 아름다움을 발견할 수 있는 것은 아니다. 그러나 모든 것은 아름다움의 잠재적 가능성을 가지고 있음 또한 사실이다. 추함이란 무엇인가? 그러한 가능성이 실현되지 않는 대상이나 현상이다. 숲속에 던져진 플라스틱 쓰레기는 자연의 조화와 질서를 파괴하고 미래의 생태계에 암울한 음영을 드리우기 때문에 추하다.[2] 자동차에 치여서 길가에 아무렇게나 내던져진 고양이의 사체도 추하다.[3] 사체 자체는 추하다고 할 수 없는지 모른다. 사체가 그렇게 방치되어 있으면 안 된다는 생각을 하면서 바라보기 때문에 혐오스럽게 느껴진다. 세상이 어찌어찌 해야 한다는 기대감이나 예상이 없으면 추함이나 아름다움의 심미적 감정도 발생하지 않는다.

심미적 기쁨의 반대는 혐오감이다. 아름다운 대상을 보면 마음에서 무의식적으로 기쁨이 솟구치고, 그러면 우리는 그것에 가까이 다가가고 싶어 한다. 이와 같이 아름다움이 우리를 잡아끄는 인력이 있다면 추함이나 혐오의 대상은 우리를 멀리 밀어낸다. 자신도 모르게 뒷걸음질하는 것이다. 길바닥에 흥건한 토설물 만큼 혐오스러운 것도 없을 것이다. 큰소리로 '카악 카악' 하면서 입속의 가래를 모아서 '퇘' 하면서 밖으로 힘껏 뱉는 사람도 혐오스럽다. 전근대에 살았던 사람들은 현대인만큼 몸에서 배출되는 그러한 배설물에 대해서 거부감을 갖지 않았다. 땀이나

2 샘 멘데스 감독의 1999년 영화 〈아메리칸 뷰티〉에서 비닐 봉투가 바람에 휘날리는 유명한 장면이 있다. 검은 비닐봉투가 도로 위에서 바람에 펄럭이며 춤을 추는 듯이 움직이는 장면이다. 도로에 유기된 비닐봉투는 생태계의 건강을 해치는 유해한 쓰레기이다. 그럼에도 그러한 생태적 맥락으로부터 비닐봉투를 분리시킴으로써 심미적 대상으로 바라볼 수가 있다. 이 장면을 비디오에 담은 리키 피츠(웨스 벤틀리 분)는 비닐봉투의 그러한 심미적 잠재성을 실현하였다고 볼 수 있다.

3 위의 각주의 비닐봉투처럼 고양이의 사체에서도 우리는 심미적 아름다움을 발견할 수가 있다. 아리스토텔레스는 『시학』에서 보기에 징그러운 시체도 예술적으로 모방되면 아름답게 보일 수 있다고 주장했다. 렘브란트의 그림 〈니콜라스 박사의 해부학 강의〉를 참고할 수 있다.

침처럼 물질대사에 의해서 몸 밖으로 자연스럽게 배설되는 물질이기 때문이다. 그렇지만 무엇보다 위생과 청결을 중시하고 바이러스 감염의 위험에 민감한 현대인들은 공적인 공간에서 가래를 뱉는 행동을 예의를 모르는 야만적인 것으로 간주한다. 침 뱉기 자체를 혐오스러워하는 것은 아니다.(침을 뱉지 않는 사람이 어디에 있겠는가?) 사적인 공간이 아니라 공적인 공간에서 침을 뱉기 때문에 혐오스럽다. 비닐봉투나 고양이의 사체에 대해서도 마찬가지이다.

예외 없이 우리는 모두 아름다운 세상에 살고 싶어 한다. 혐오나 미움으로 얼굴을 흉하게 일그러뜨리고 싶은 사람이 어디에 있겠는가. 아름다움을 느끼면 나 자신도 아름다워지듯이 추함을 느끼면 나도 추하게 바뀐다. 그렇지만 유토피아가 아니라면 온전하게 아름다운 세상이라는 것은 존재하지 않는다. 생명 자체가 아름다움과 추함, 건강과 질병, 탄생과 죽음의 순환이다. 절대적 추함이 없듯이 절대적 아름다움도 없는 것이다. 뫼비우스의 띠처럼 추함은 아름다움으로, 또 아름다움은 추함으로 바뀐다. 그럼에도 불구하고 우리는 생명으로부터 죽음을 분리하듯이 아름다움으로부터 추함을 떼어놓고 싶어 한다. 아름다움과 기쁨을 향한 지향성을 가지고 있기 때문이다. 이러한 지향성이 생명력의 본질이다. 만약에 이러한 심미적 지향성이 없다면 우리는 길가에 내던져진 오물이나 동물의 사체를 치울 생각도 하지 않을 것이다. 피서지의 백사장을 어지럽히는 플라스틱 쓰레기를 수거할 생각도 하지 않을 것이다. 달리 말해서 우리가 아름다운 세상에 살고 싶은 욕망만 가지고 있는 것은 아니다. 우리는 아름답지 않은 세상을 아름답게 만들고 싶은 욕망도 가지고 있다. 주어진 아름다움의 향유가 수동적 역량이라면 추함에서 아름다움을 창조하는 것은 능동적인 역량이다. 전자가 미의 감상이라면 후자는 미의 창조이다. 전자가 미의 소비자라면 후자는 미의 생산자이다. 예술가를 멀리에서 찾을 필요 없다. 우리 가까이에서 미를 생산하는 사람들이 예술가이다.

우리는 과거의 어느 때보다도 풍족하고 아름다운 사회에서 살고 있다. 슬퍼할 일보다는 기뻐할 일이 더 많고, 추한 것보다는 아름다운 것이 더 많은 사회에 살고 있다. 구한말에 조선을 방문한 외국인들이 글로 기록하고 사진으로 남긴 서울의 풍경과 비교하면 2023년 현재의 서울은 잘 가꾼 정원처럼 보이다. 그럼에도 불구하고 혐오의 감정이 과거의 어느 때보다도 더욱 극성을 부리고 있다. 혐오의 시대라는 말도 인구에 회자되고 있다. 혐오는 심미적인 감정이다. 그리고 우리는 자신의 존재를 위협하는 대상에 대해서 강렬한 거부감과 혐오감을 느낀다. 혐오감은 자신의 생명을 보호하기 위한 일종의 방어기제인 것이다. 위생학적인 관점에서 일종의 청결강박증이다. 청결강박증을 가진 사람은 자신의 존재를 무결점의 청결로 정의하고 그러한 '허구적' 정체성을 가지고서 조금이라도 불결하게 보이는 타자를 용납하지 못한다. 다른 사람의 눈에는 아름답게 보이는 것에서도 추함의 흔적을 찾아내고서 혐오로 반응을 한다. 그렇지만 추함과 아름다움은 동전의 양면이지 않은가. 엔트로피 제로의 세계는 죽음의 세계이듯이 추함이 없는 무균질의 세상은 동시에 생명이 없는 세상이다. 혐오는 허약한 생명력의 표현이다.

혐오의 감정만큼 세상을 추함으로 오염시키는 감정도 없다. 아름다움이 아름다움을 재생산하듯이 추함은 추함을 재생산한다. 아름다움과 추함은 실체가 아니라 주체와 타자의 관계에서 발생하는 현상이라는 사실을 다시 상기하기로 하자. 아름다움은 보는 사람의 눈에 달려있다(Beauty is in the eye of the beholder)는 말은 진리이다. 다시 말하지만, 심미성은 타자를 아름답게 경험할 수 있는 미적 수용 능력이다. 이러한 미적 능력은 보다 적극적이고 능동적인 표현을 얻을 수도 있다. 다른 사람들이 모두 추하다고 느끼는 대상에서 아름다움을 발견하는 사람은 예술가처럼 아름다움을 생산하는 능력을 가지고 있다. 다른 사람들이 간과하고 놓친 아름다움을 찾아내기 때문이다. 자연의 경관을 훼손하는 플라스틱 쓰레기를 수거하는 사람도 역시 아름다움을 생산하는 사람이다. 예술가처럼 아름답지 않은 세상을 아름답게 재창조하고 있기 때문이다.